Refer to the back the color scheme

Color the note with the appropriate color

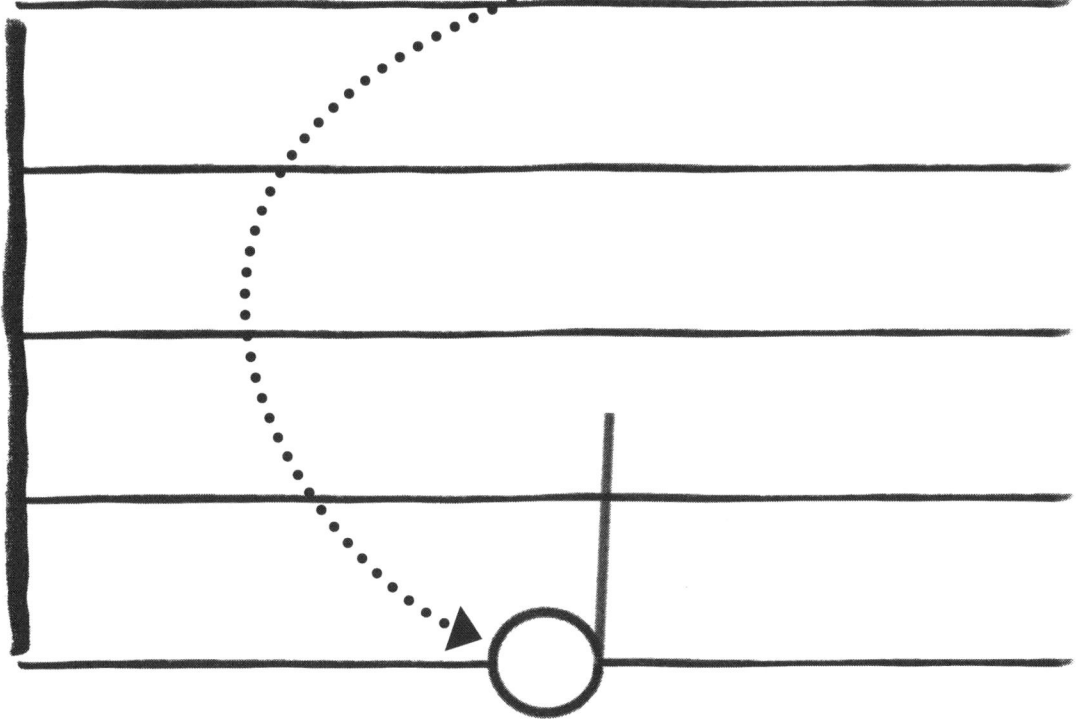

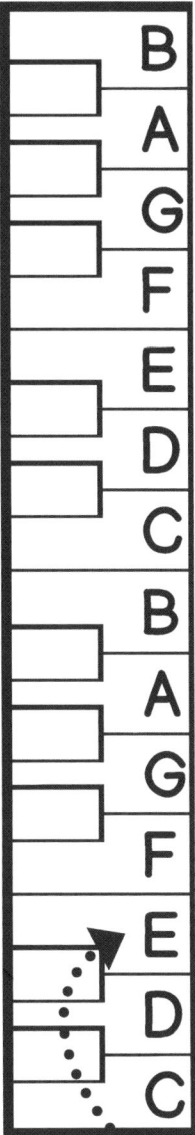

Color the piano keys with the appropriate color

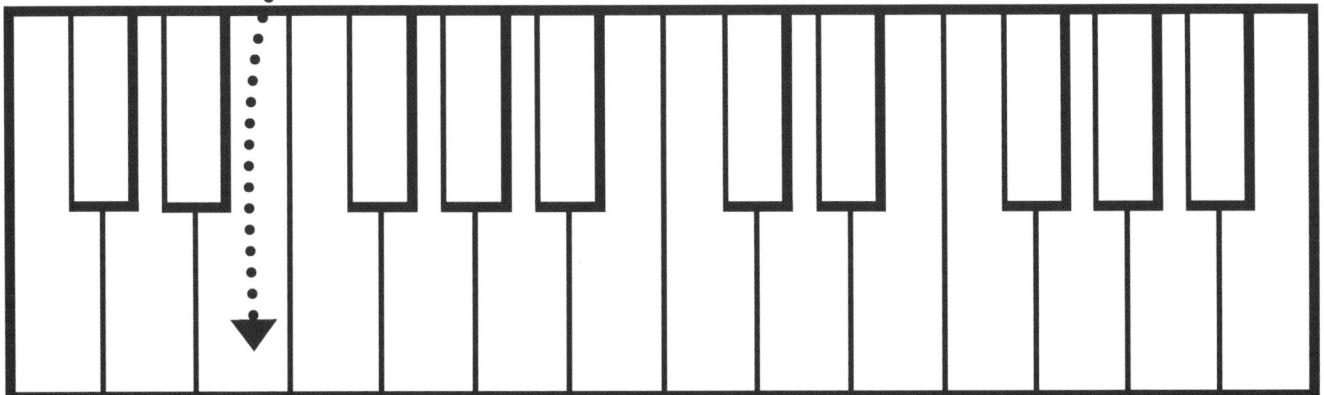

All notes are in Treble Clef

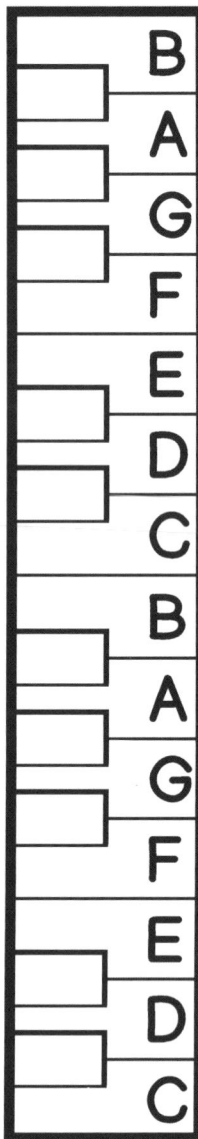

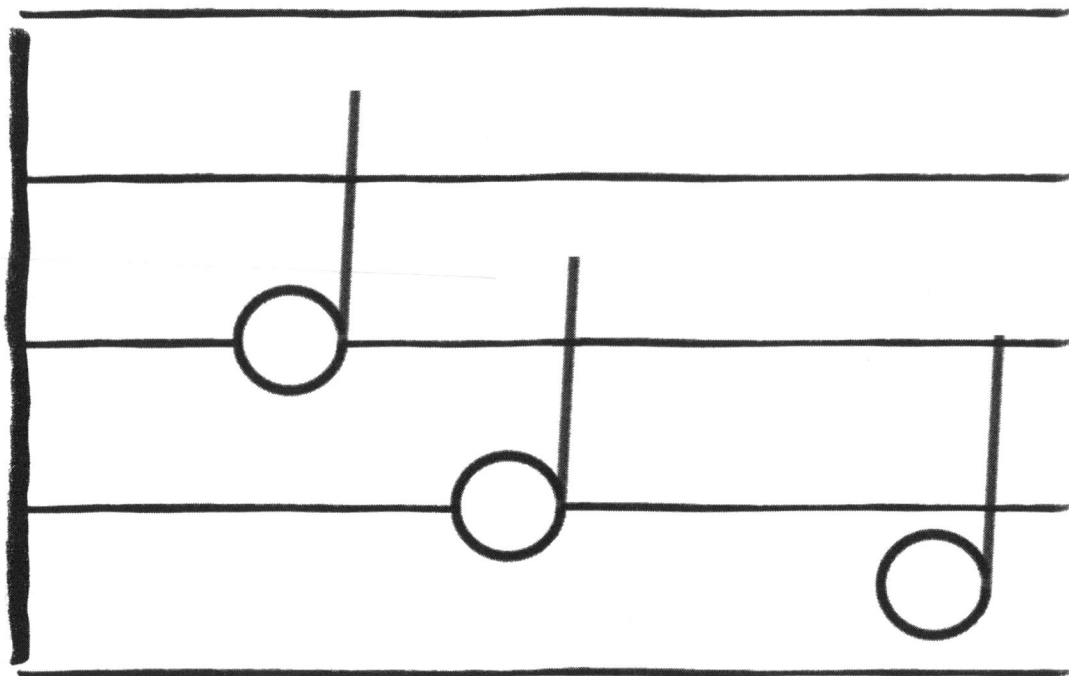

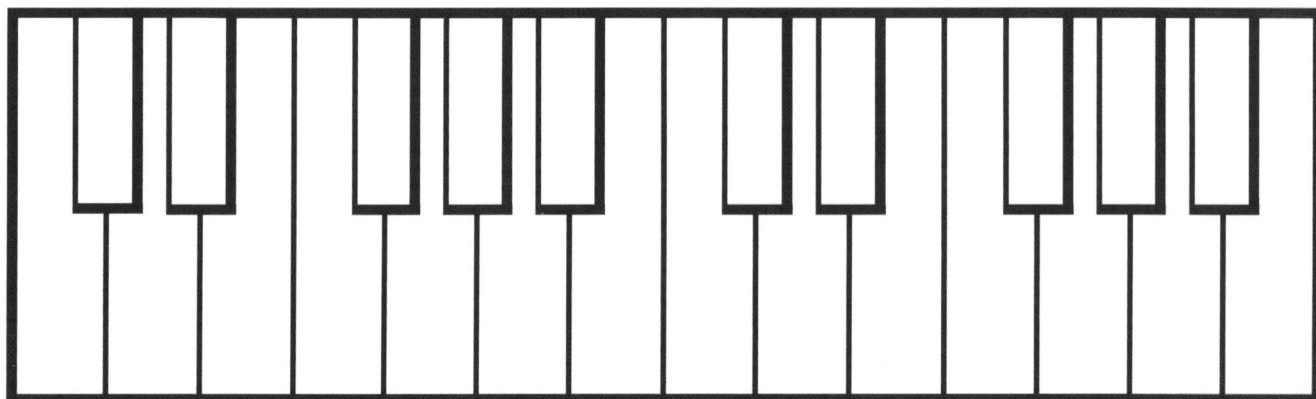

All notes are in Treble Clef

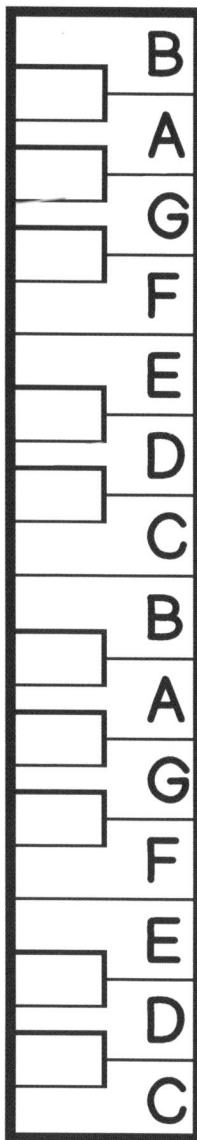

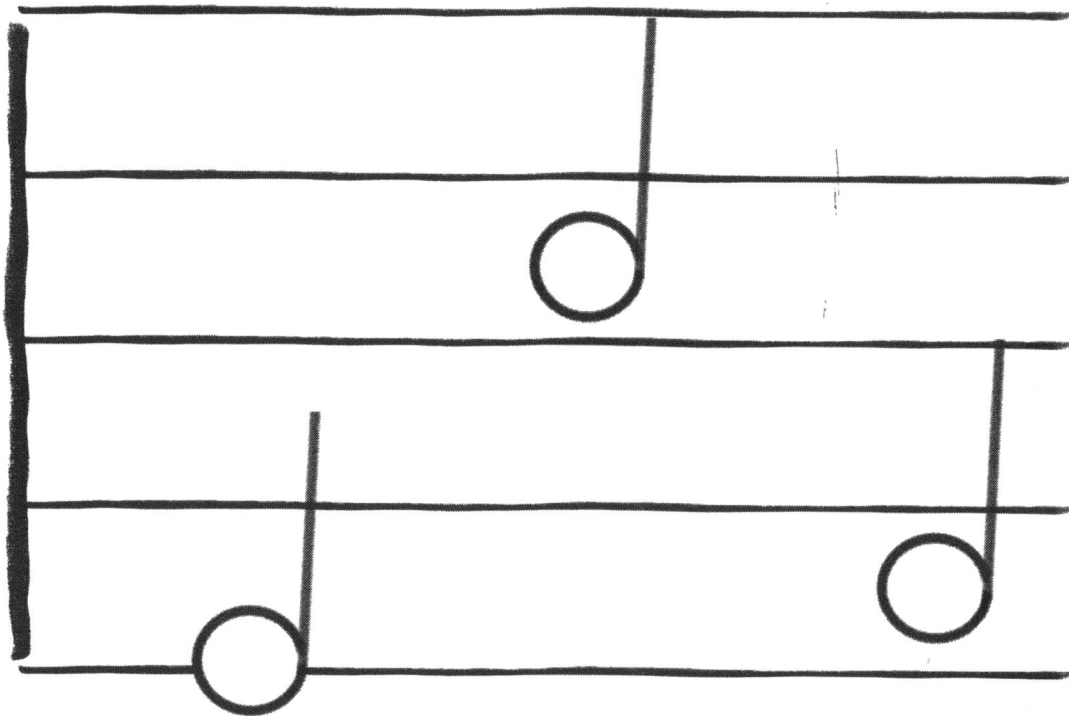

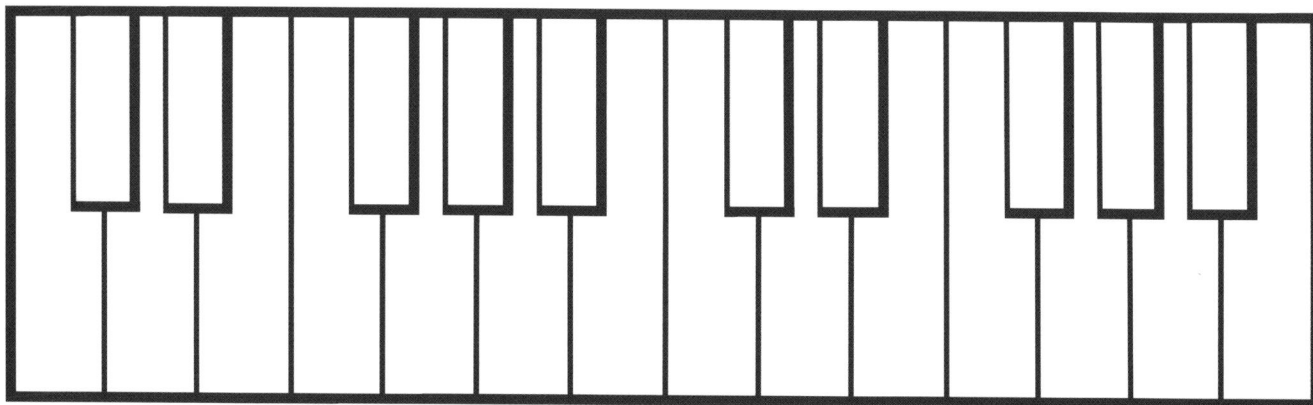

All notes are in Treble Clef

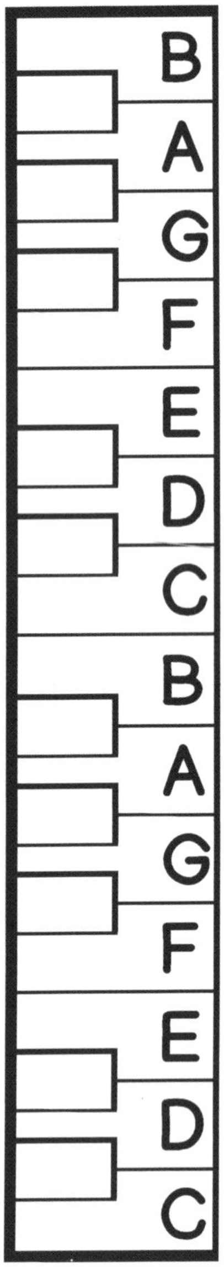

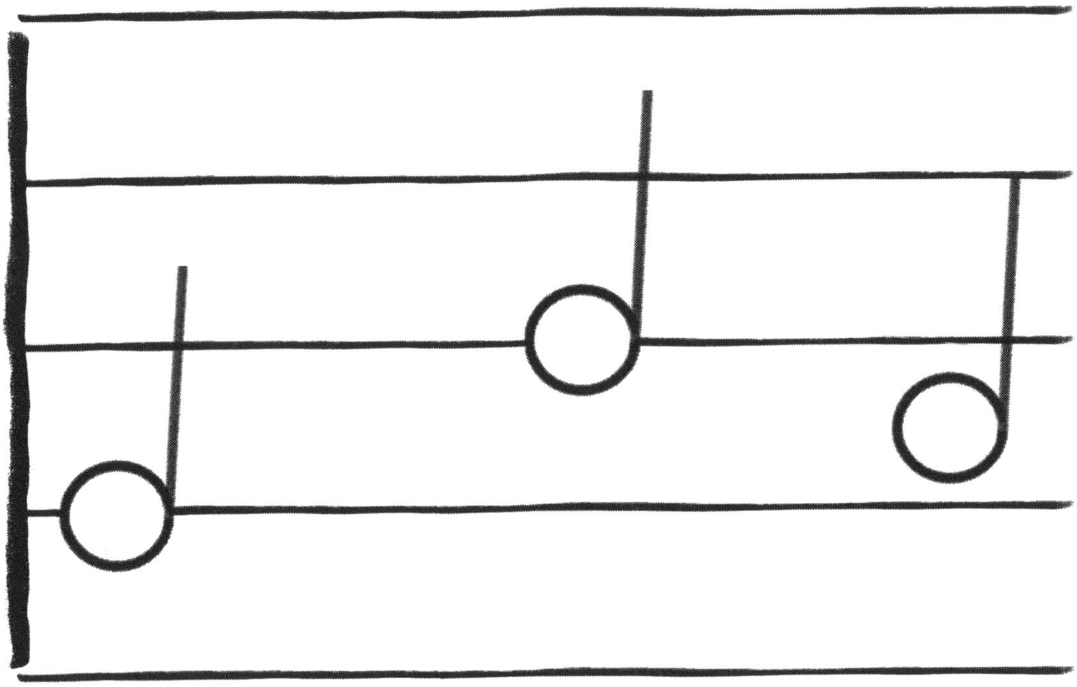

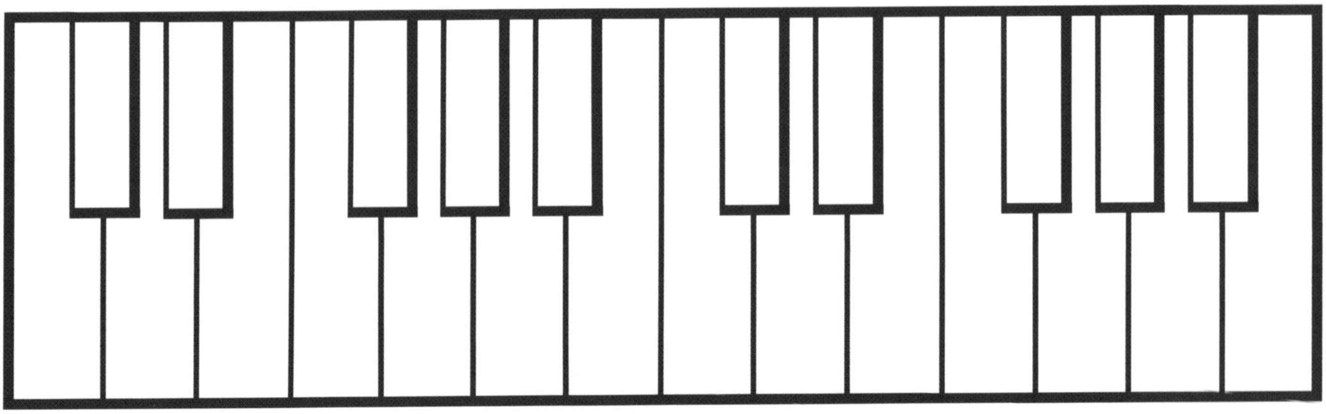

All notes are in Treble Clef

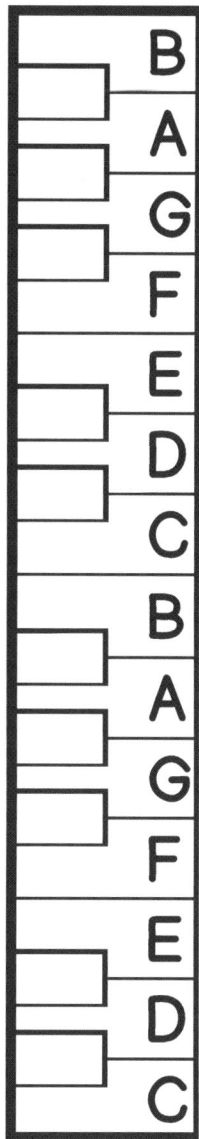

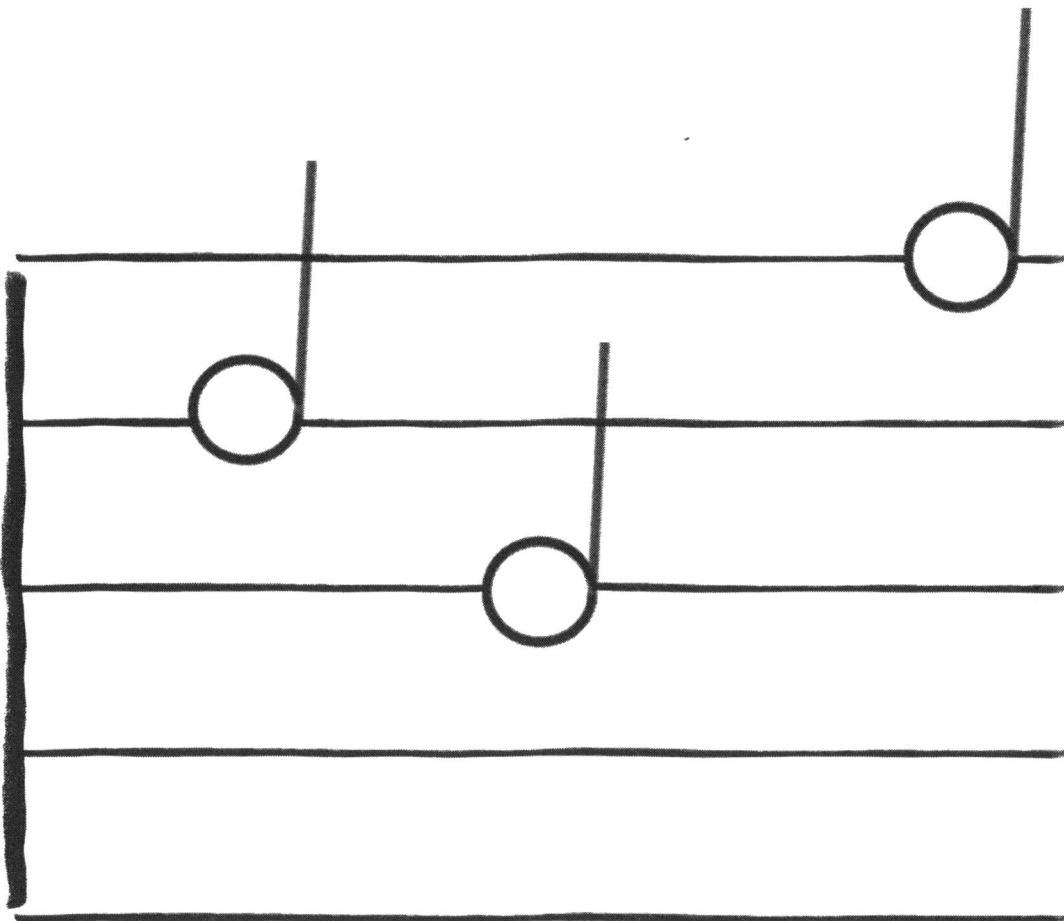

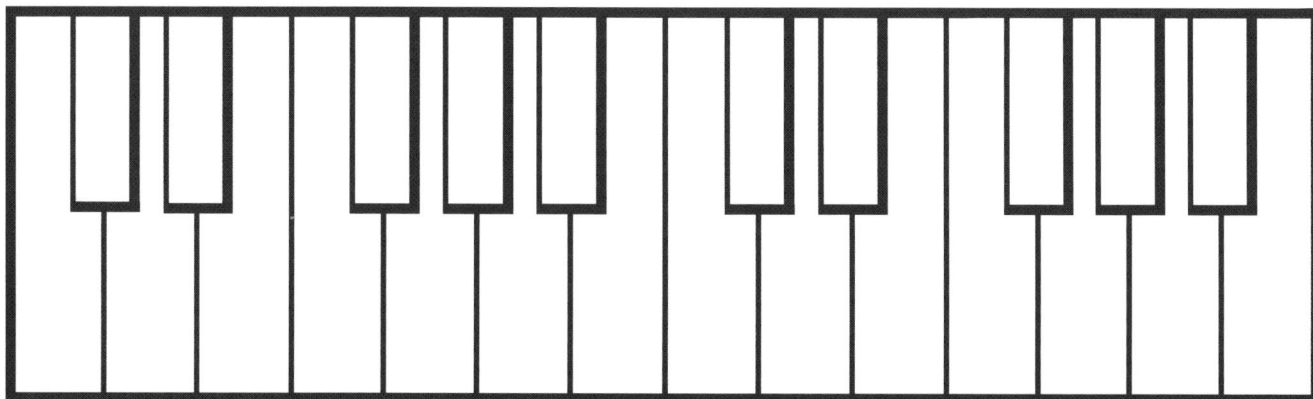

All notes are in Treble Clef

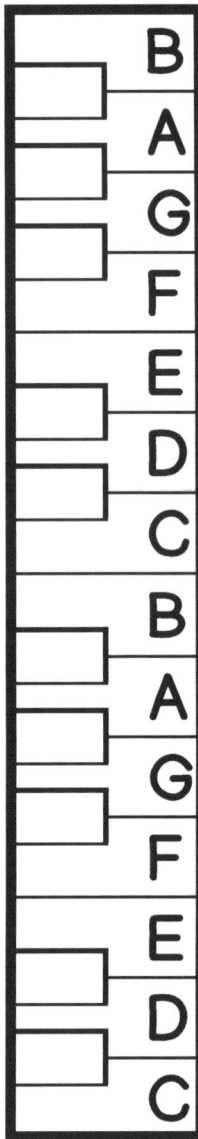

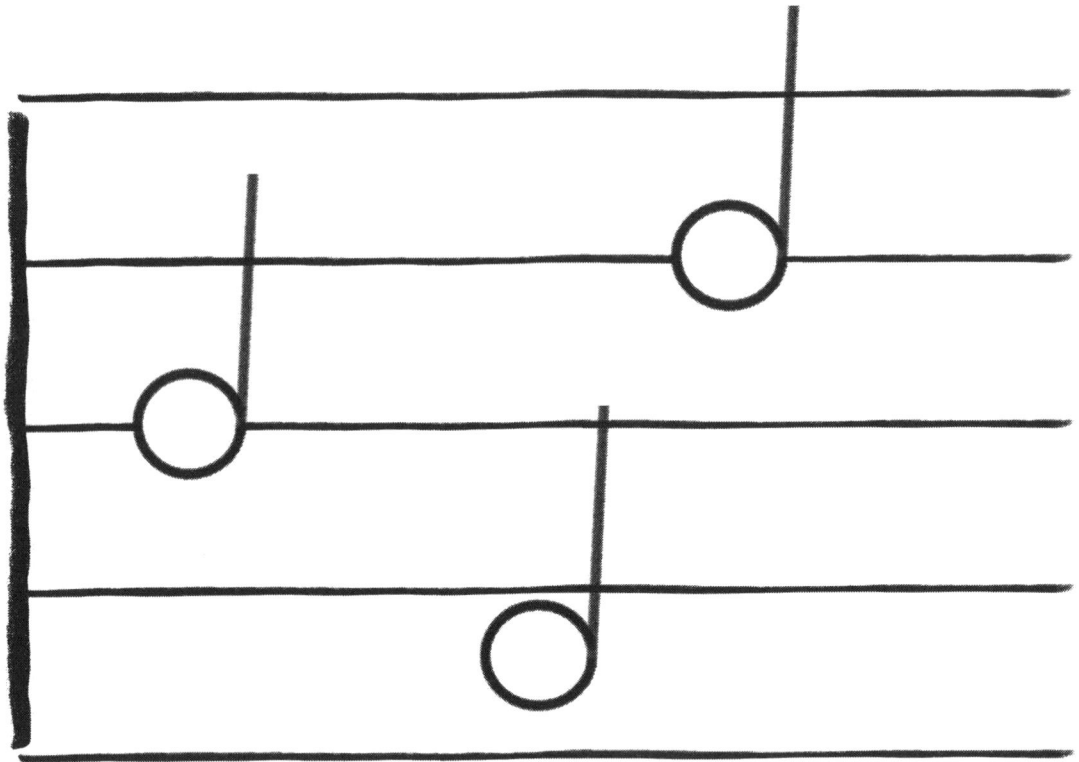

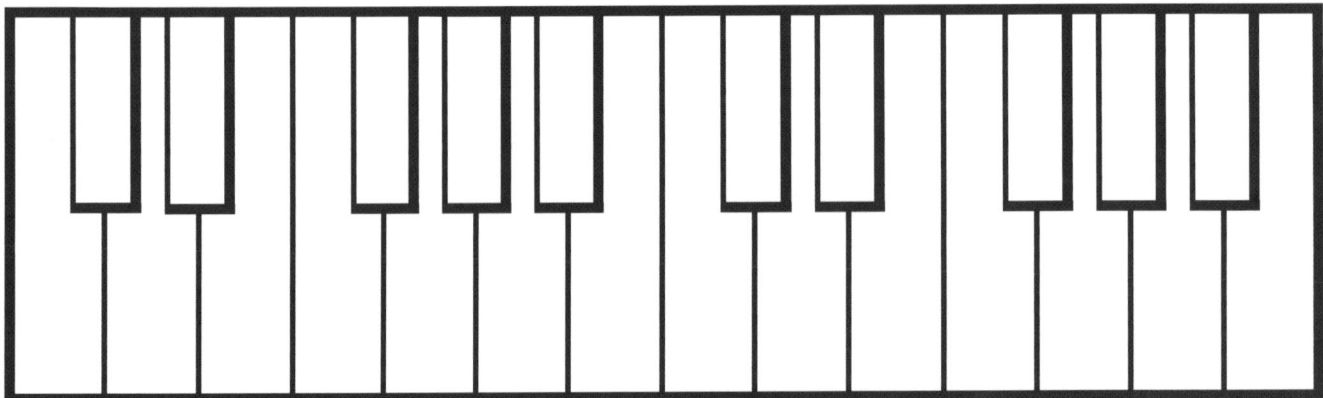

All notes are in Treble Clef

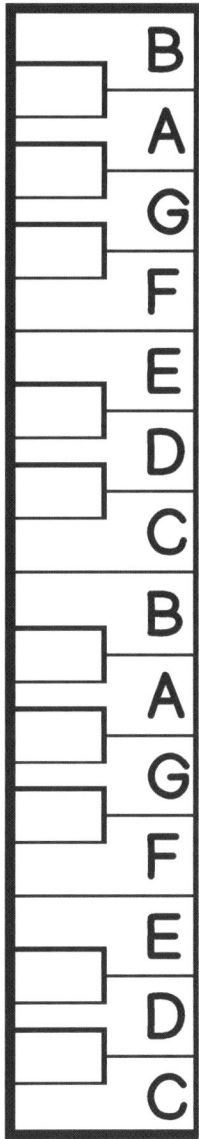

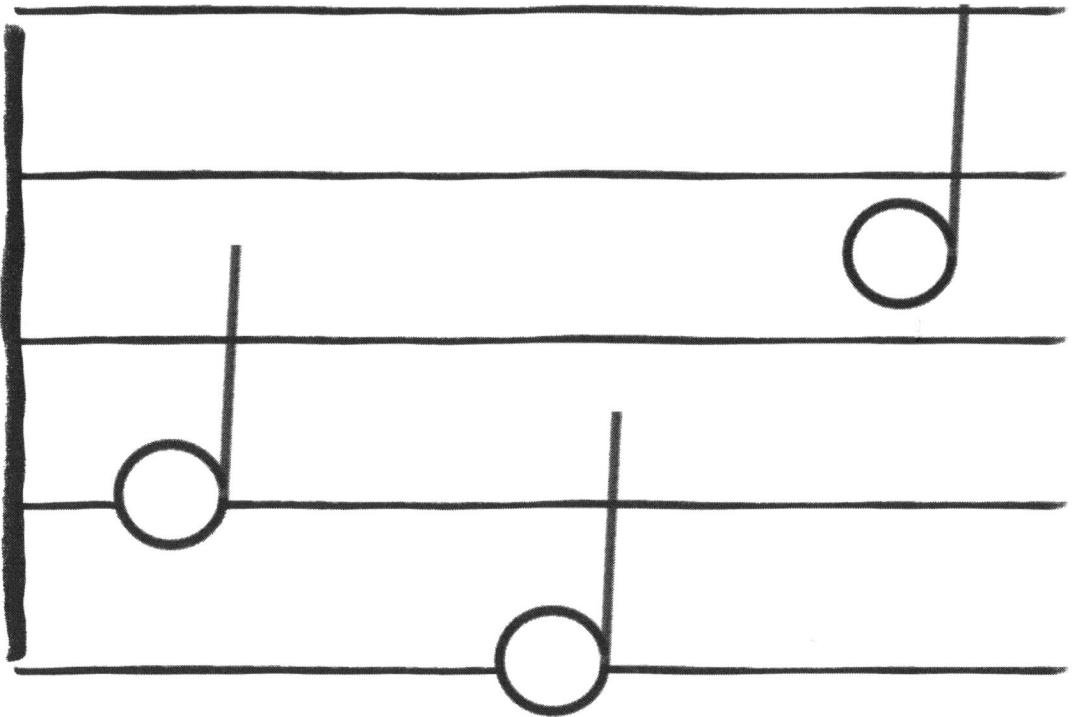

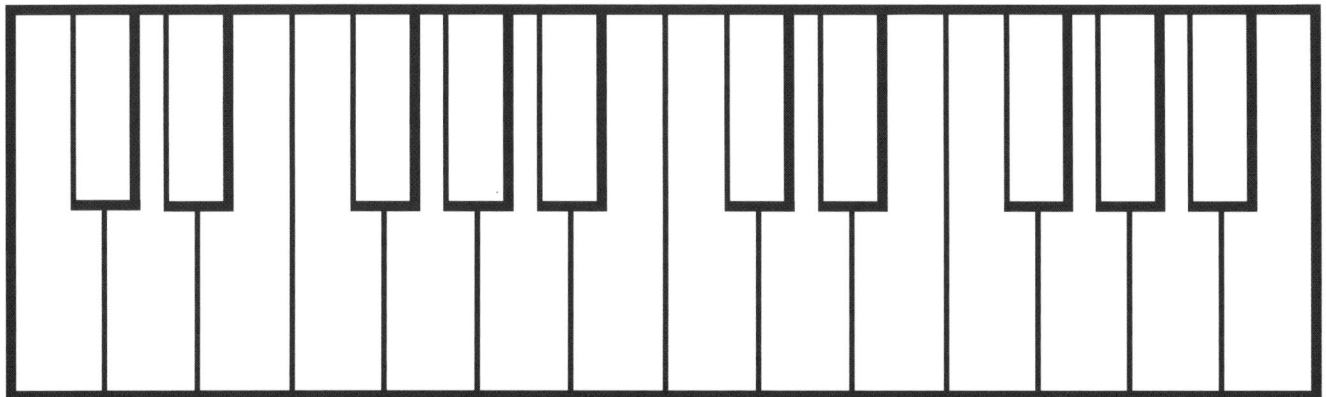

All notes are in Treble Clef

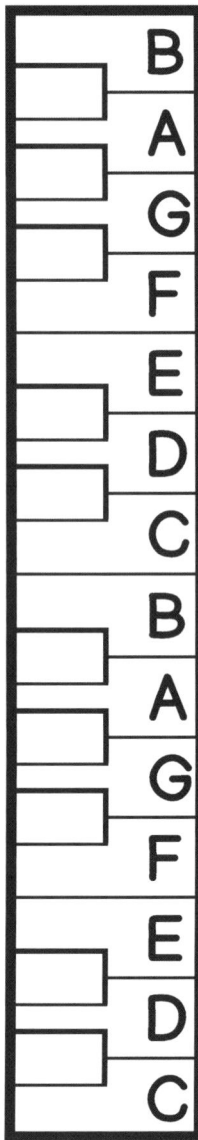

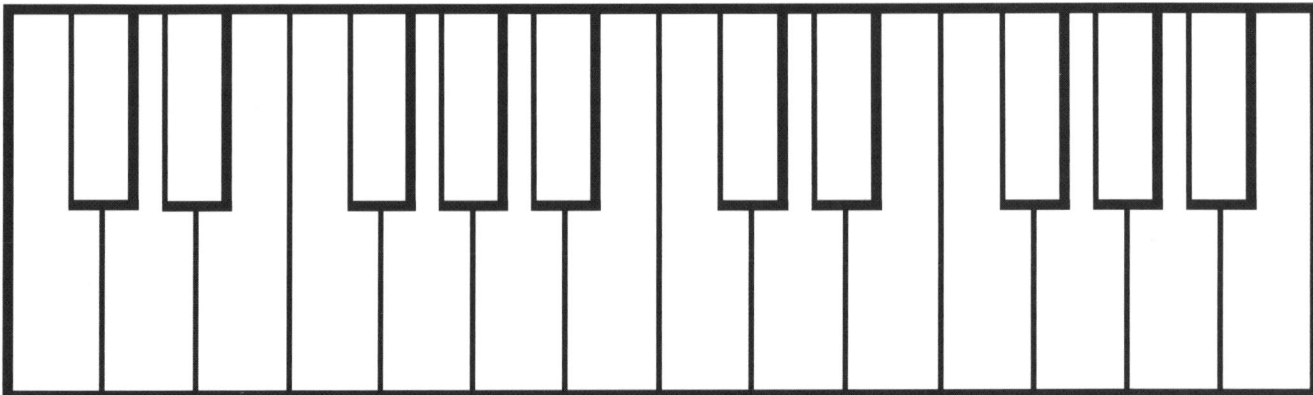

All notes are in Treble Clef

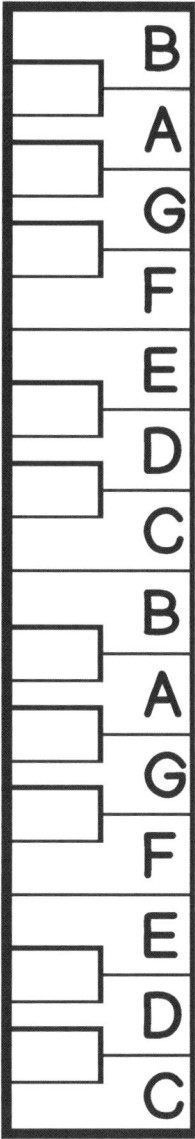

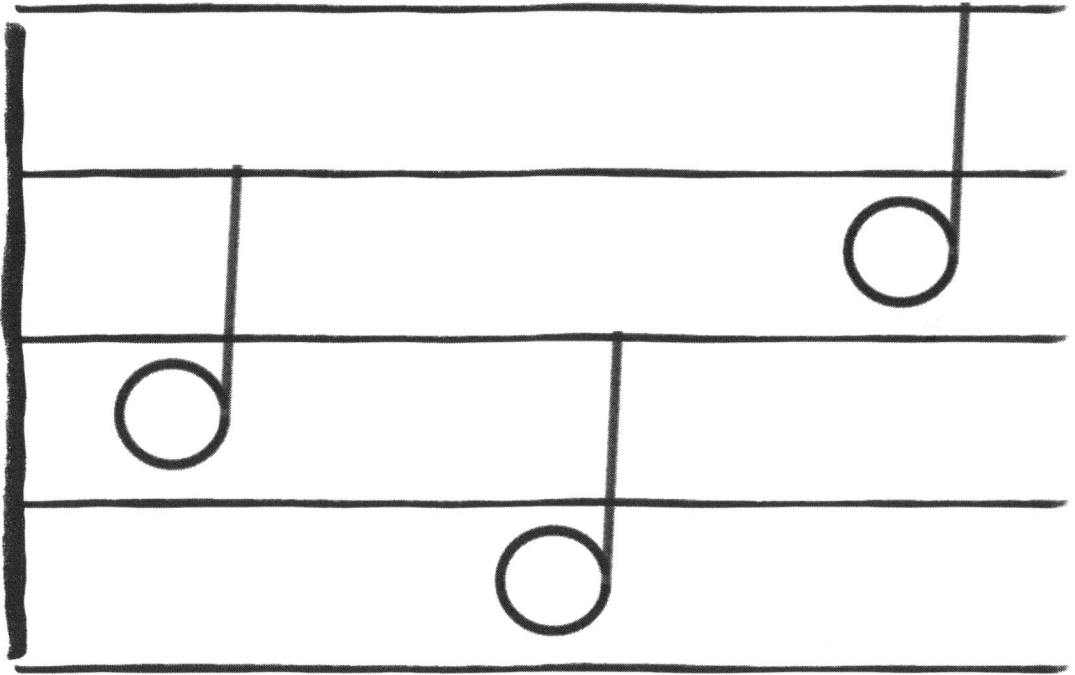

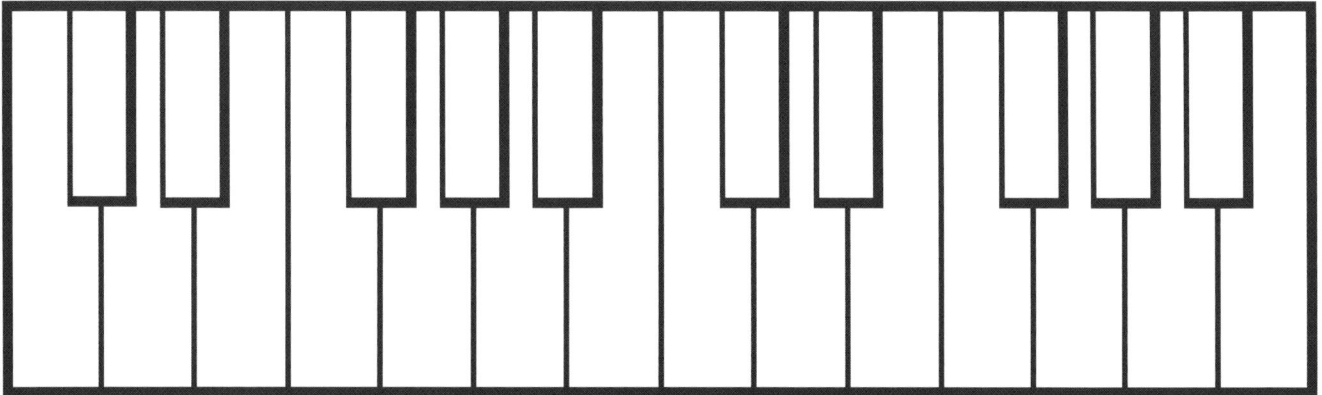

All notes are in Treble Clef

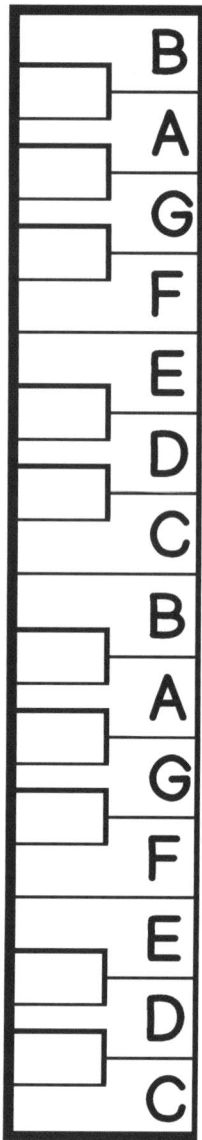

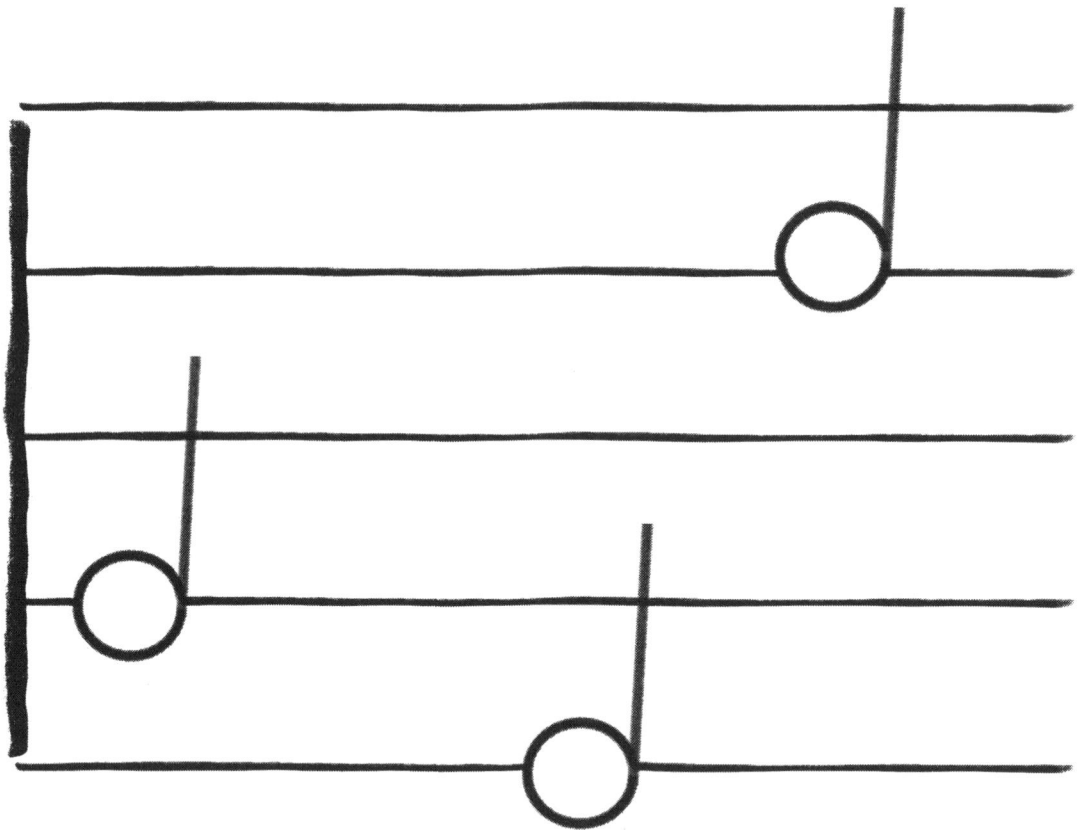

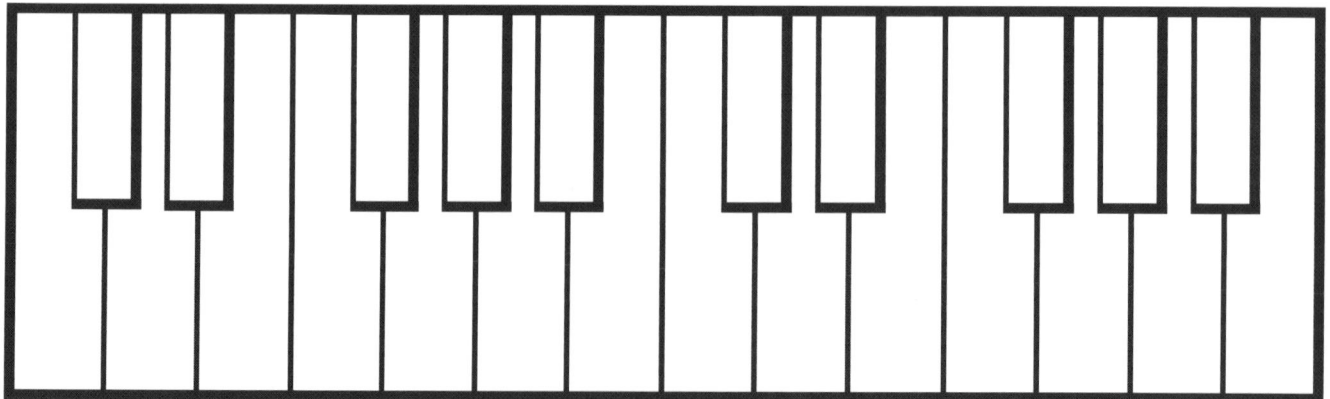

All notes are in Treble Clef

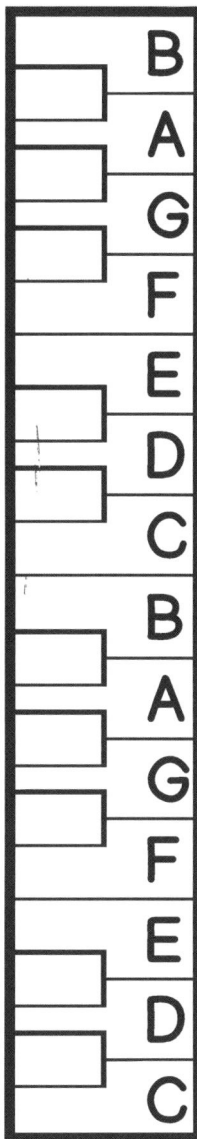

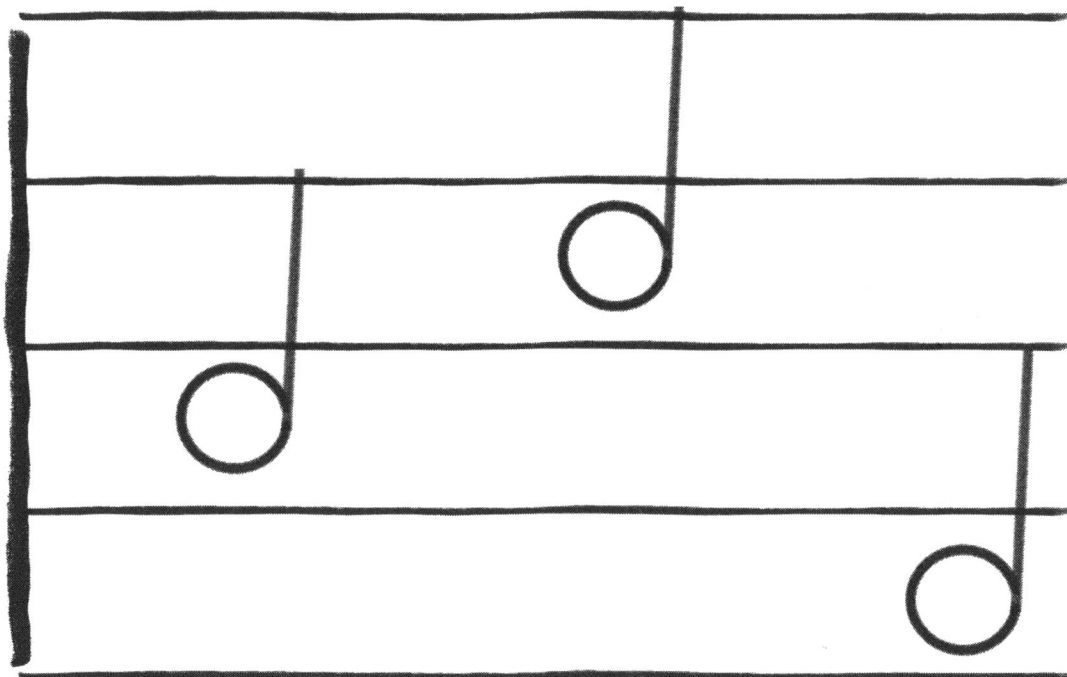

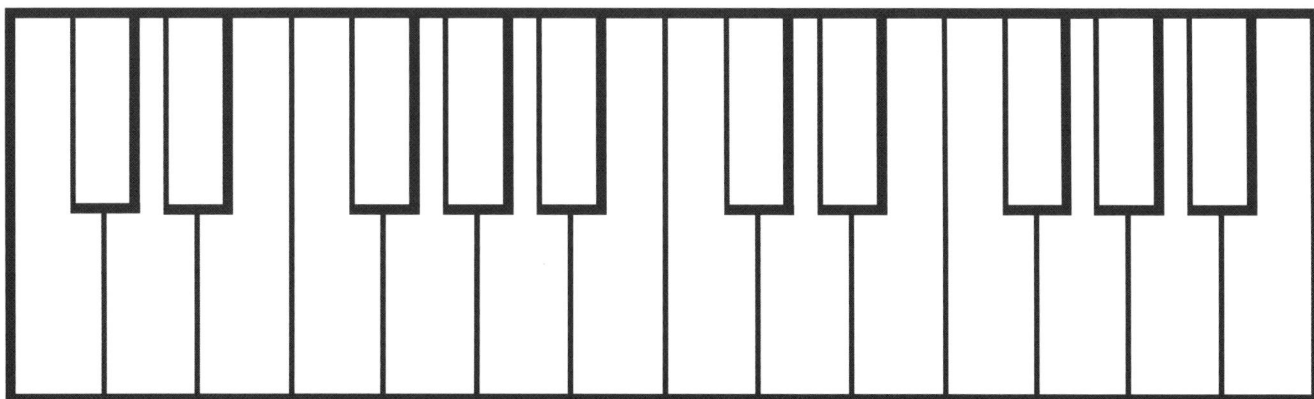

All notes are in Treble Clef

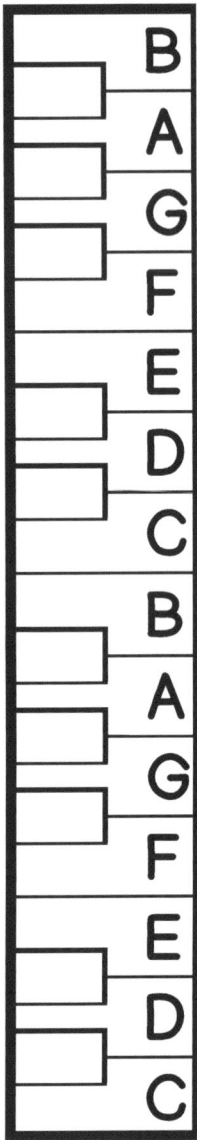

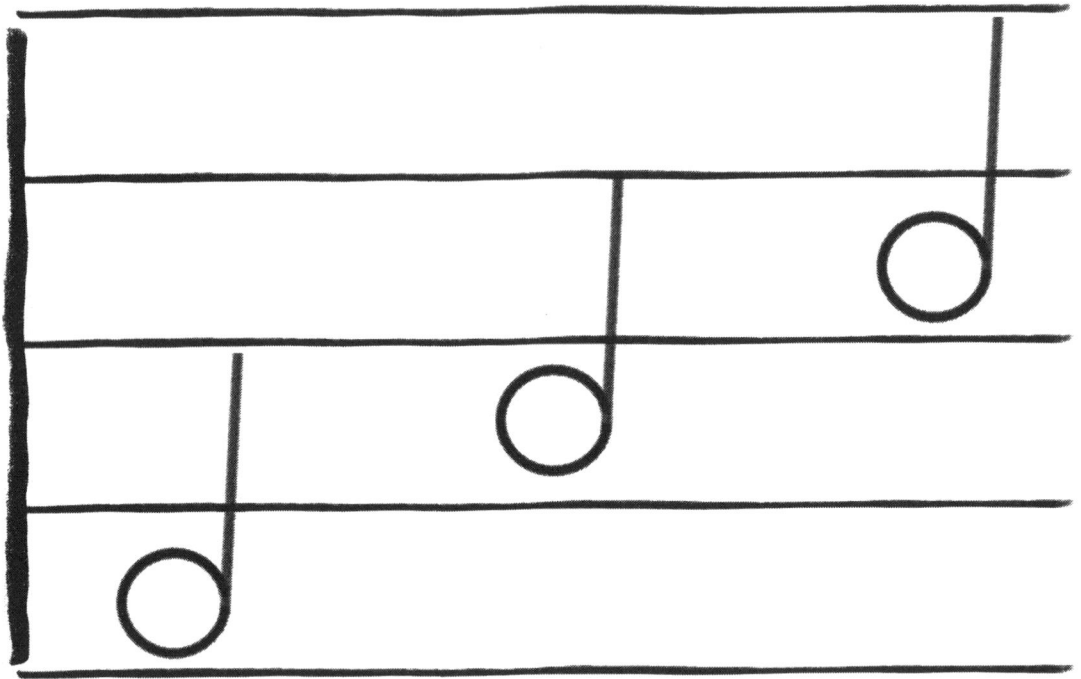

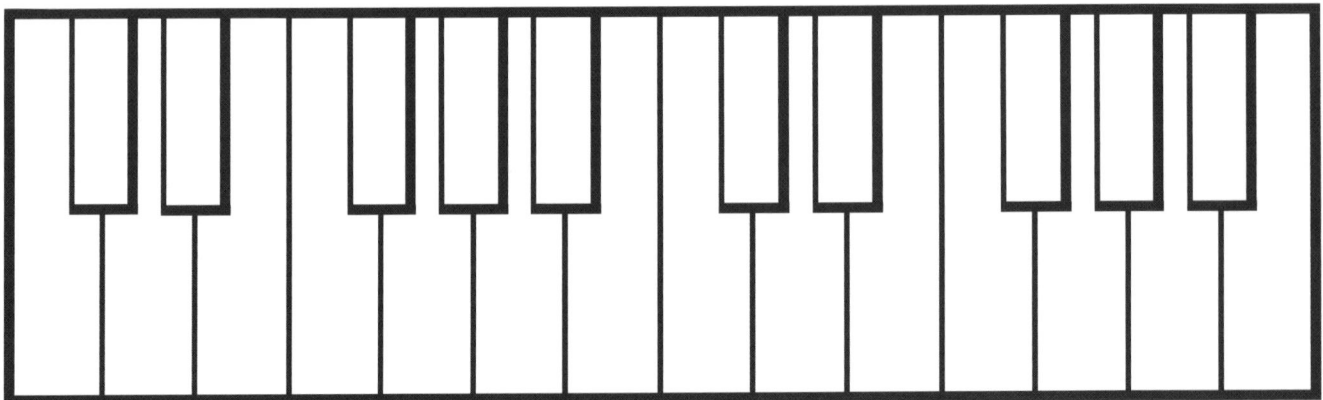

All notes are in Treble Clef

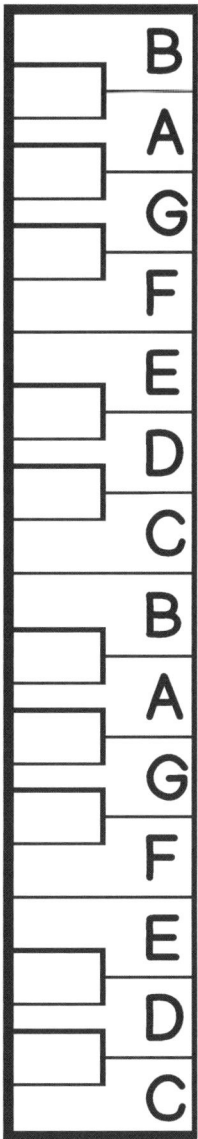

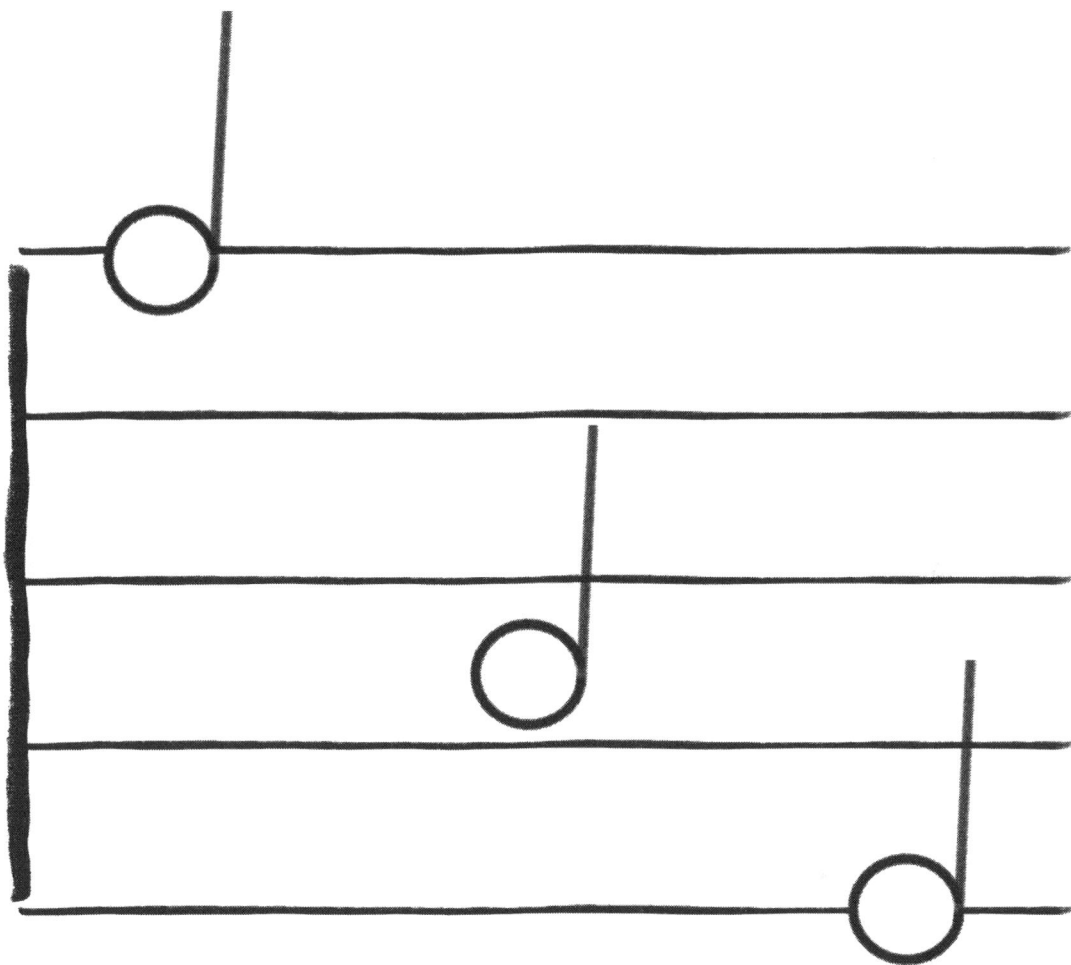

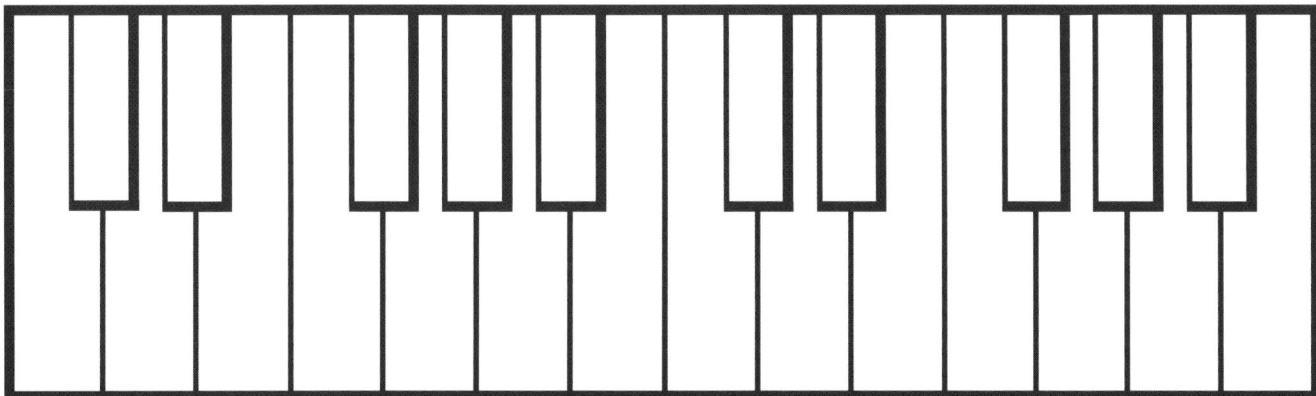

All notes are in Treble Clef

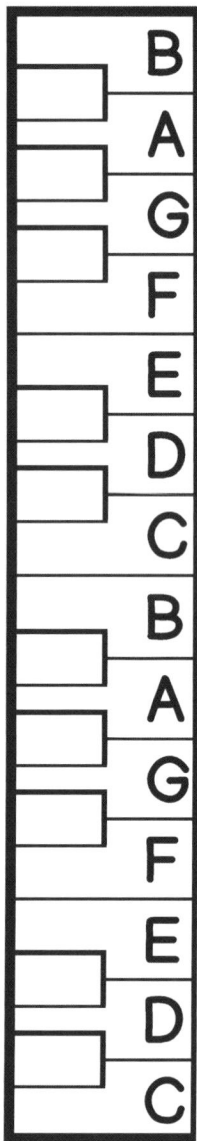

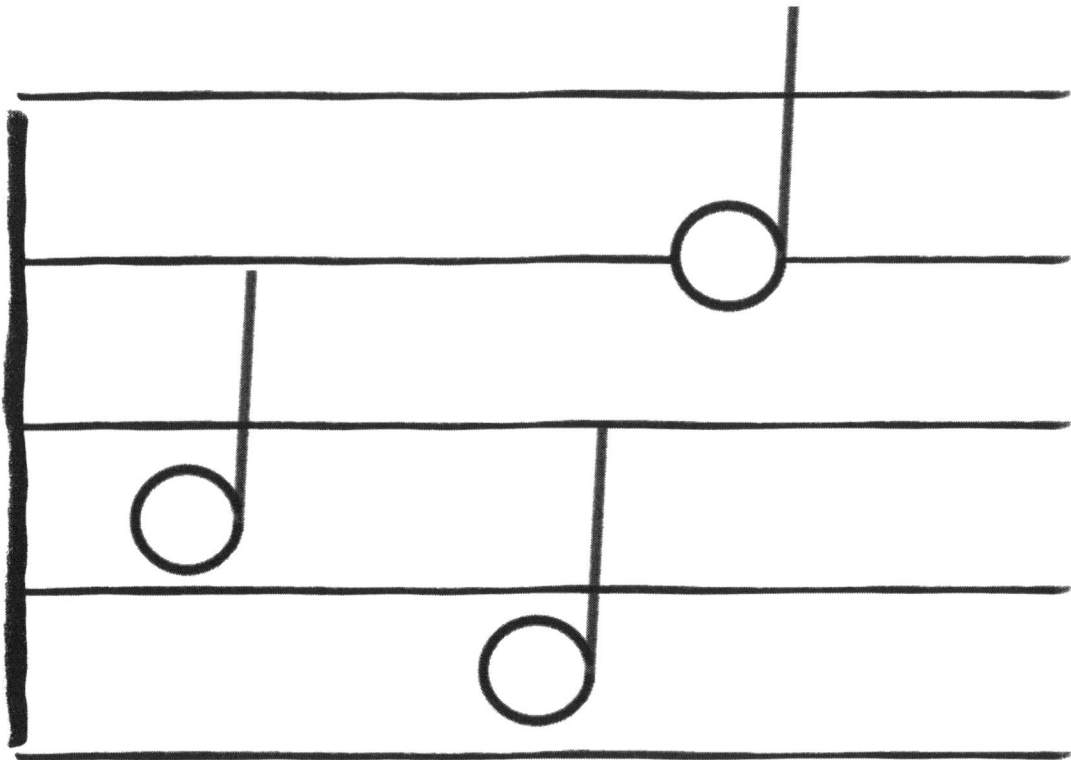

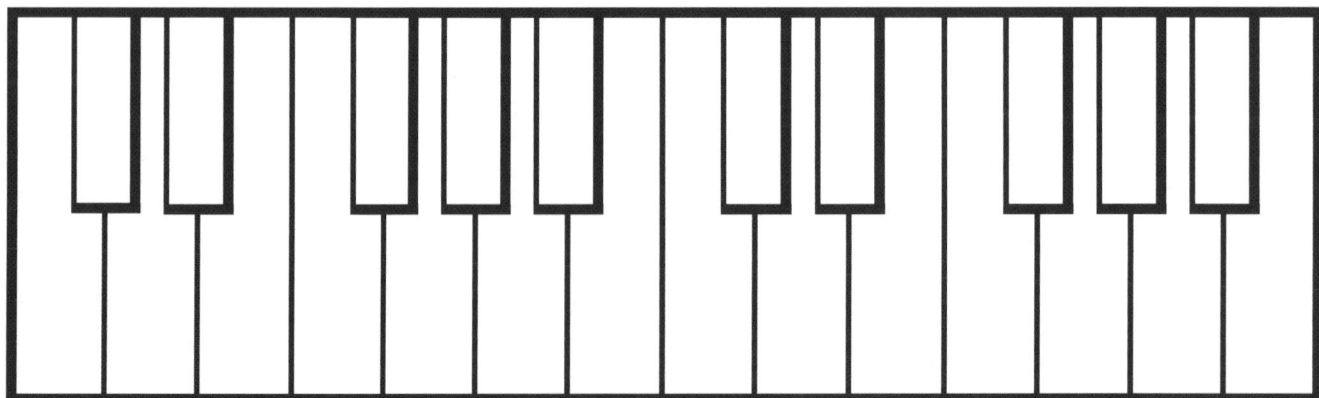

All notes are in Treble Clef

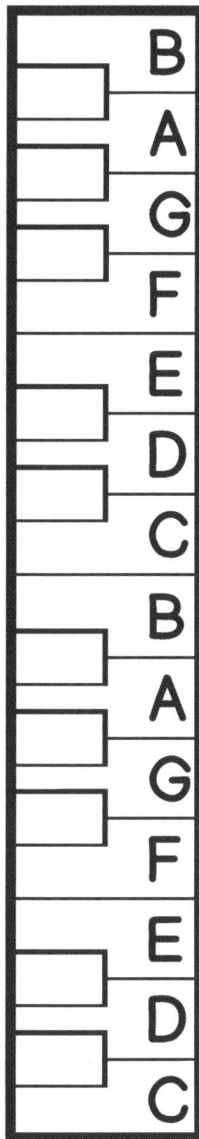

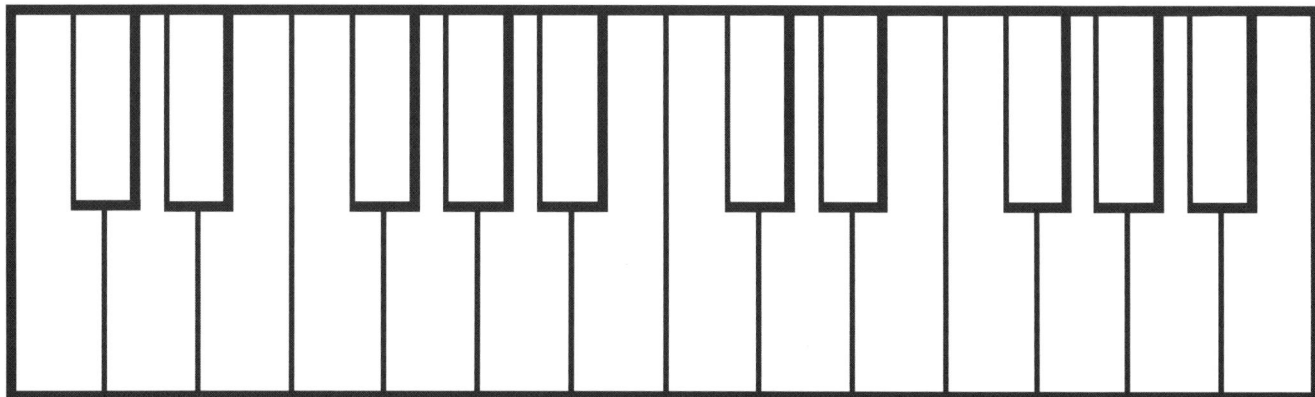

All notes are in Treble Clef

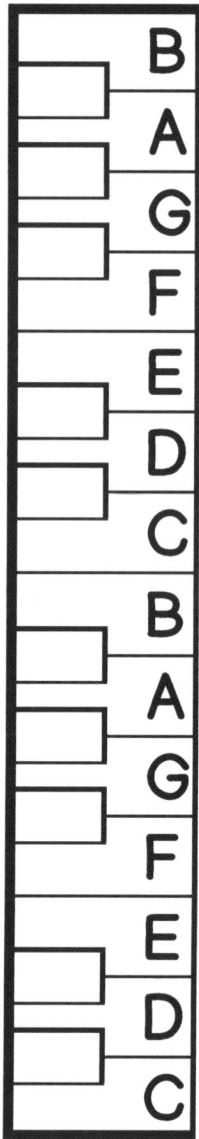

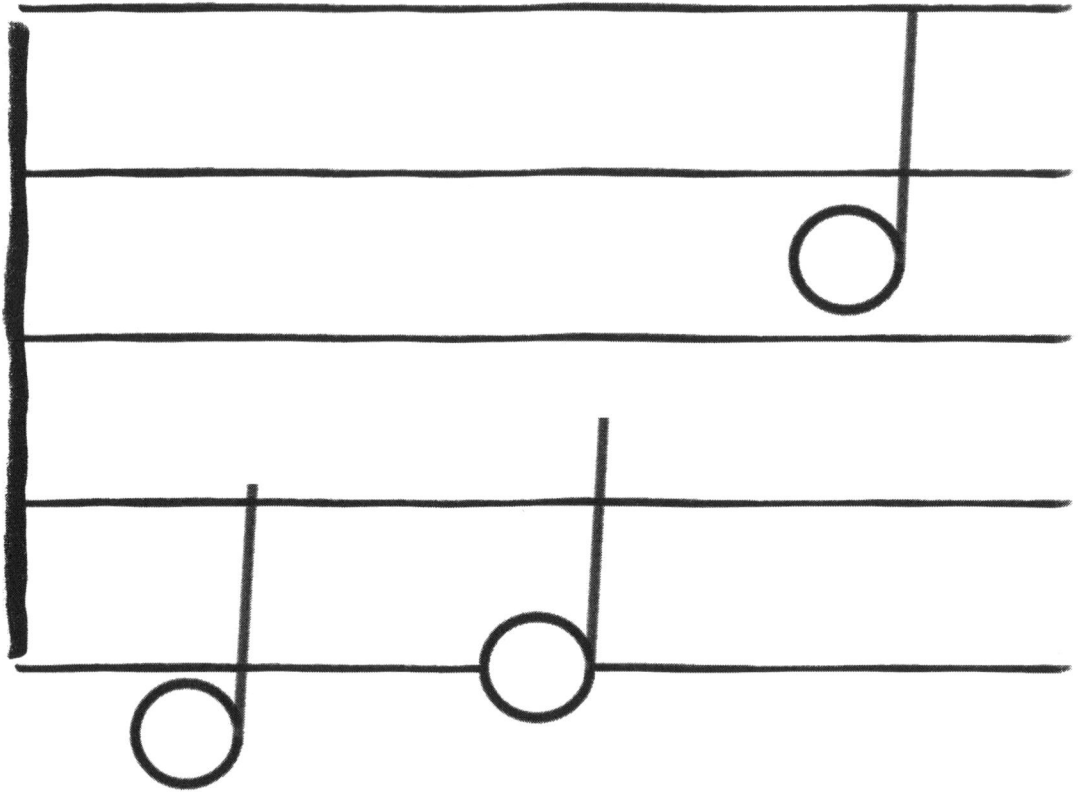

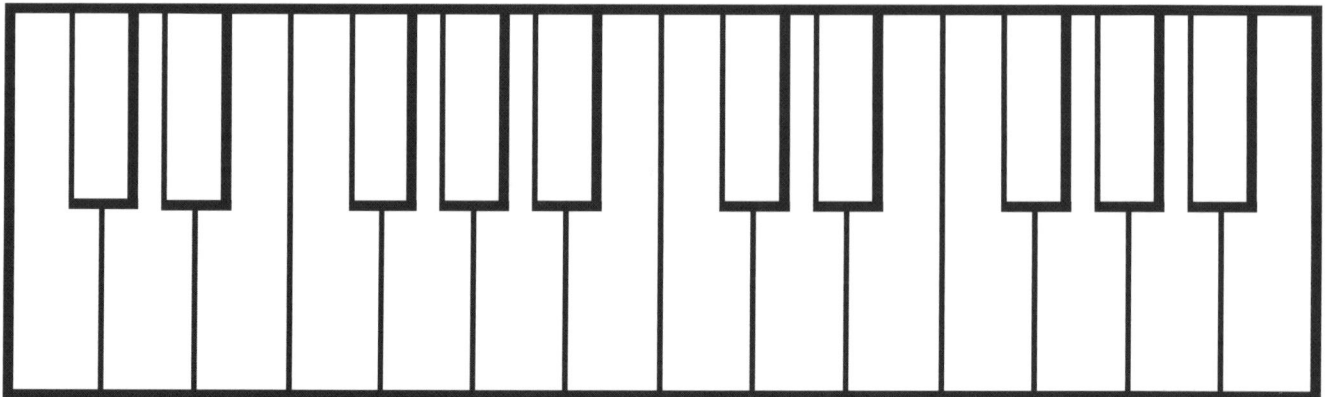

All notes are in Treble Clef

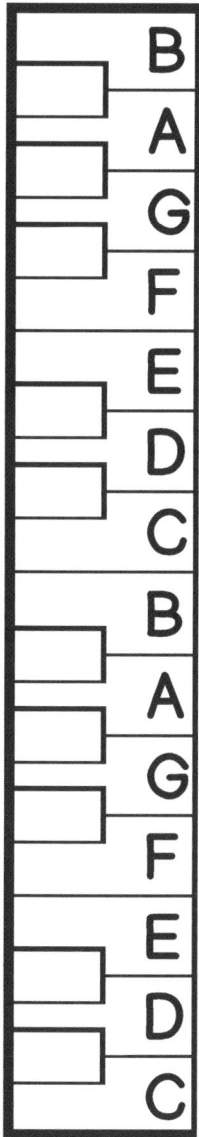

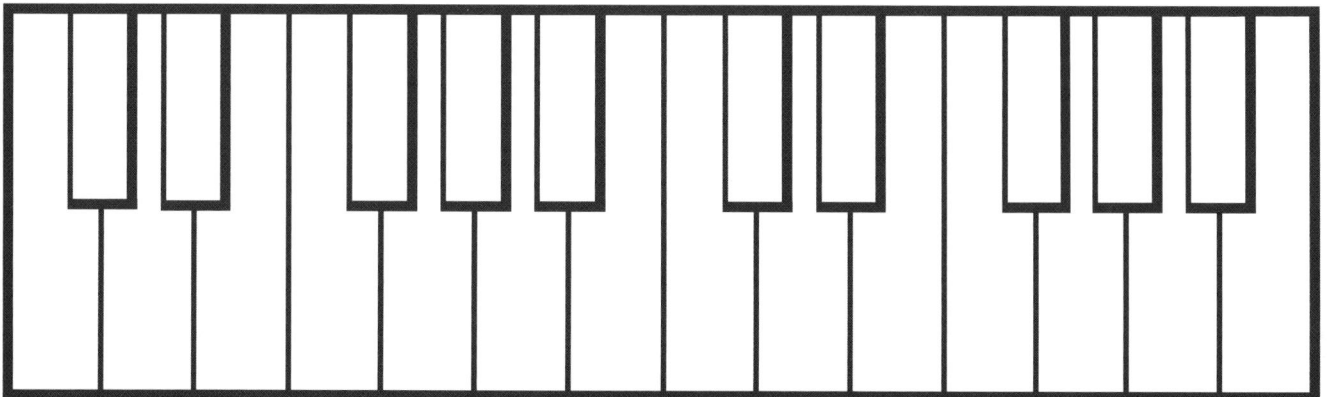

All notes are in Treble Clef

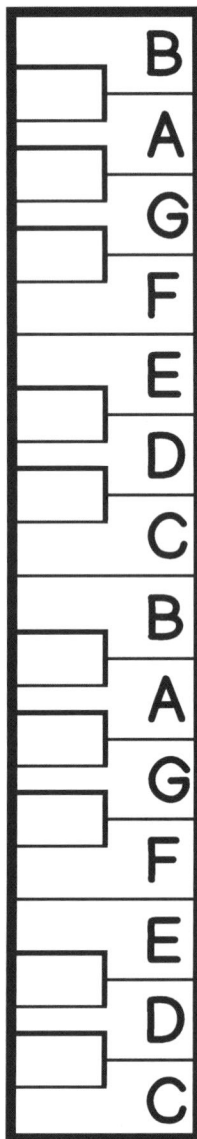

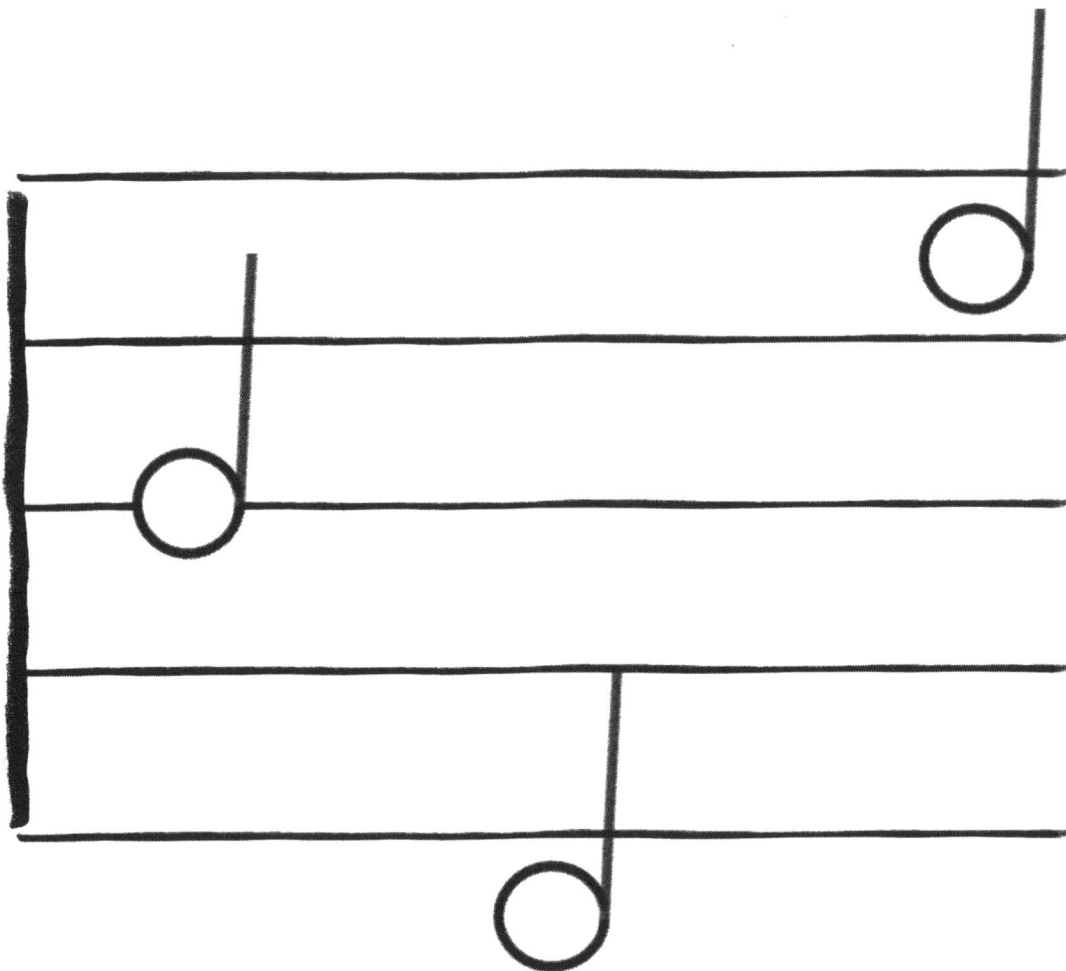

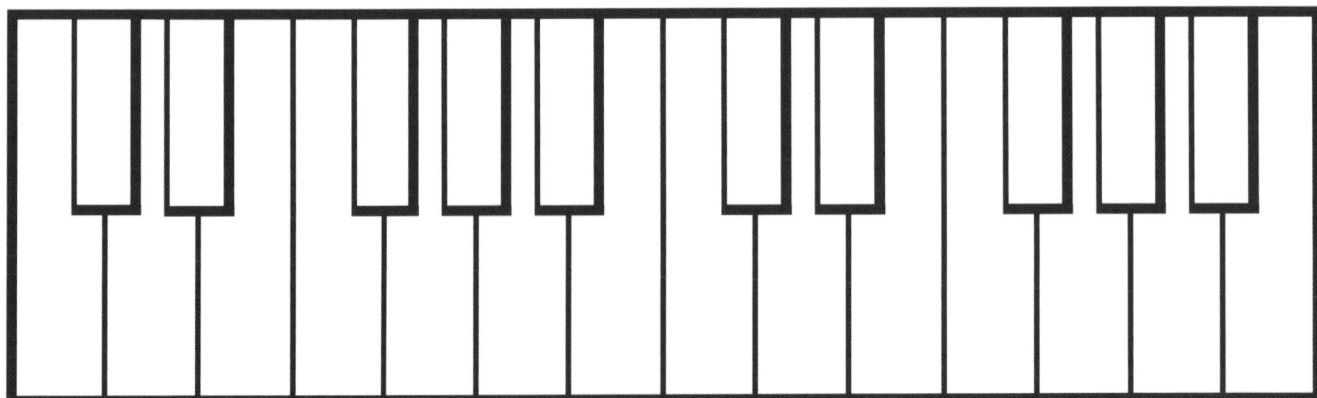

All notes are in Treble Clef

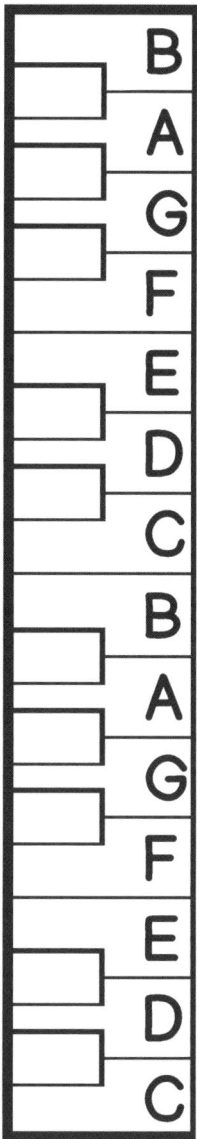

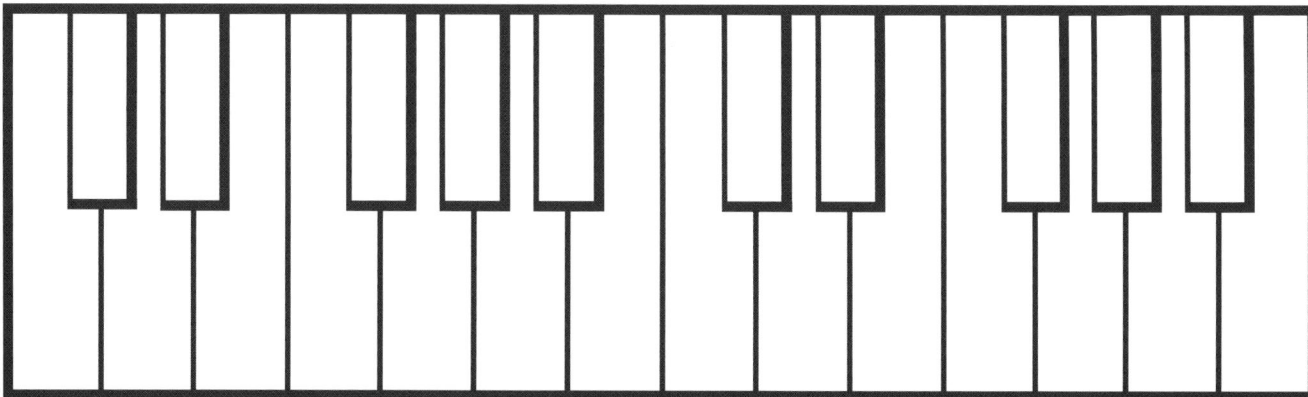

All notes are in Treble Clef

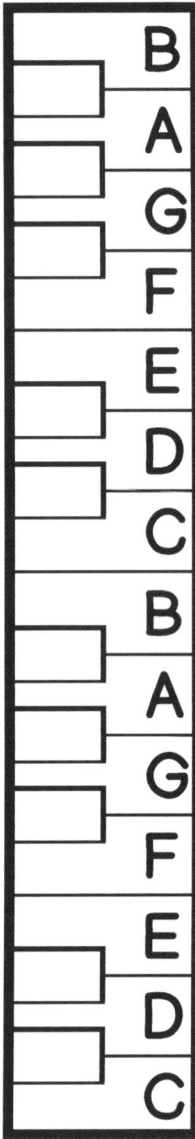

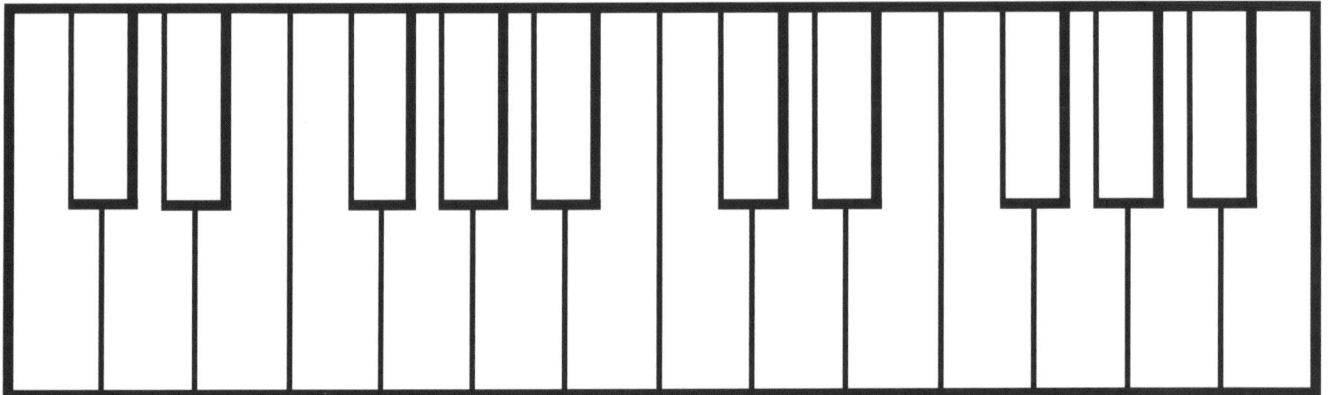

All notes are in Treble Clef

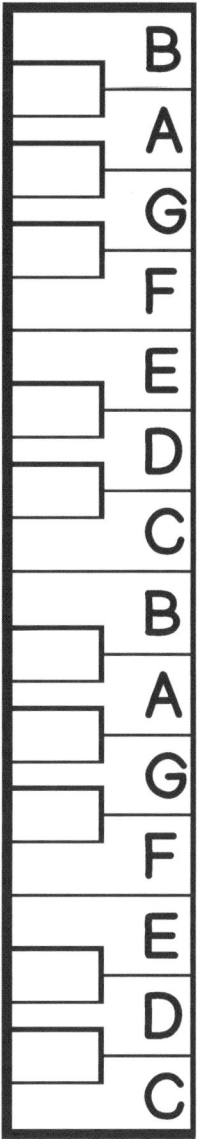

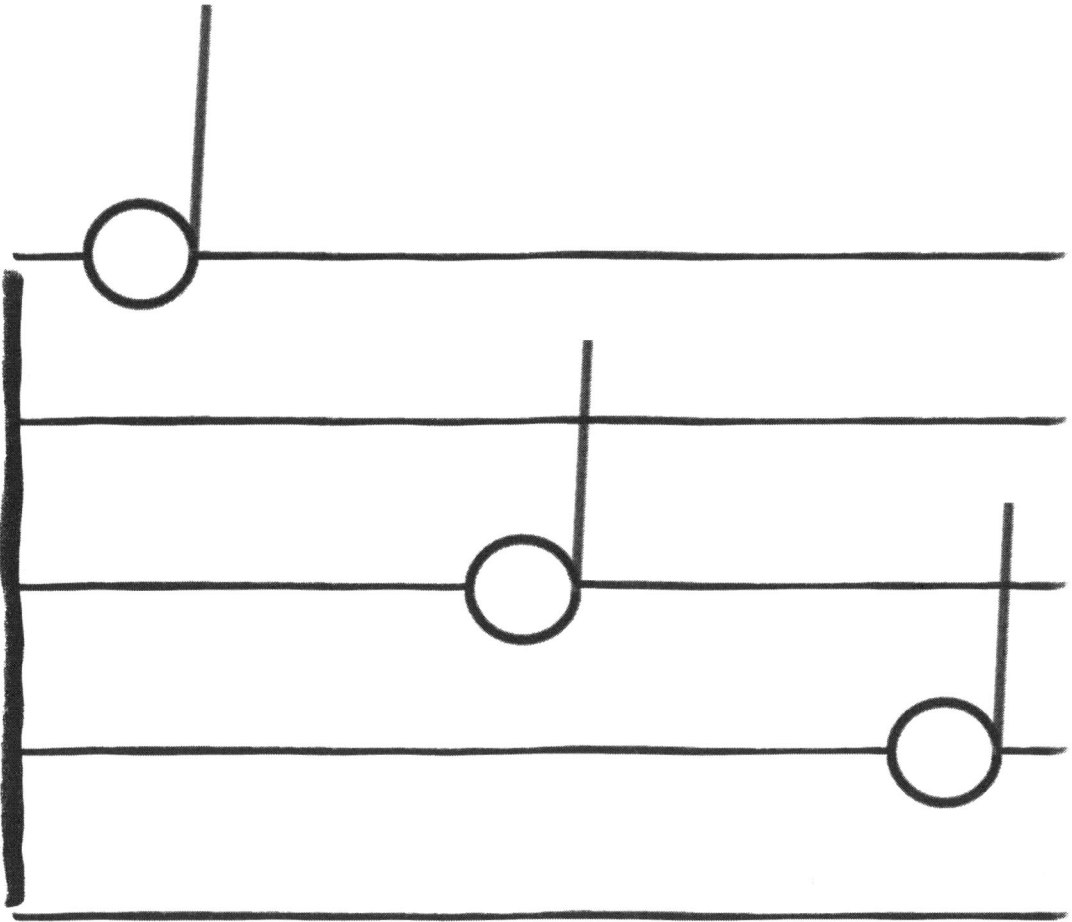

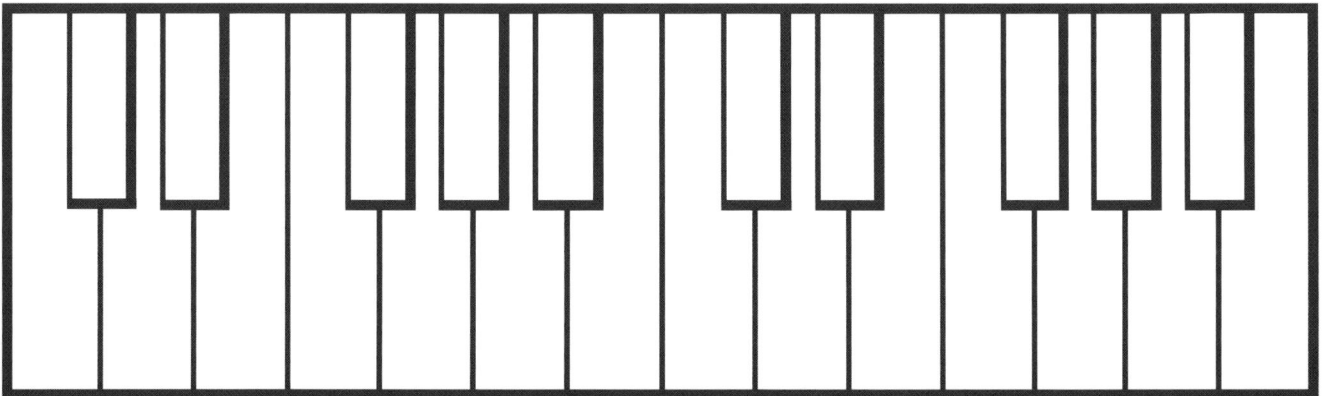

All notes are in Treble Clef

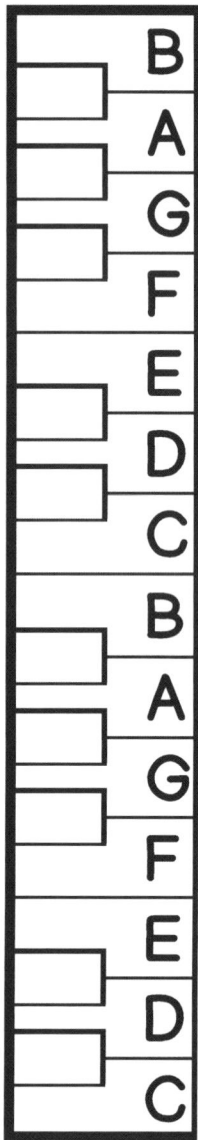

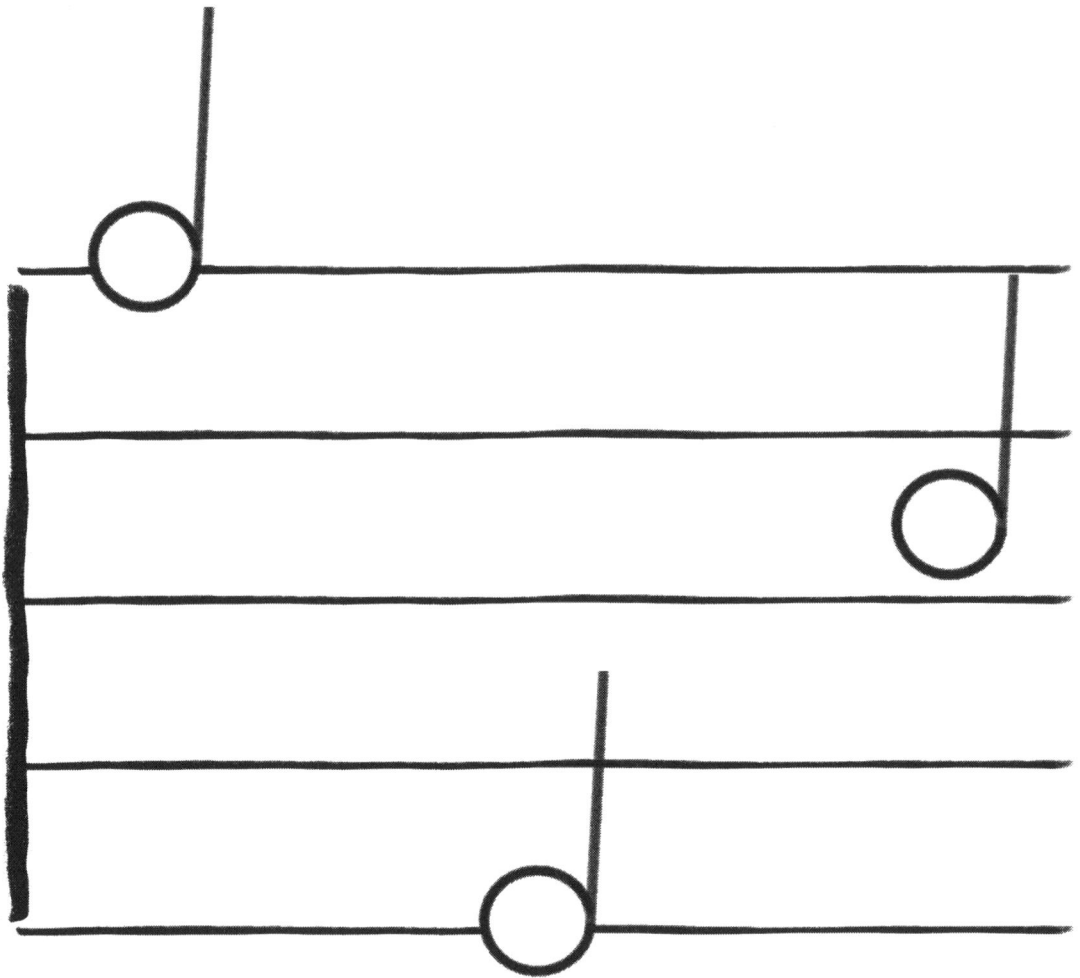

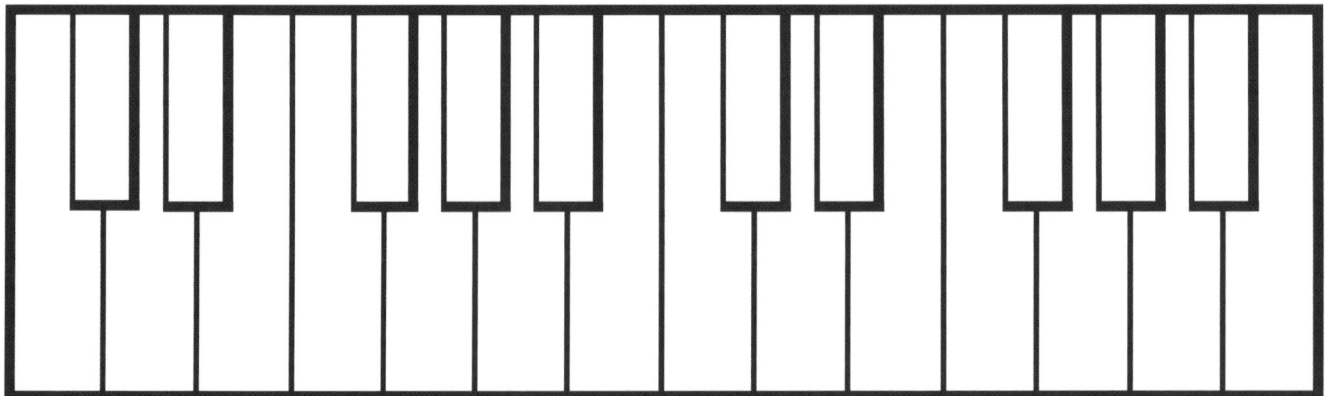

All notes are in Treble Clef

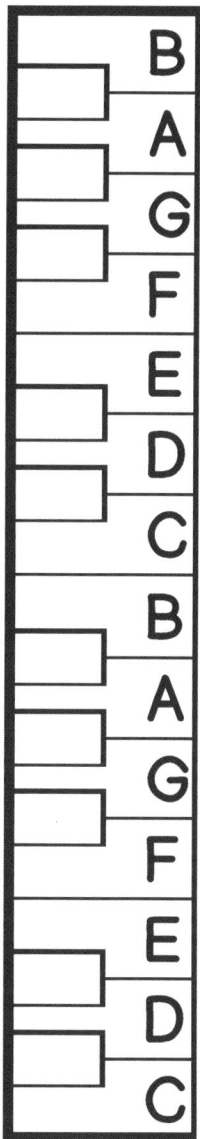

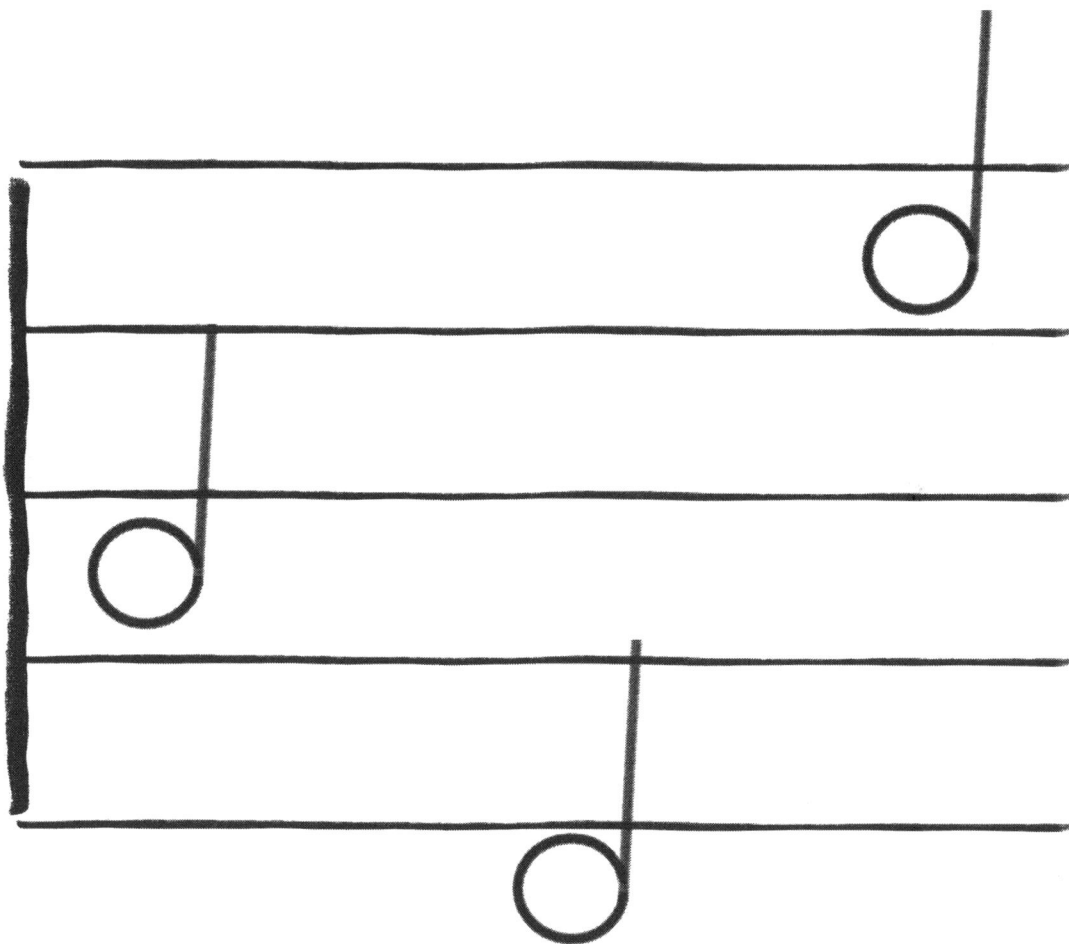

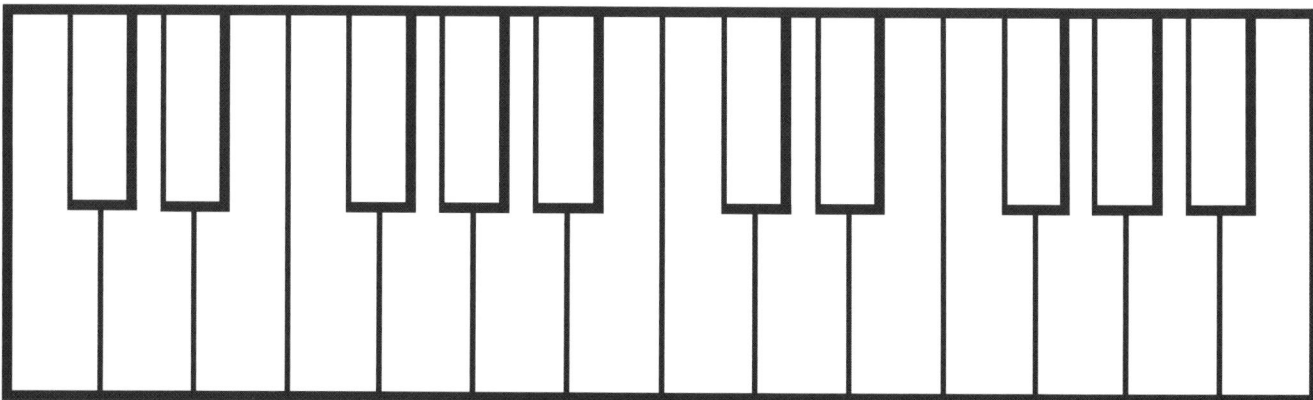

All notes are in Treble Clef

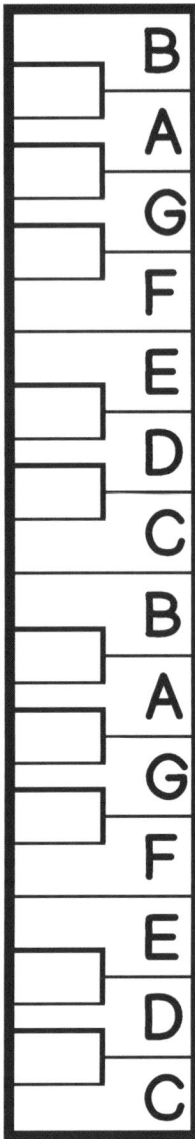

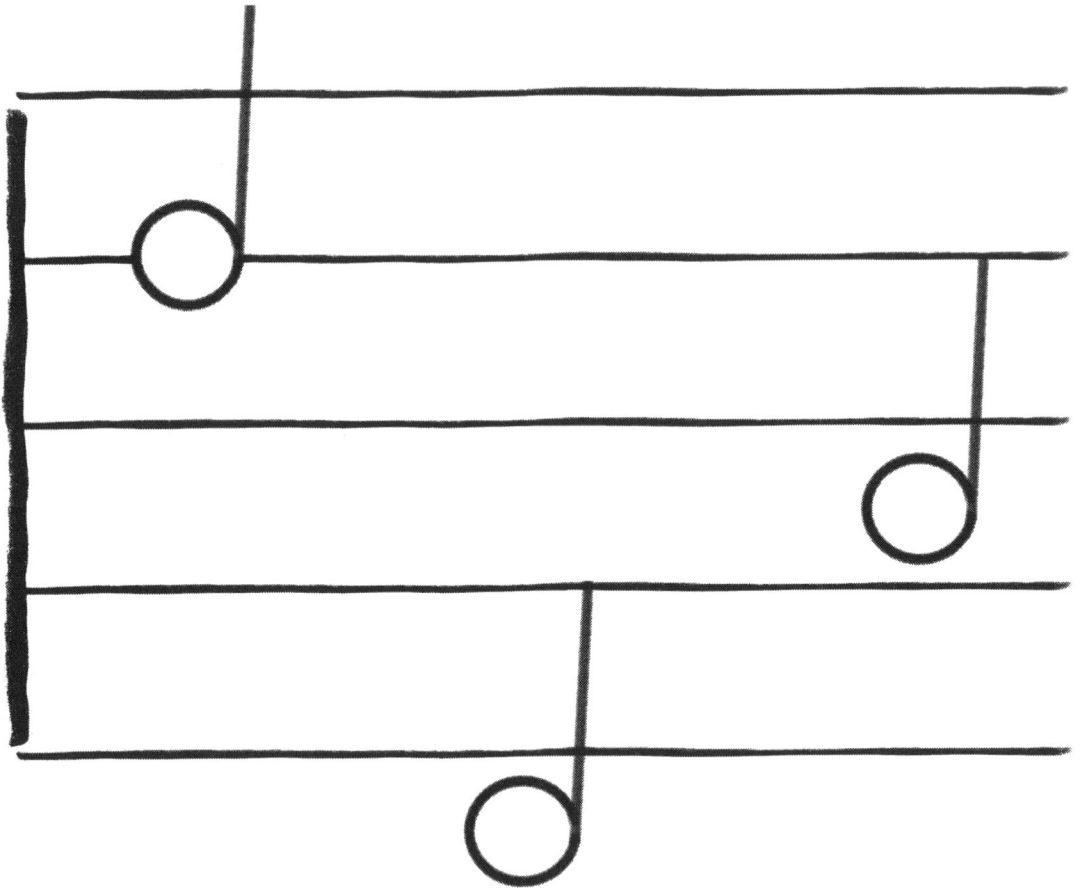

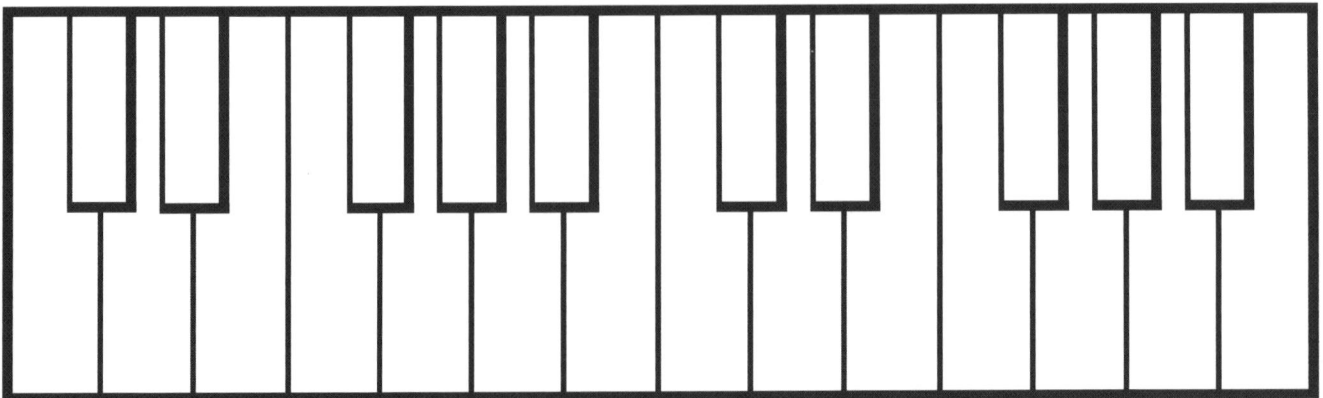

All notes are in Treble Clef

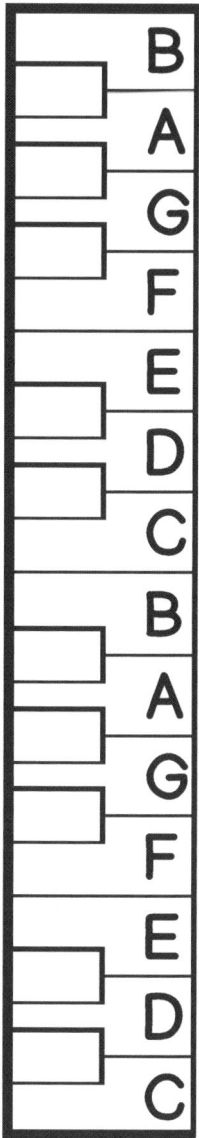

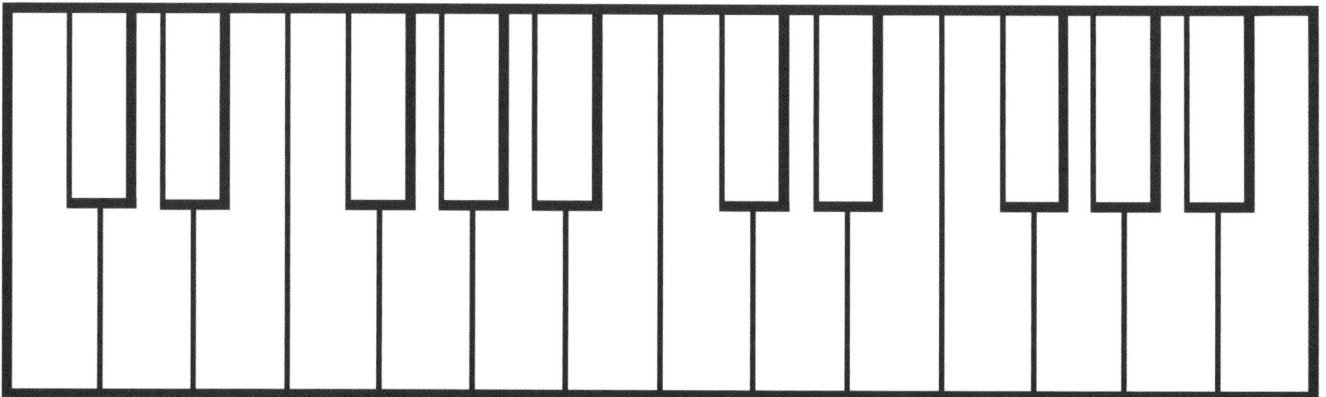

All notes are in Treble Clef

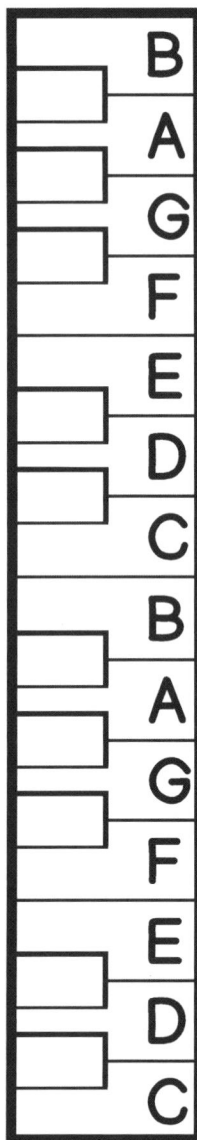

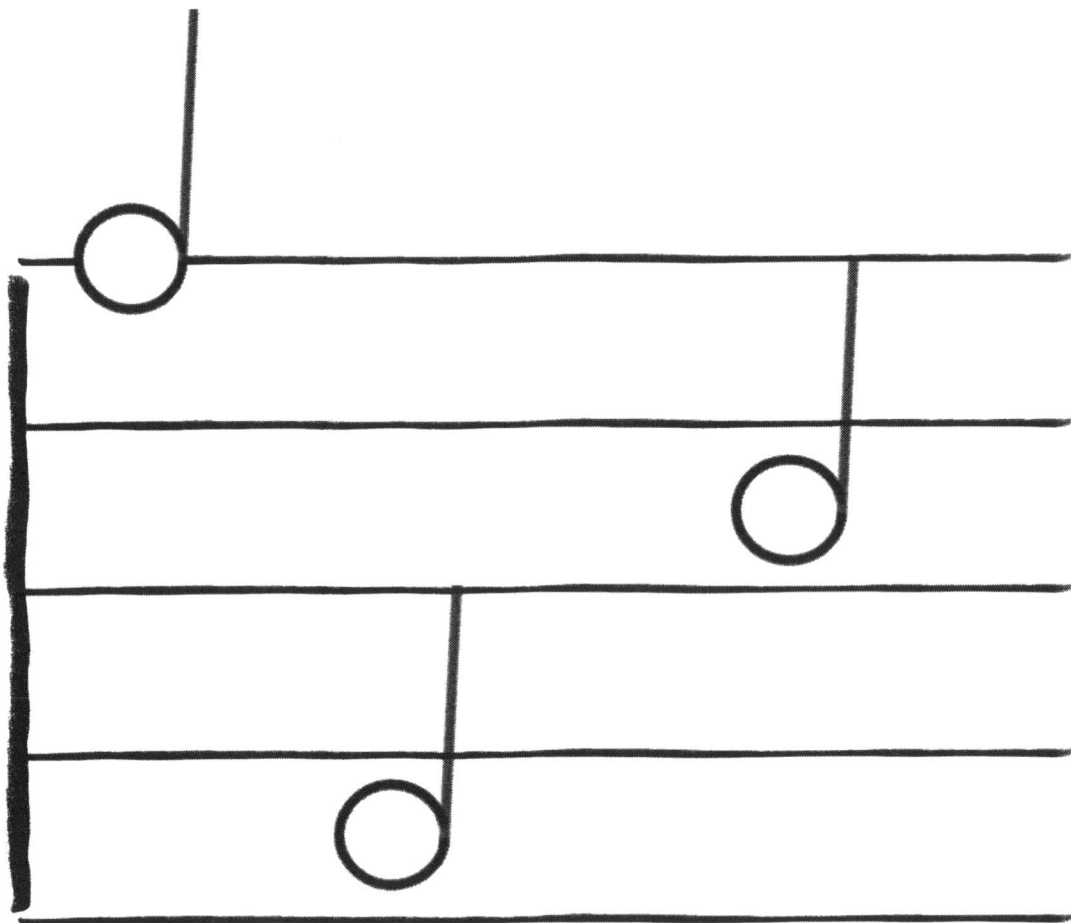

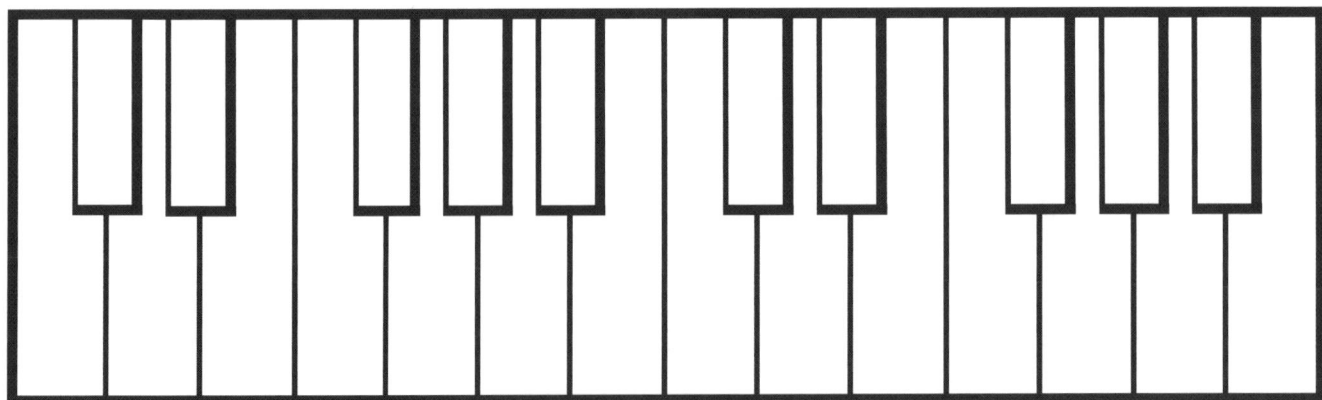

All notes are in Treble Clef

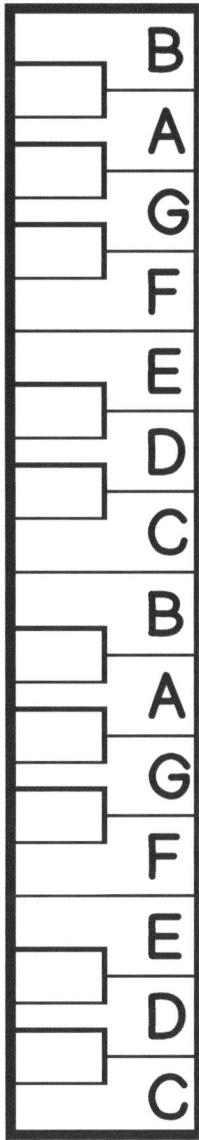

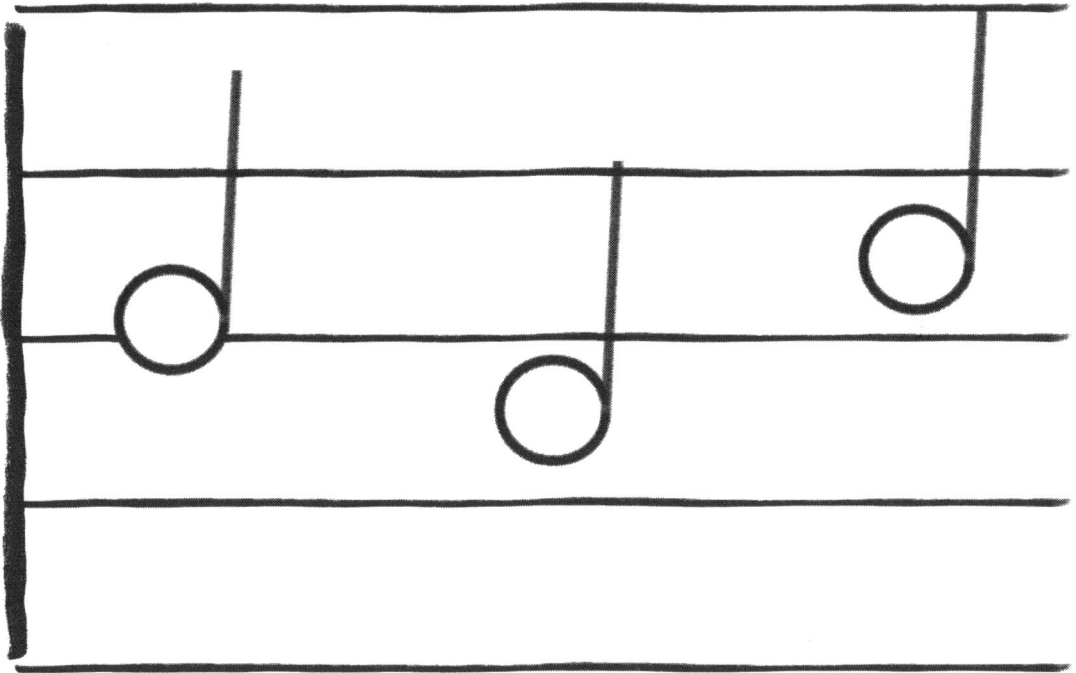

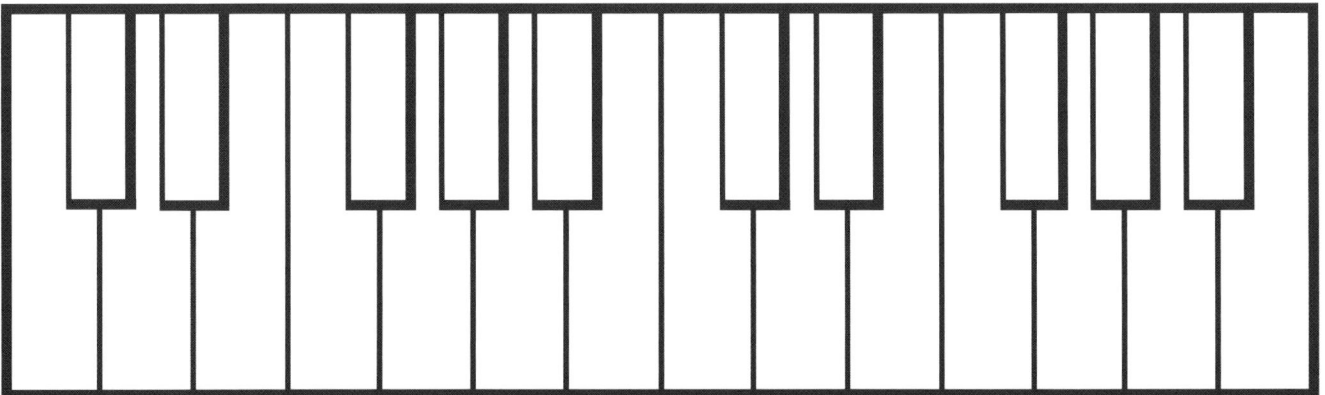

All notes are in Treble Clef

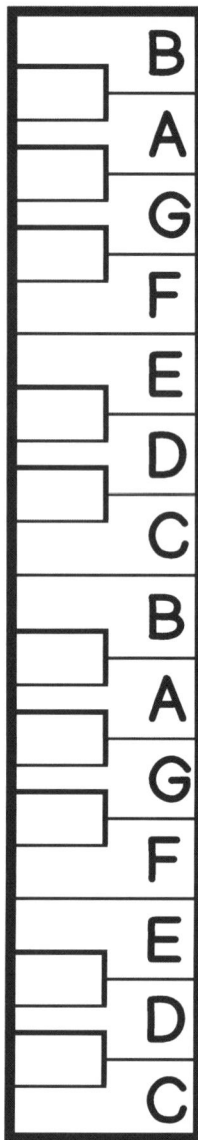

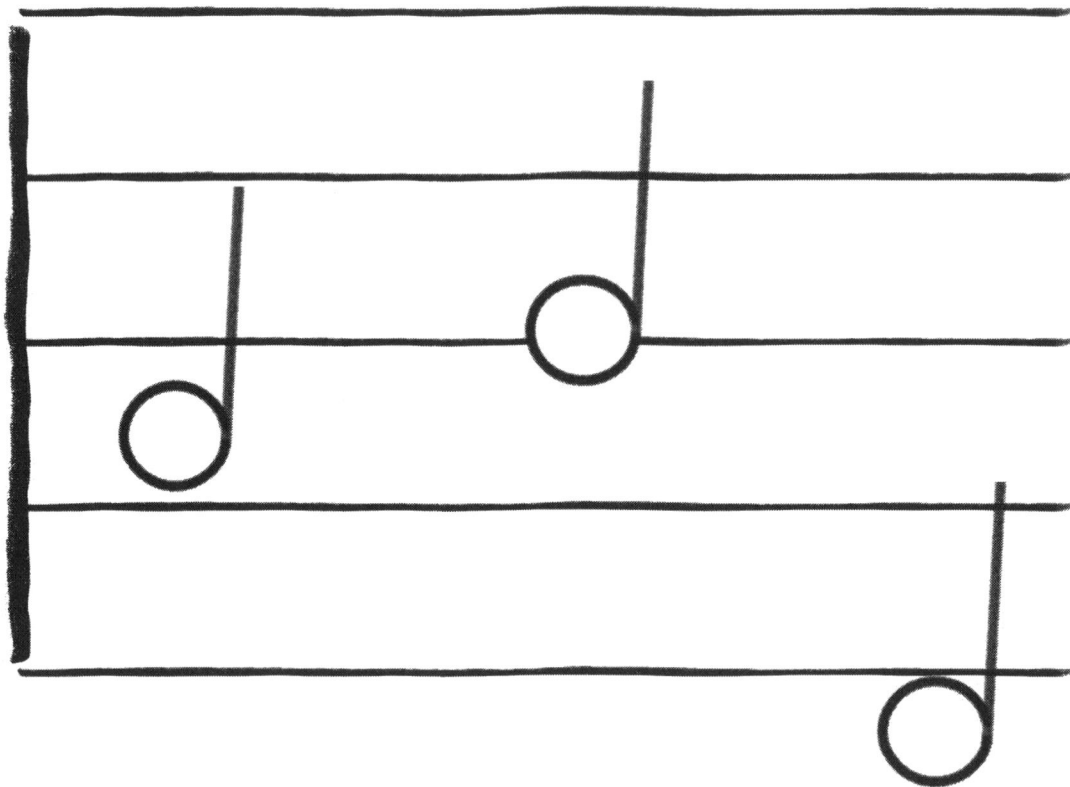

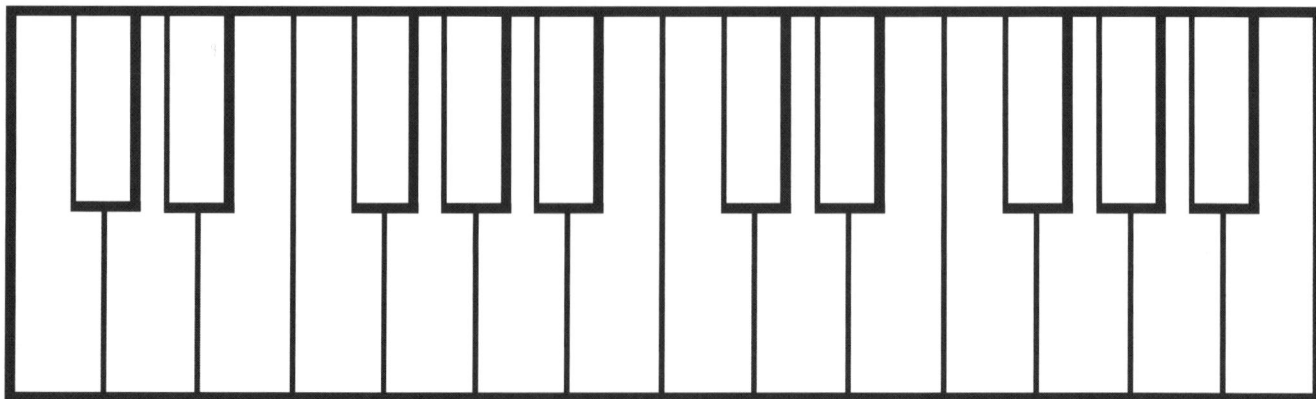

All notes are in Treble Clef

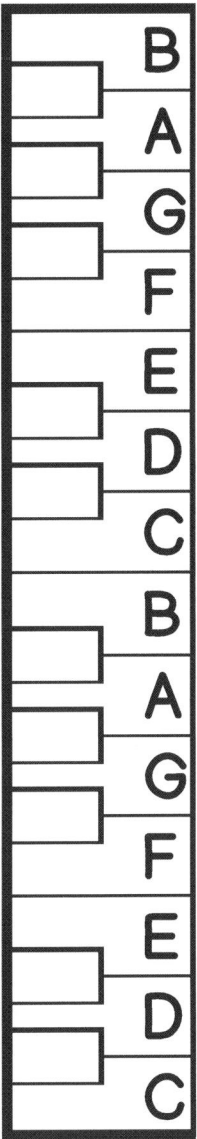

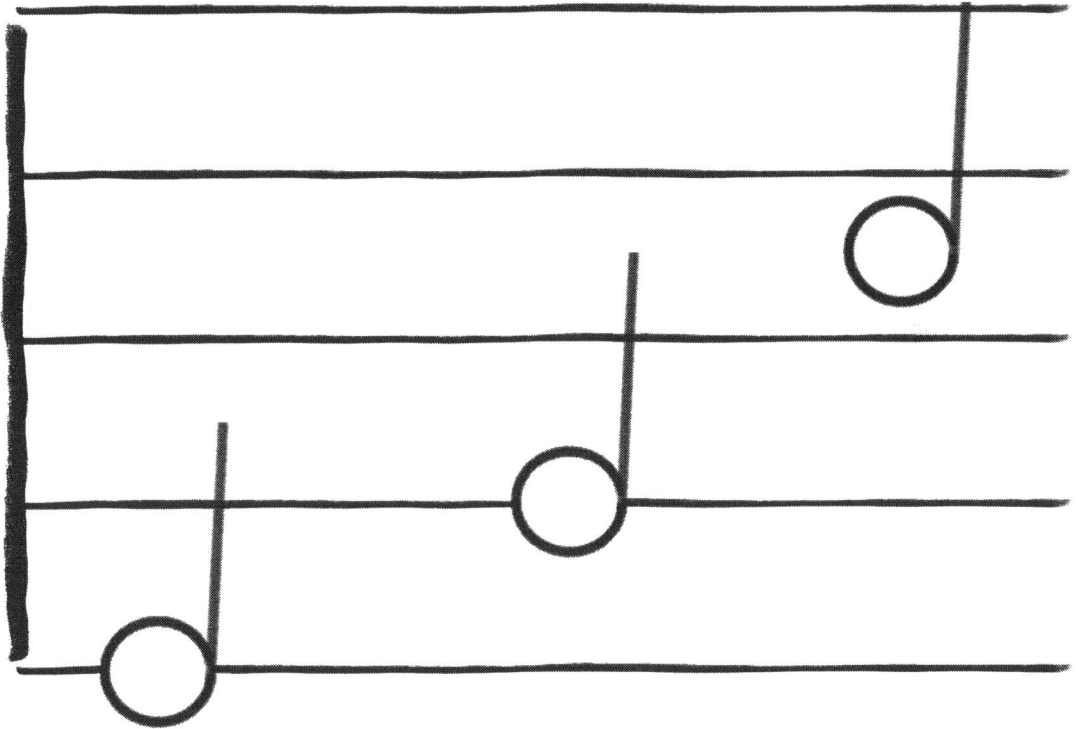

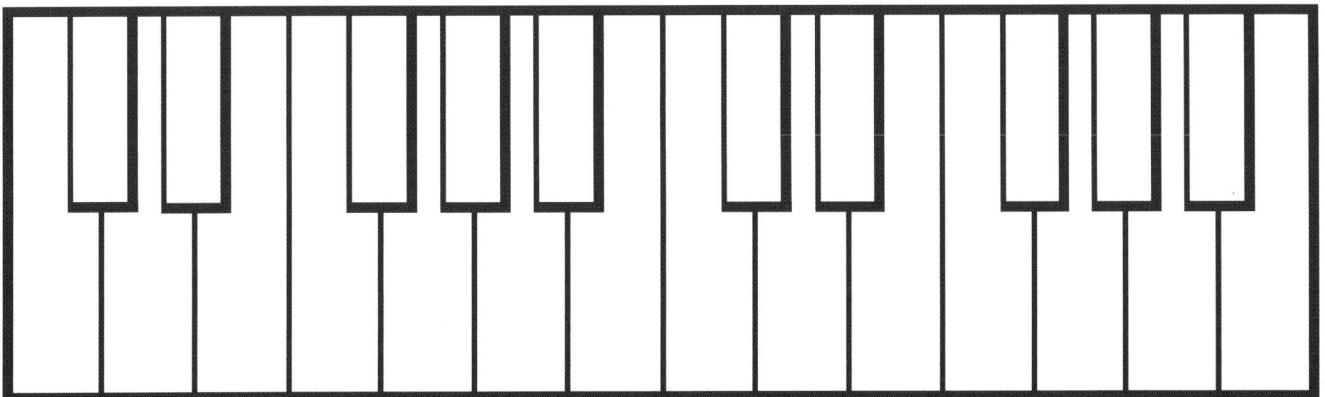

All notes are in Treble Clef

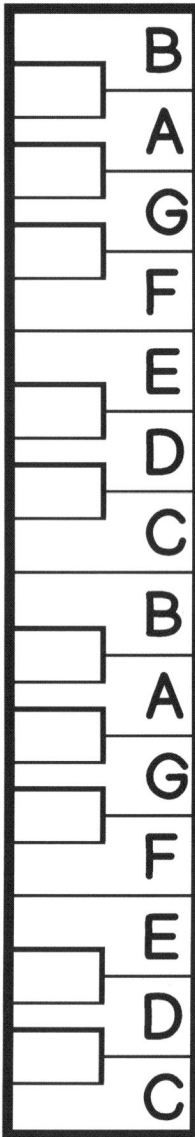

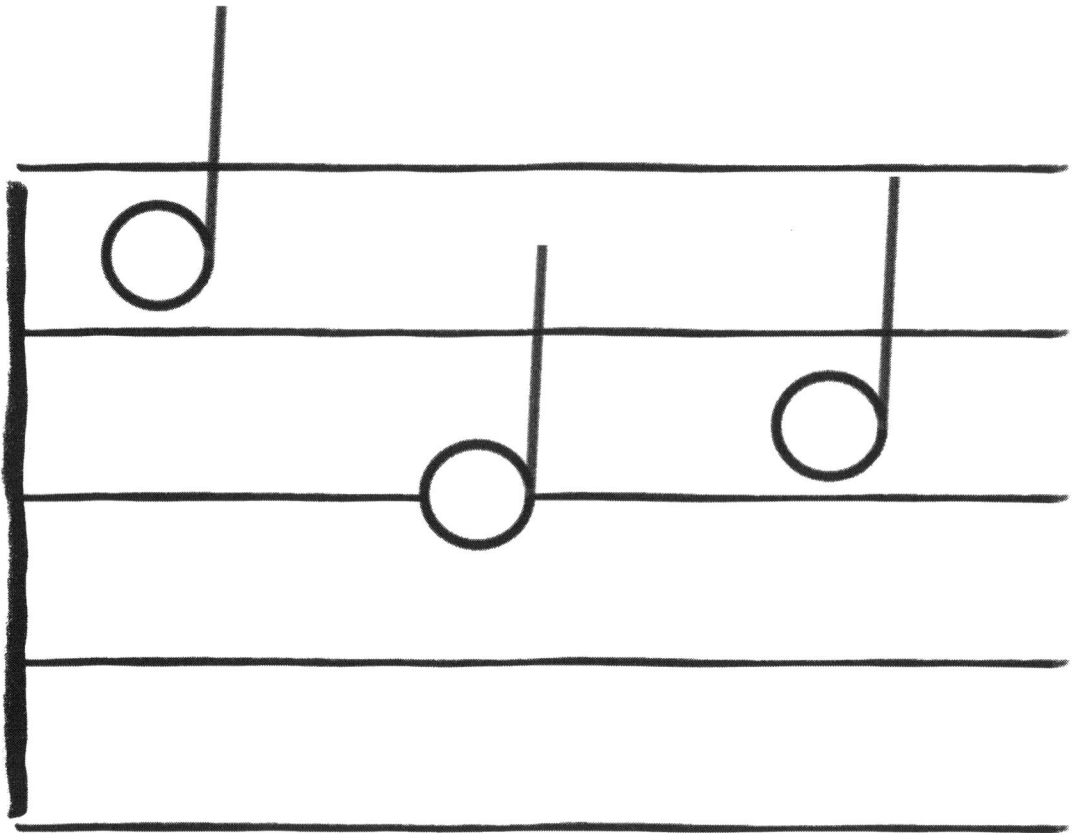

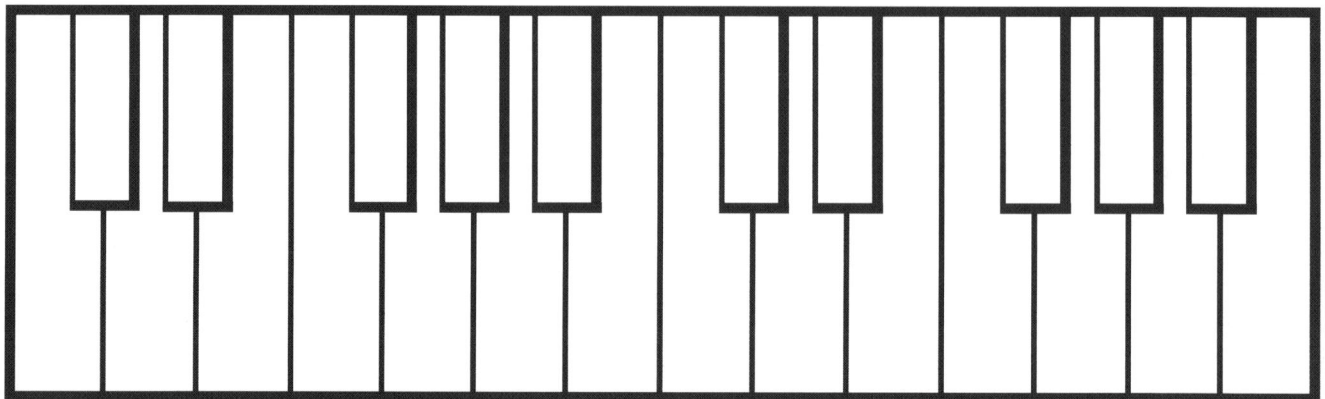

All notes are in Treble Clef

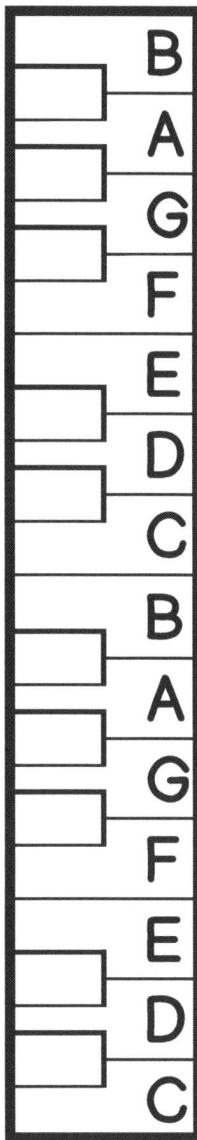

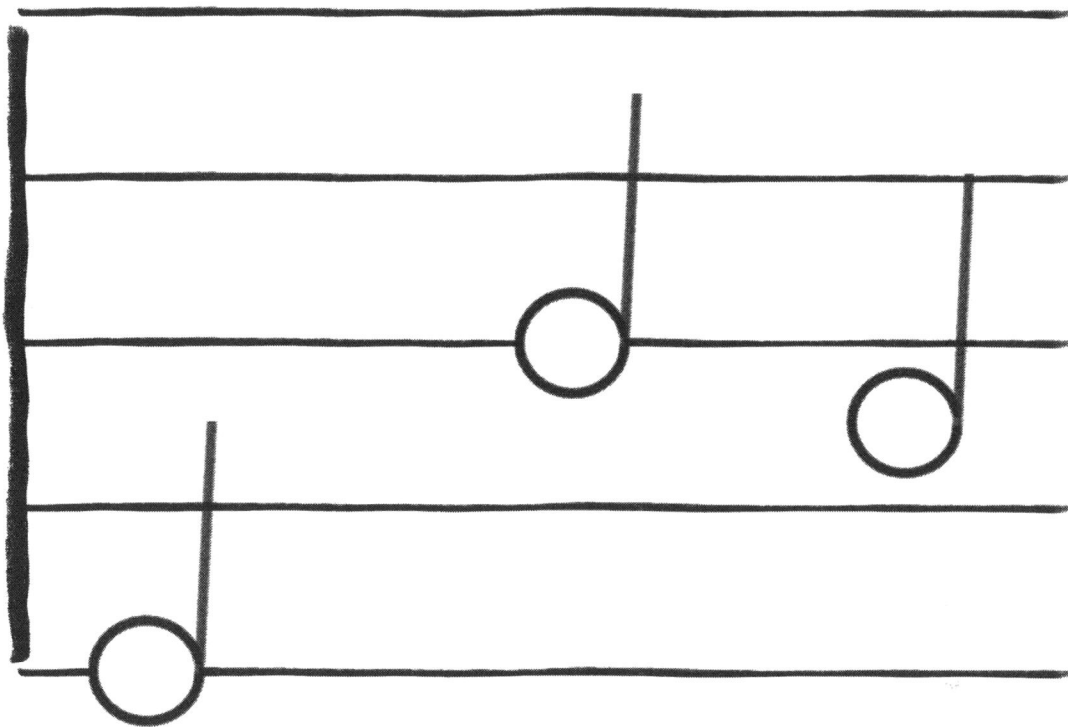

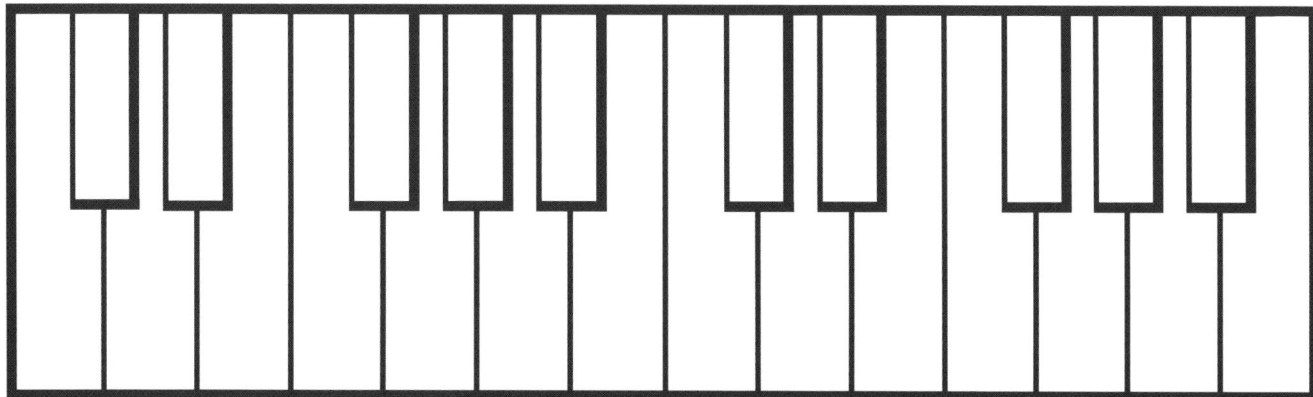

All notes are in Treble Clef

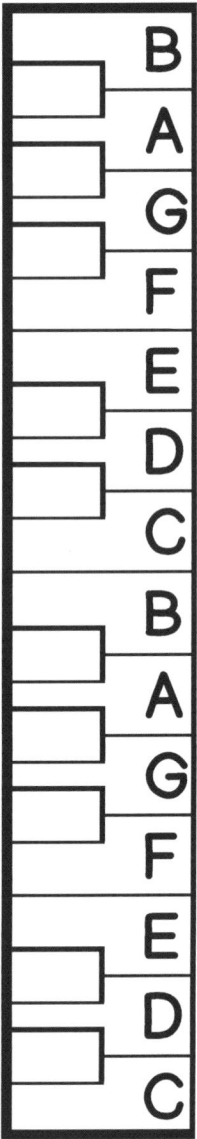

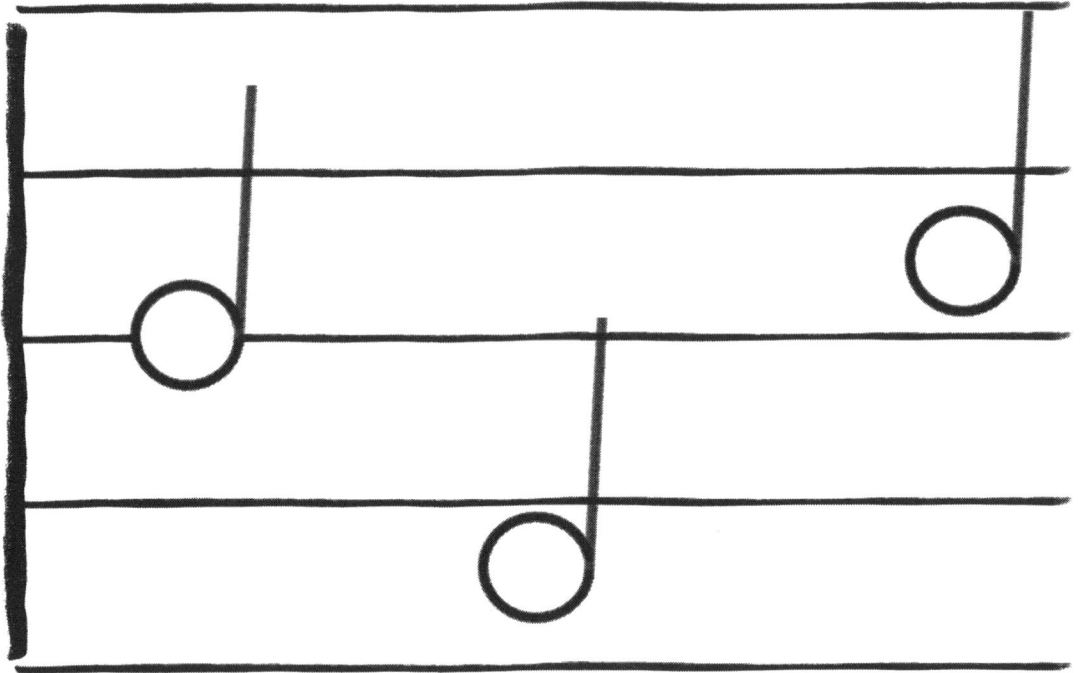

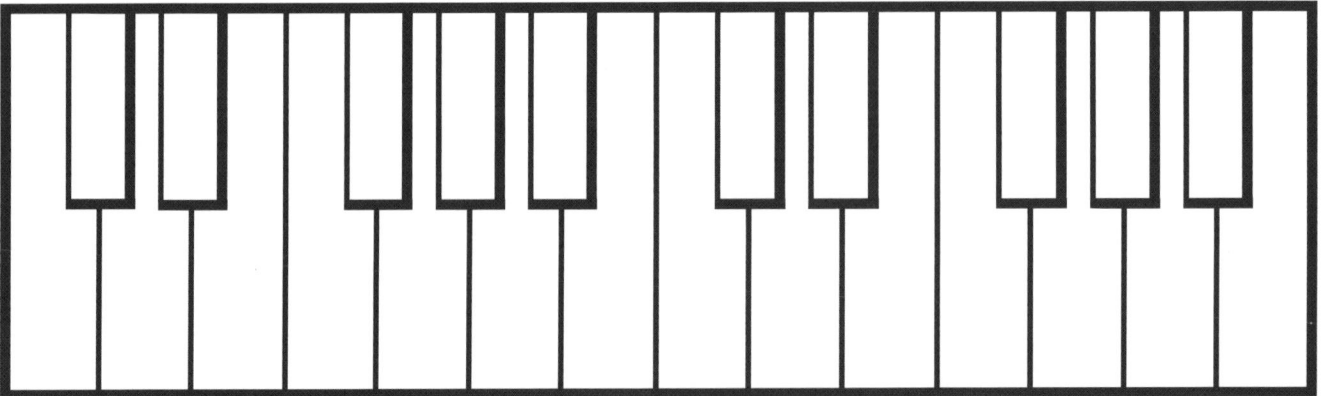

All notes are in Treble Clef

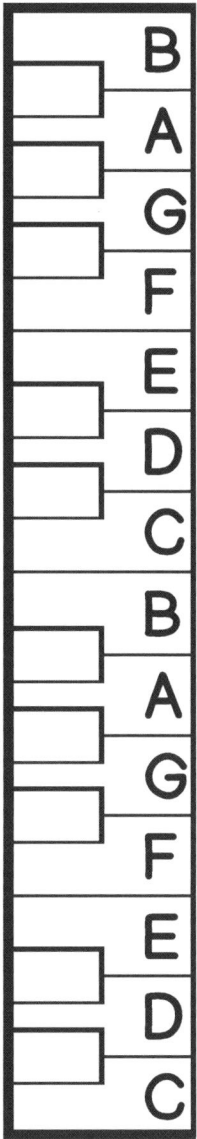

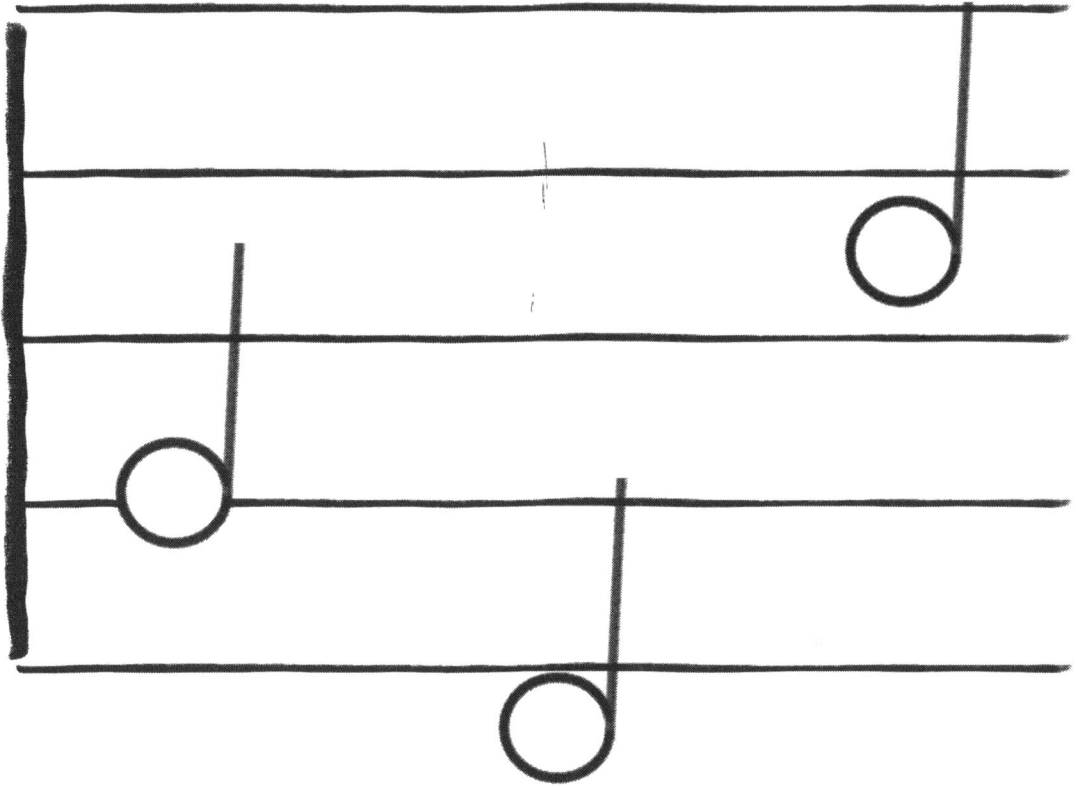

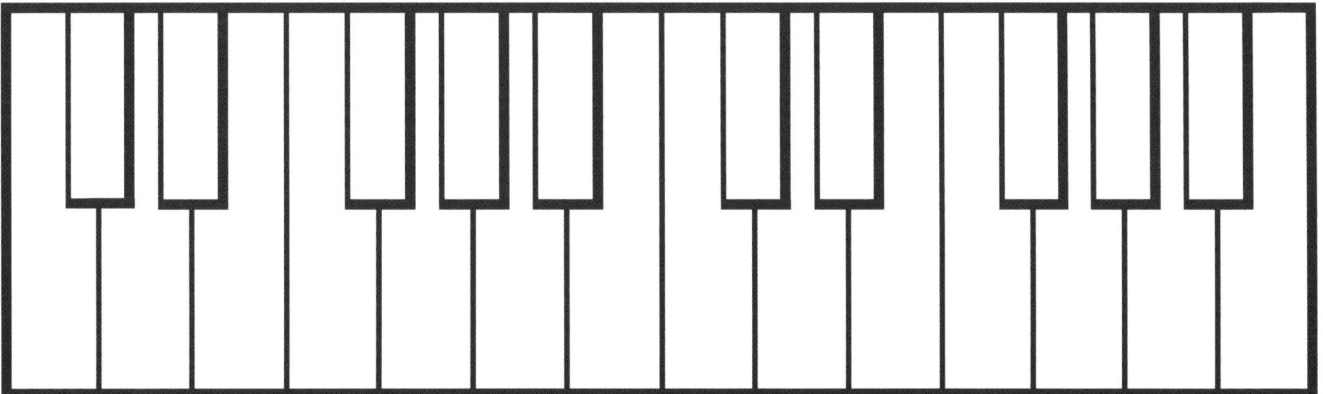

All notes are in Treble Clef

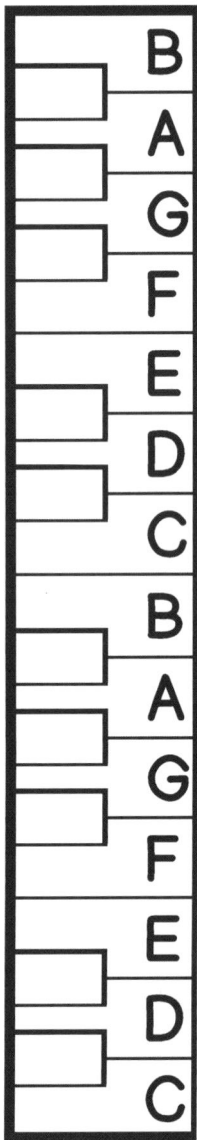

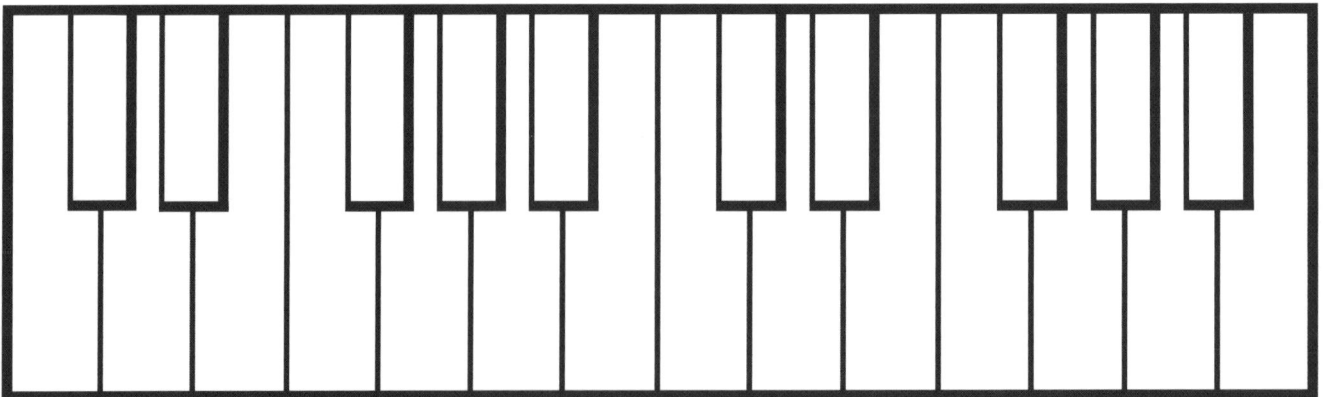

All notes are in Treble Clef

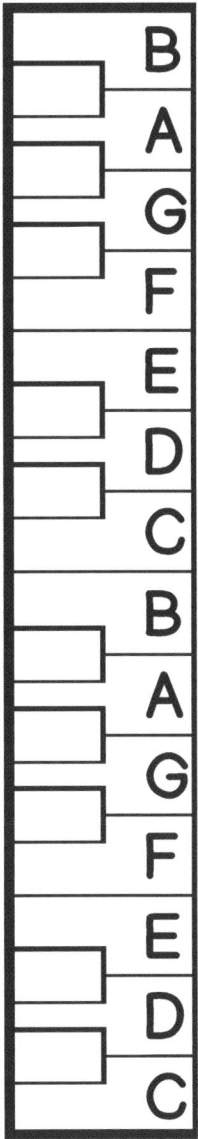

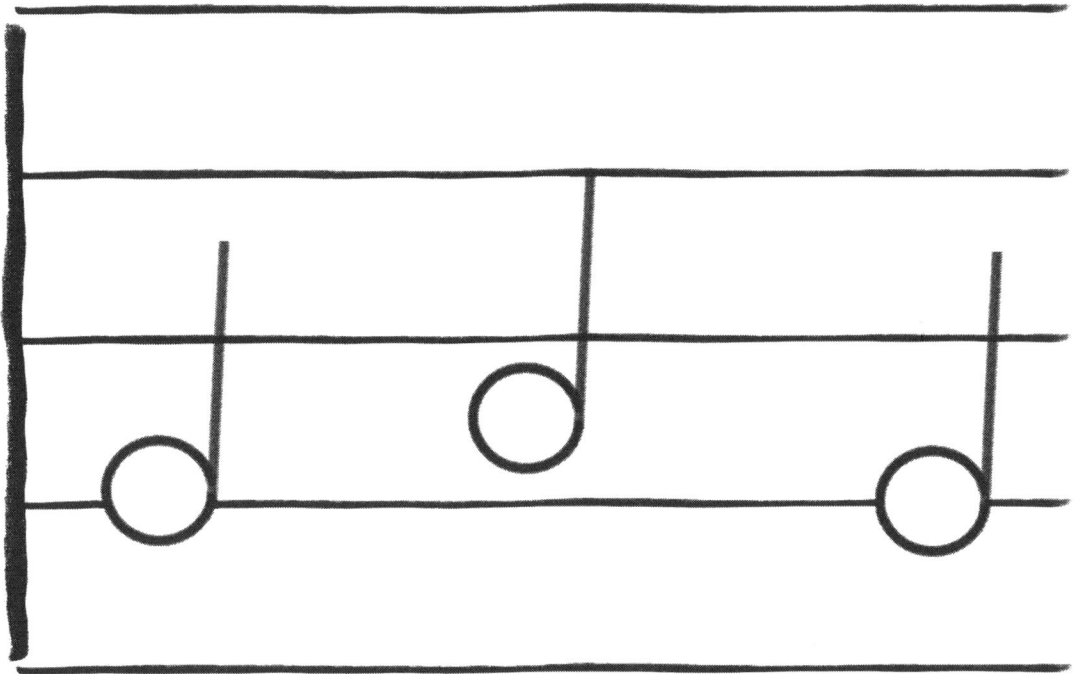

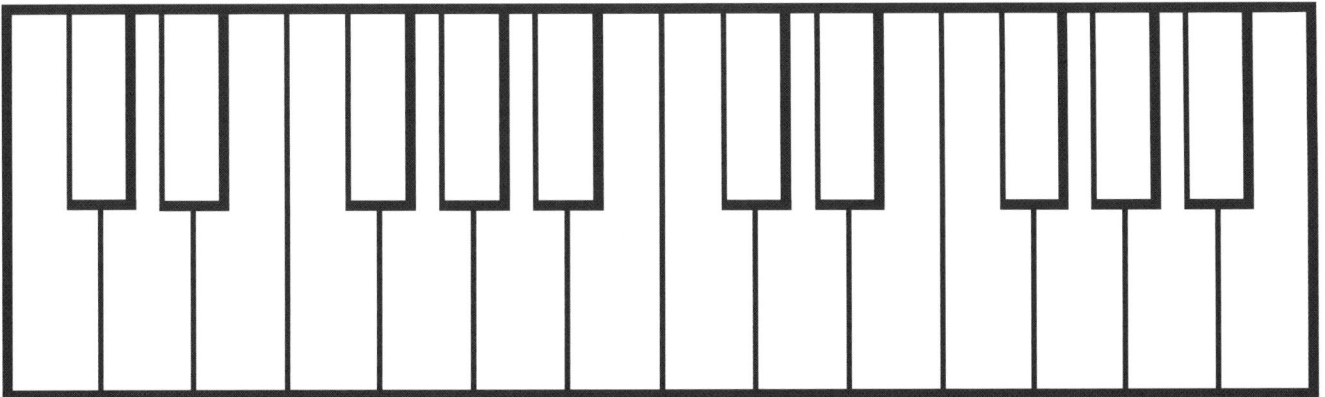

All notes are in Treble Clef

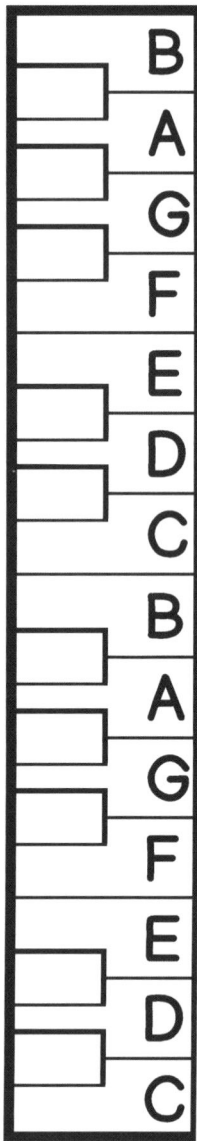

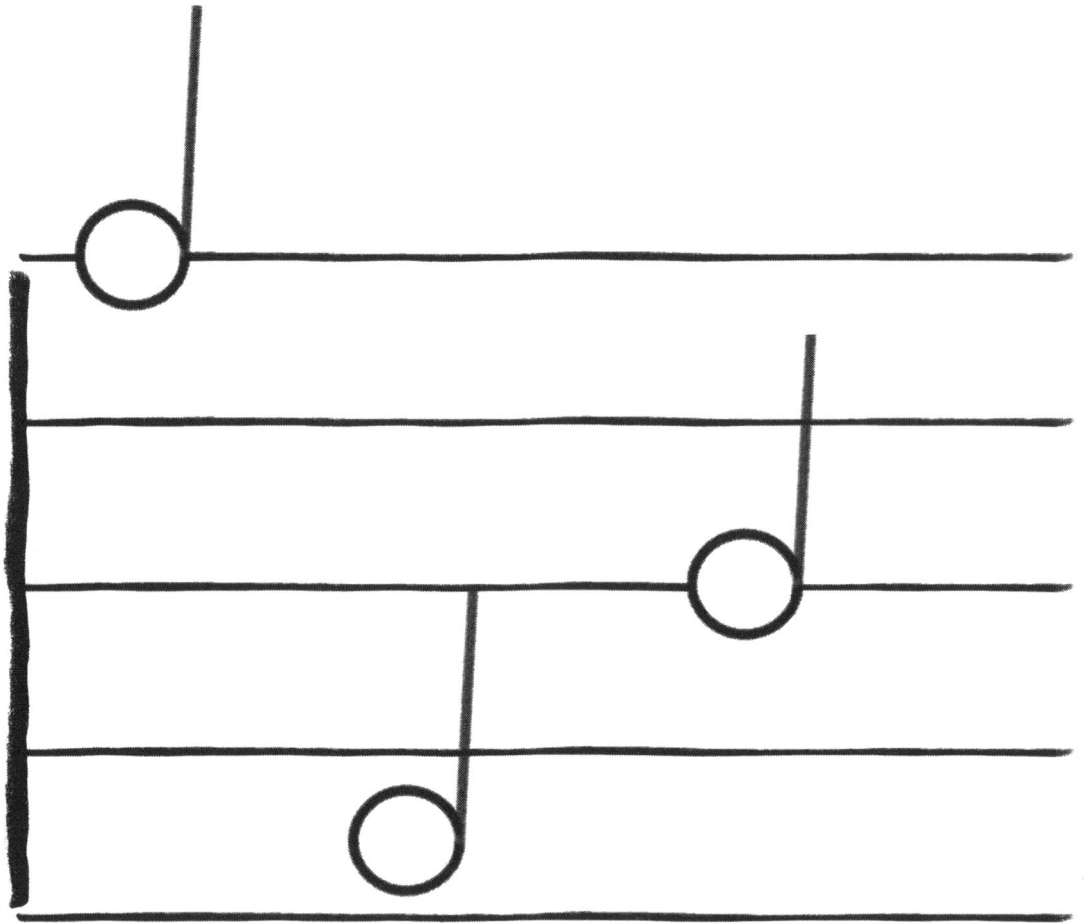

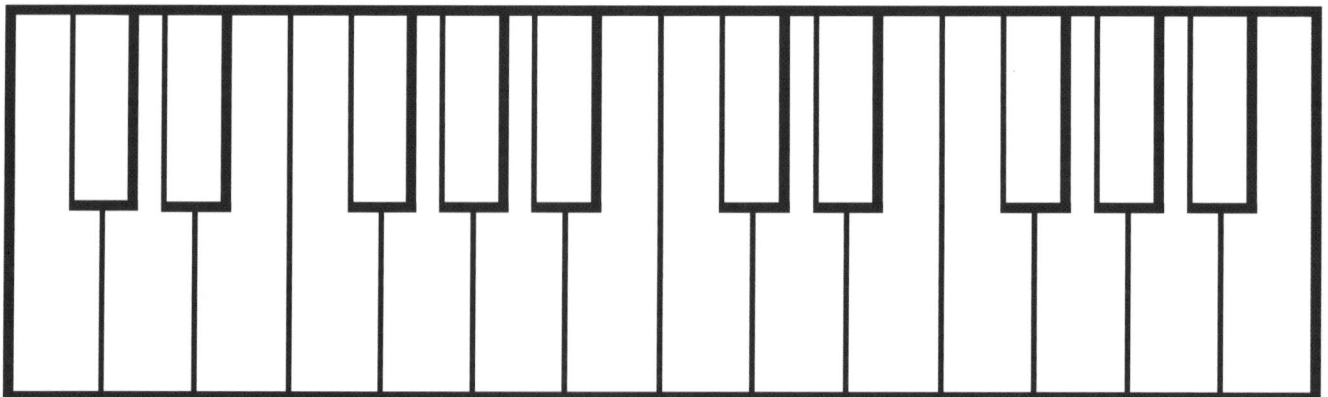

All notes are in Treble Clef

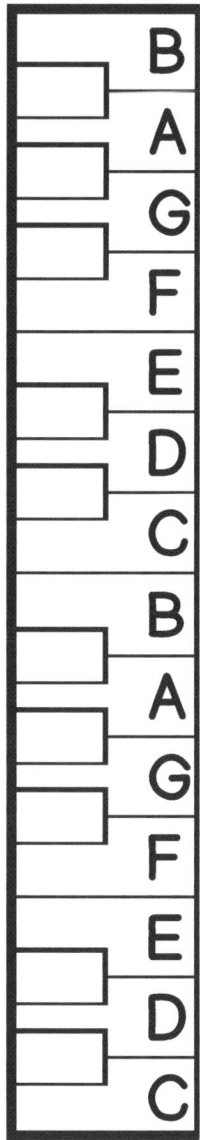

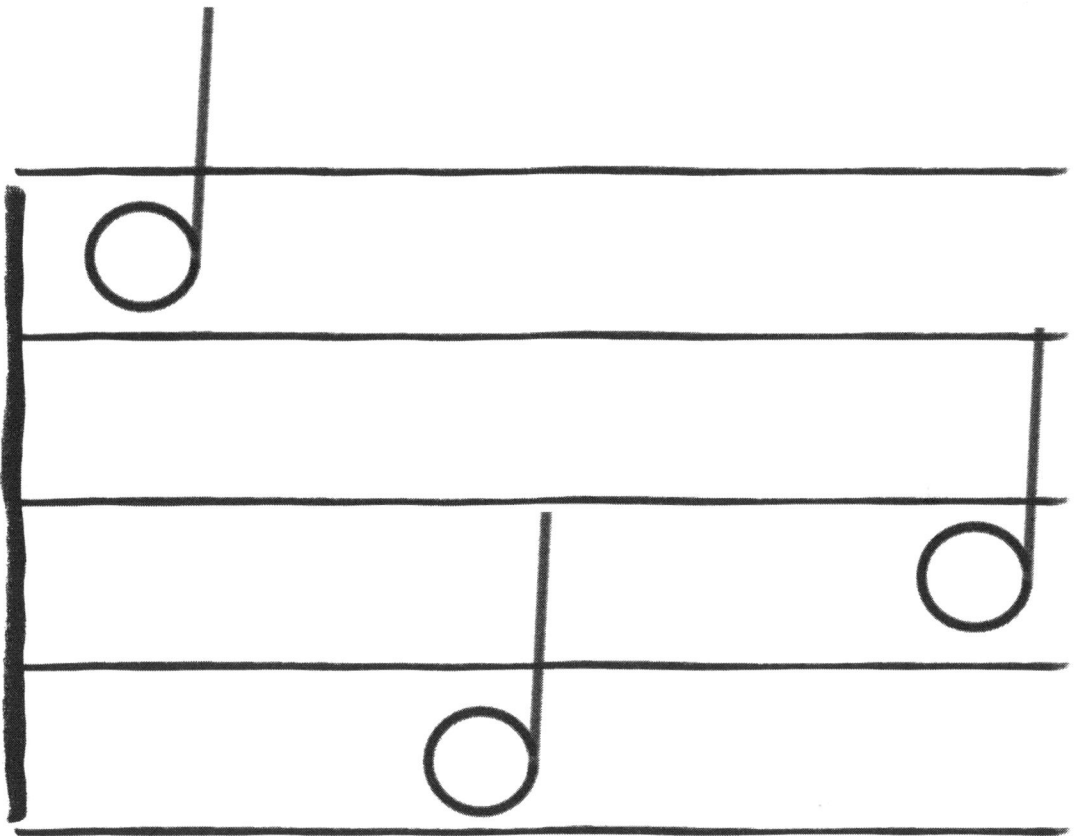

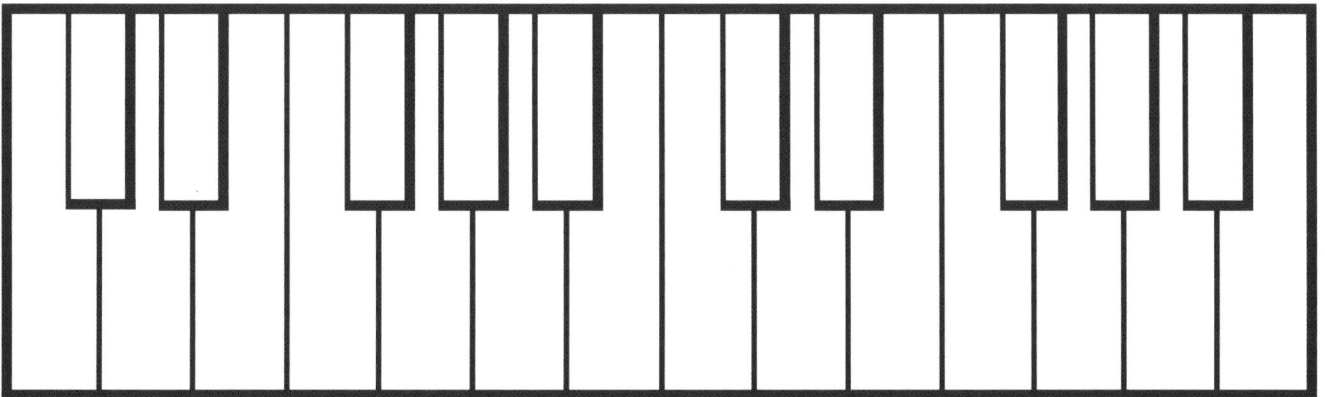

All notes are in Treble Clef

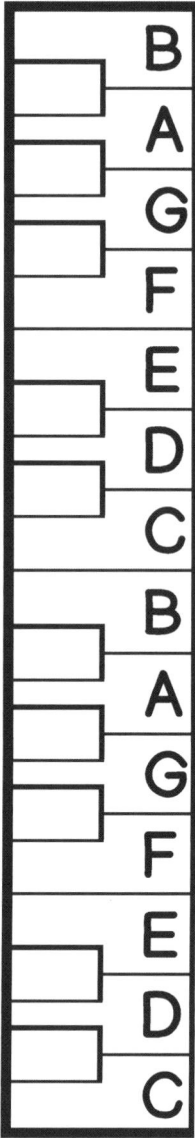

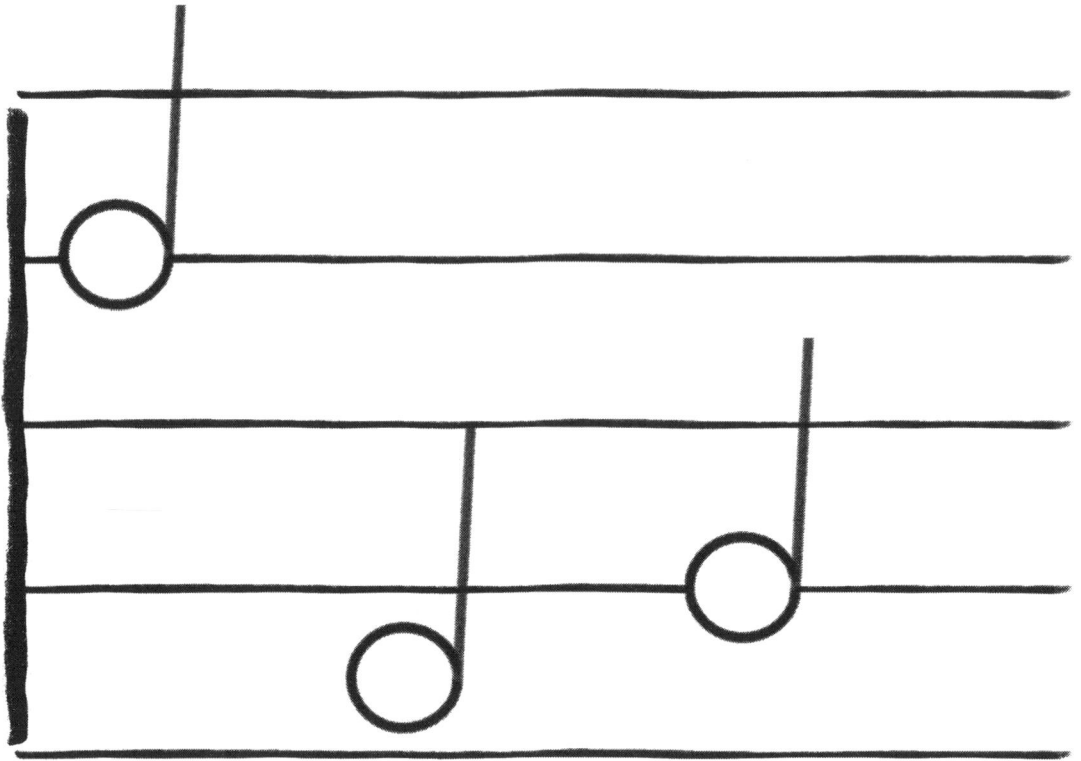

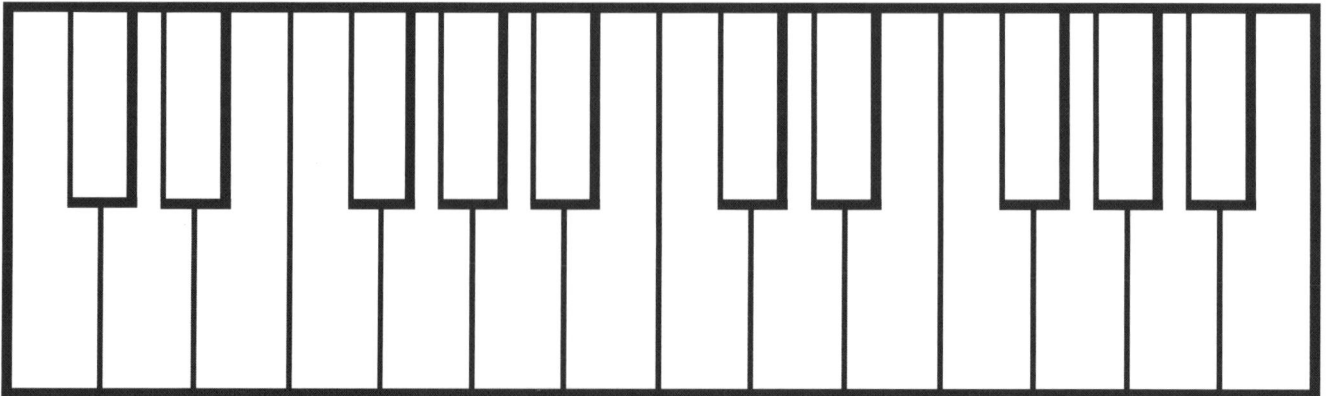

All notes are in Treble Clef

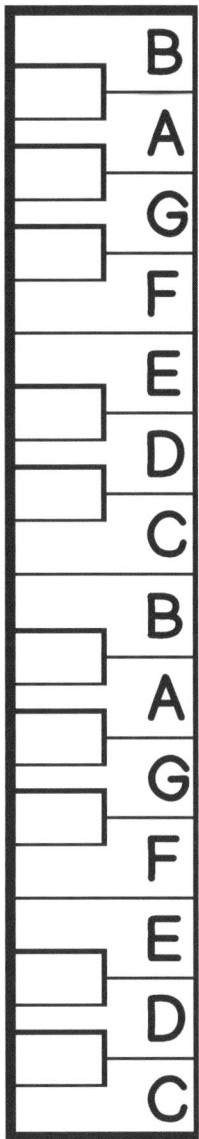

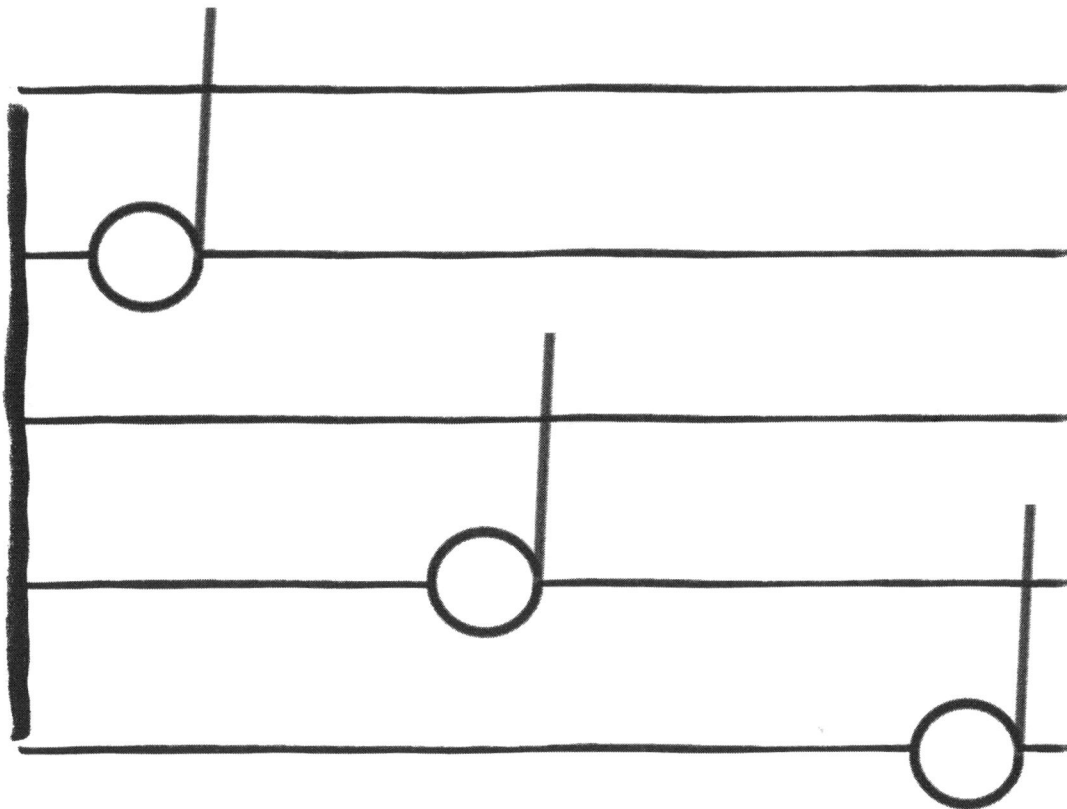

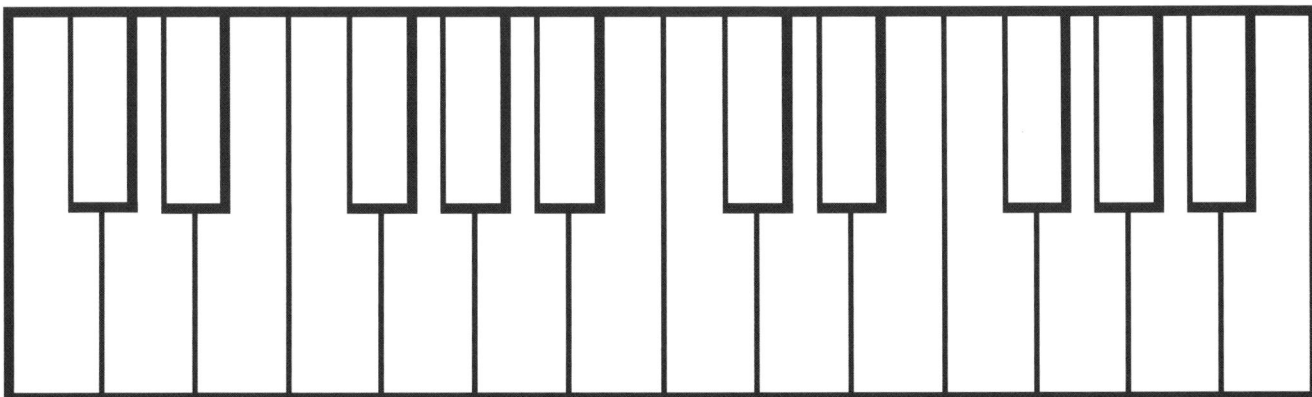

All notes are in Treble Clef

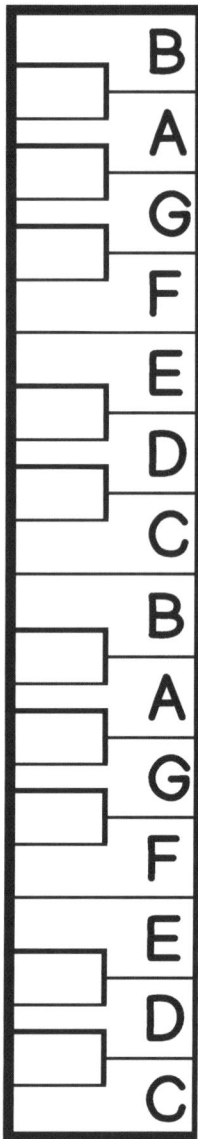

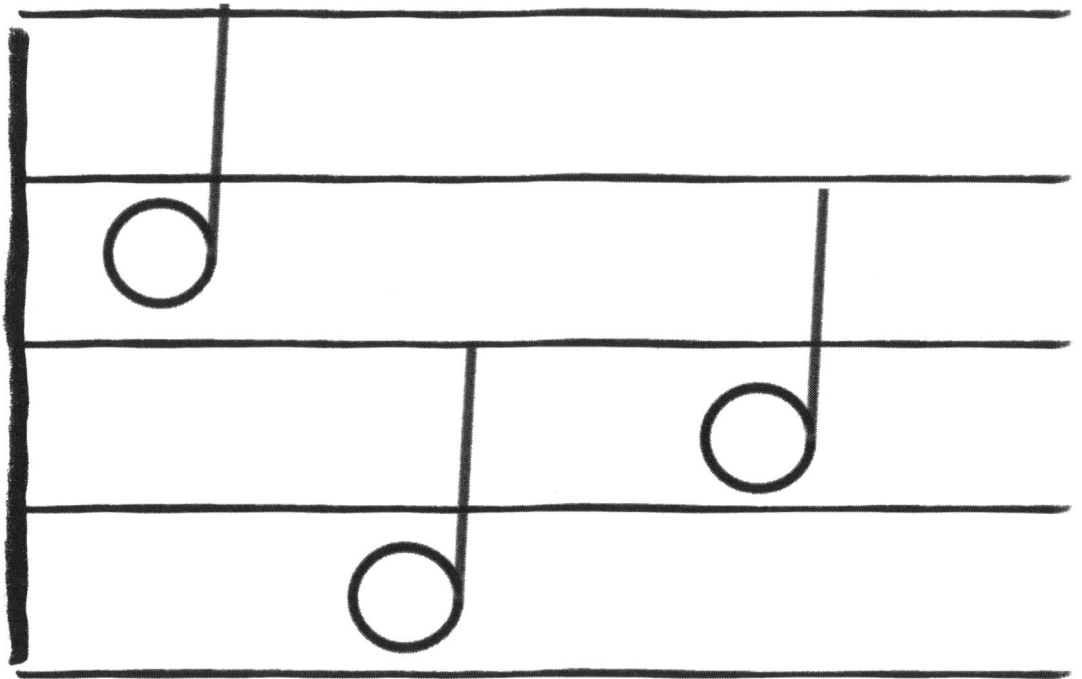

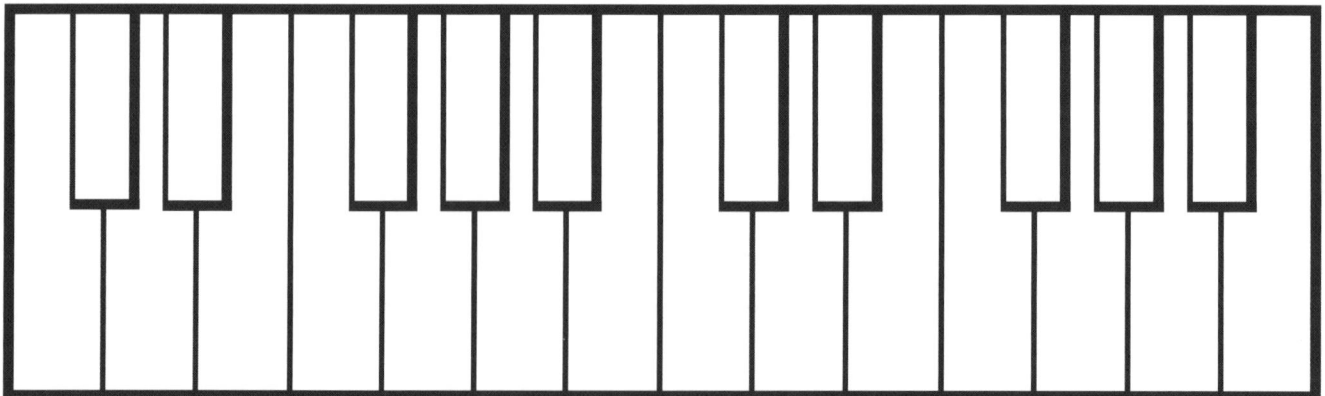

All notes are in Treble Clef

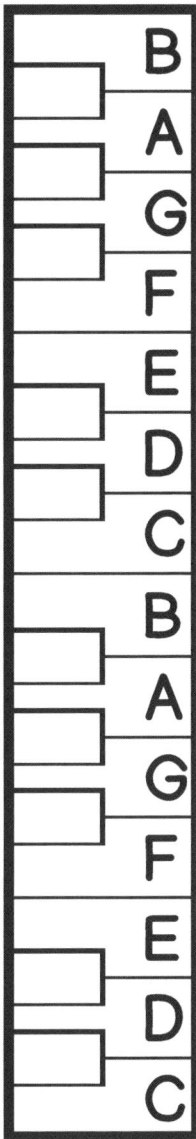

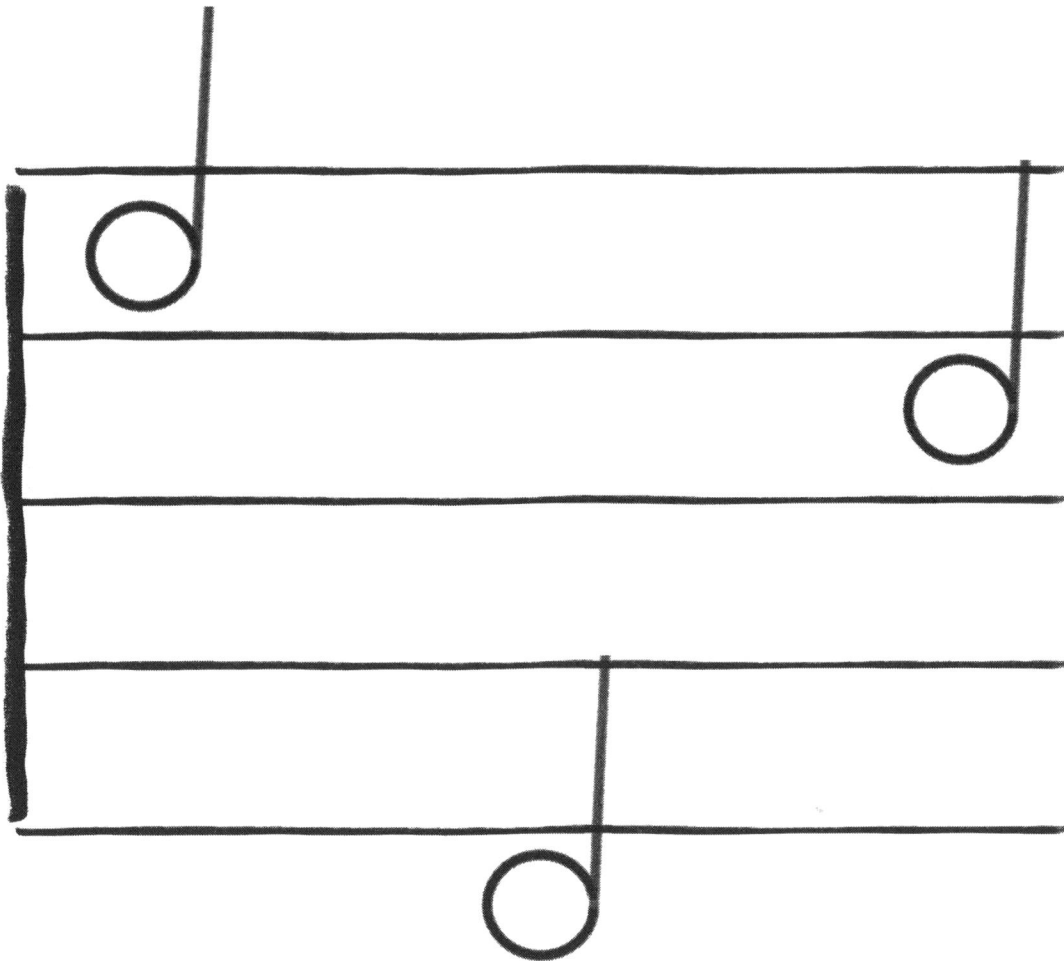

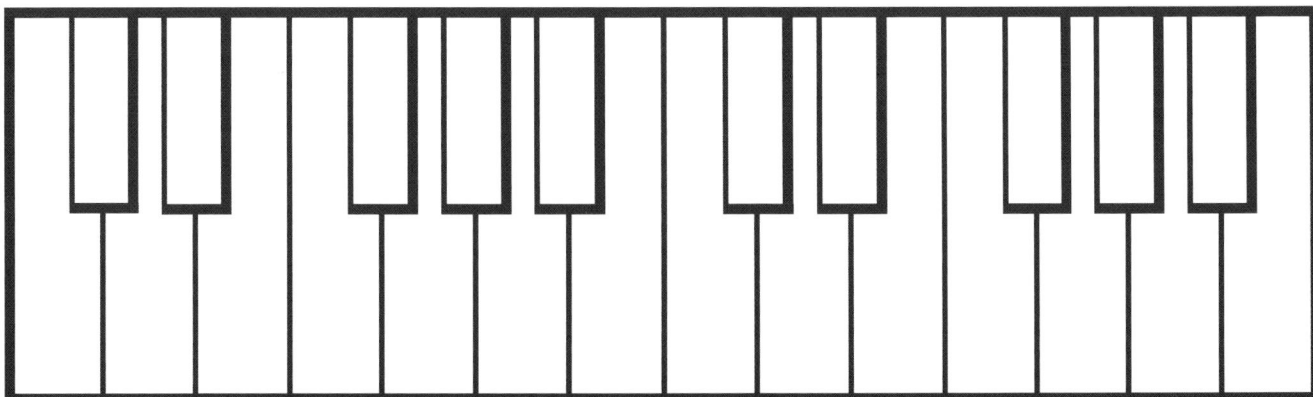

All notes are in Treble Clef

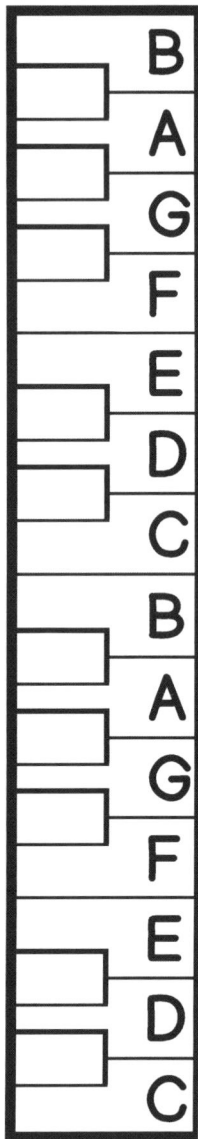

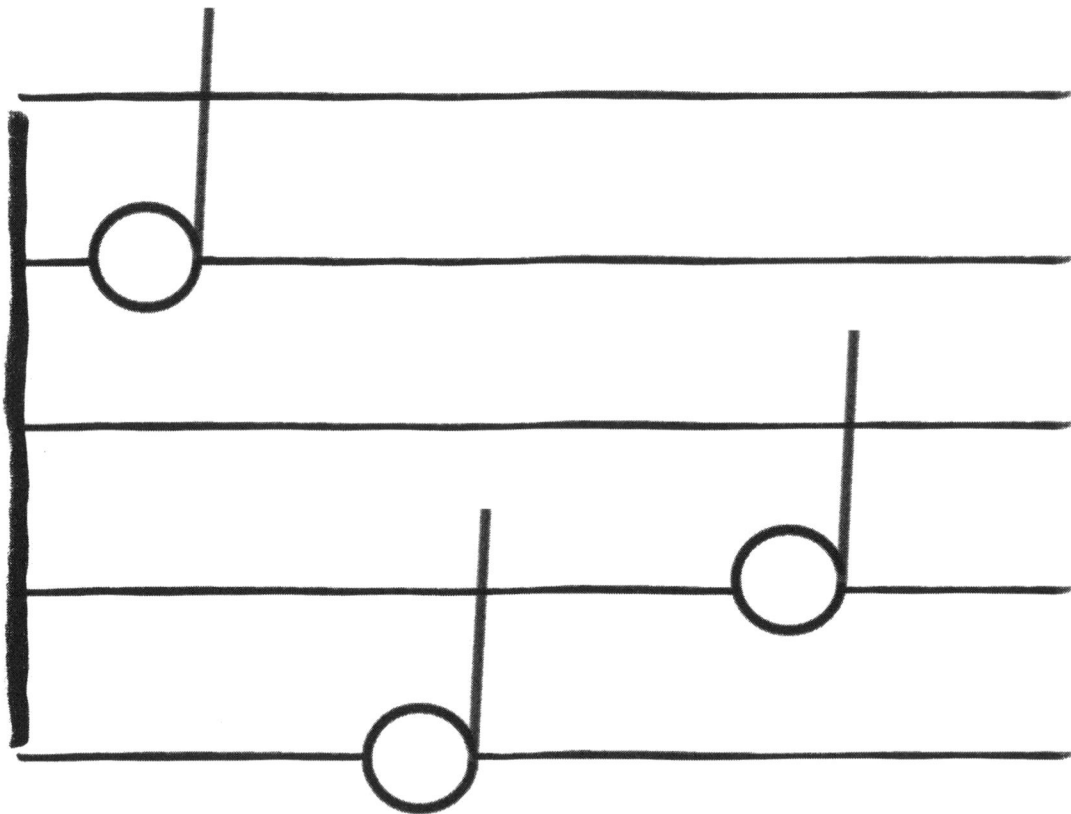

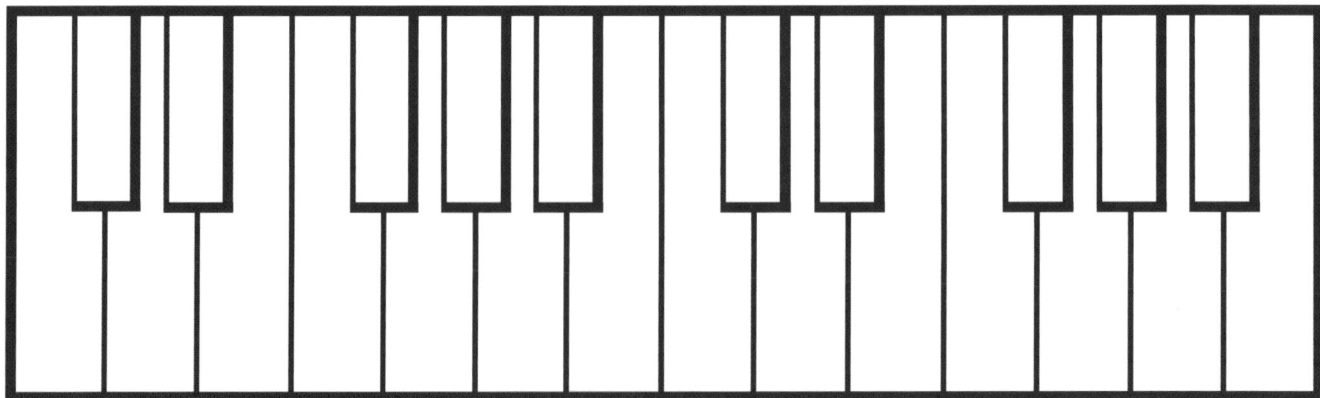

All notes are in Treble Clef

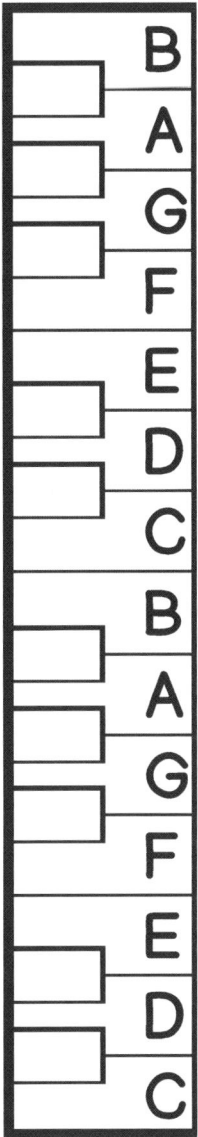

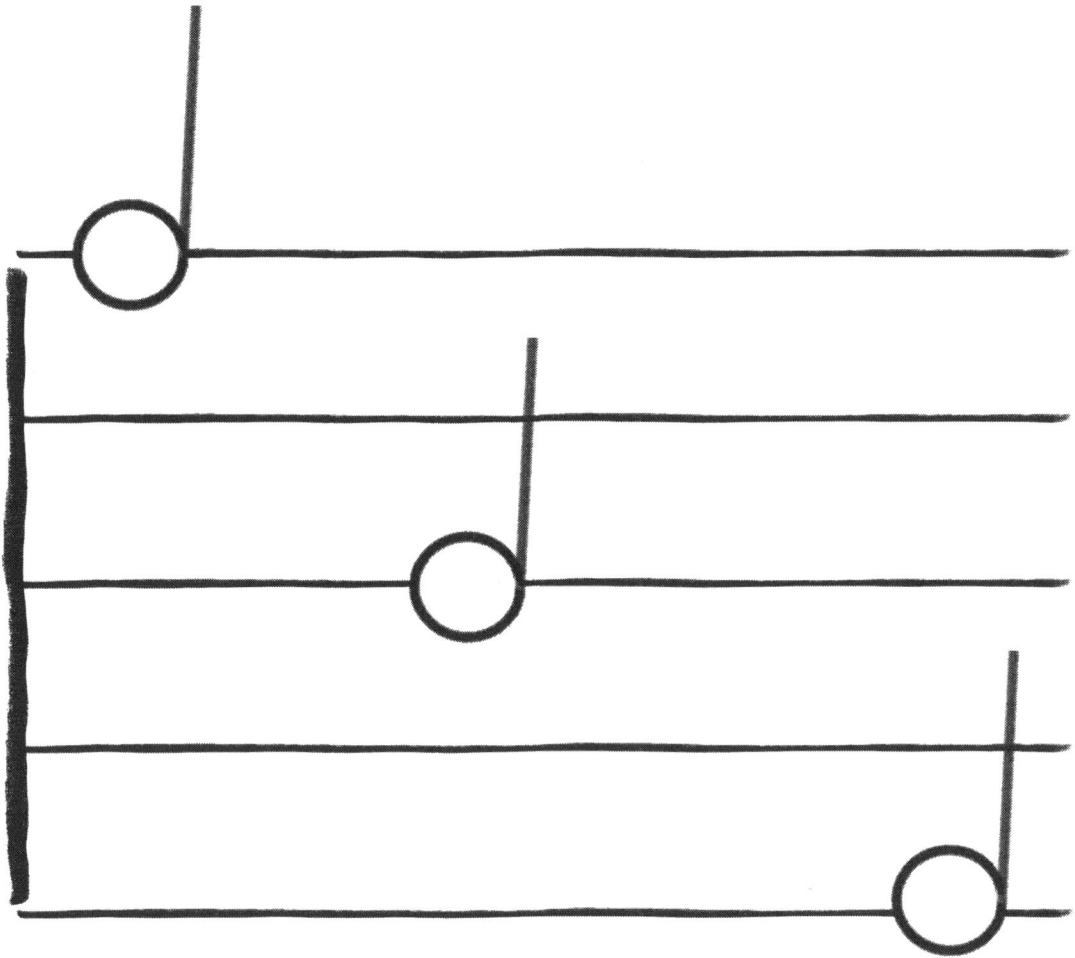

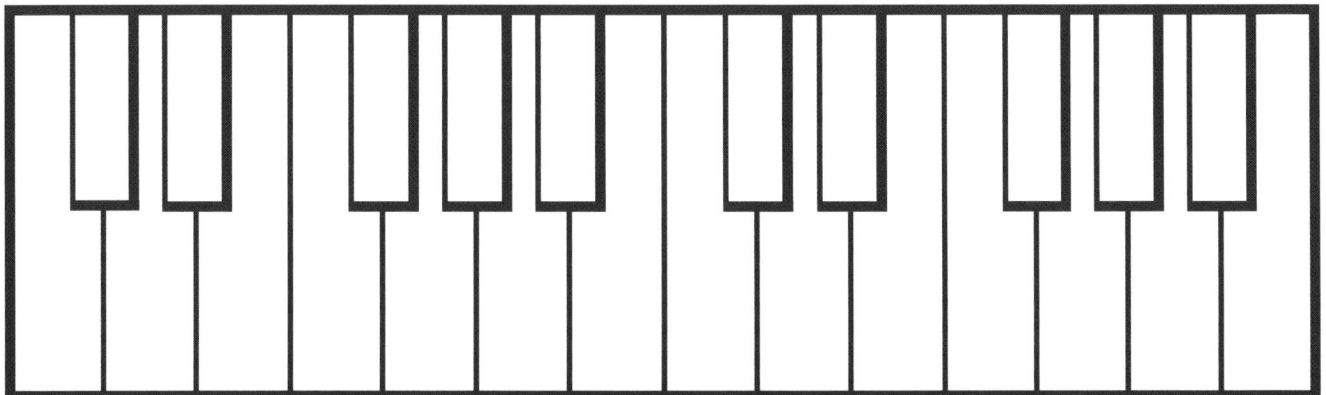

All notes are in Treble Clef

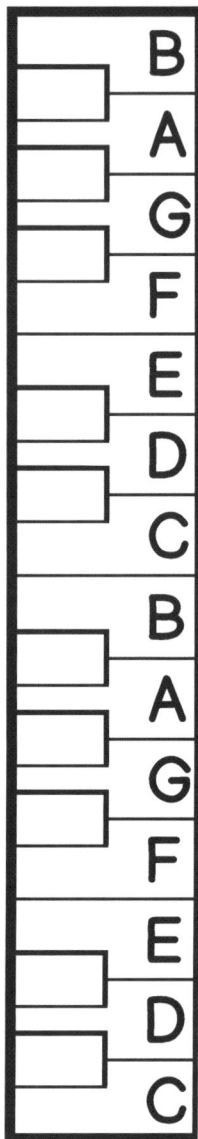

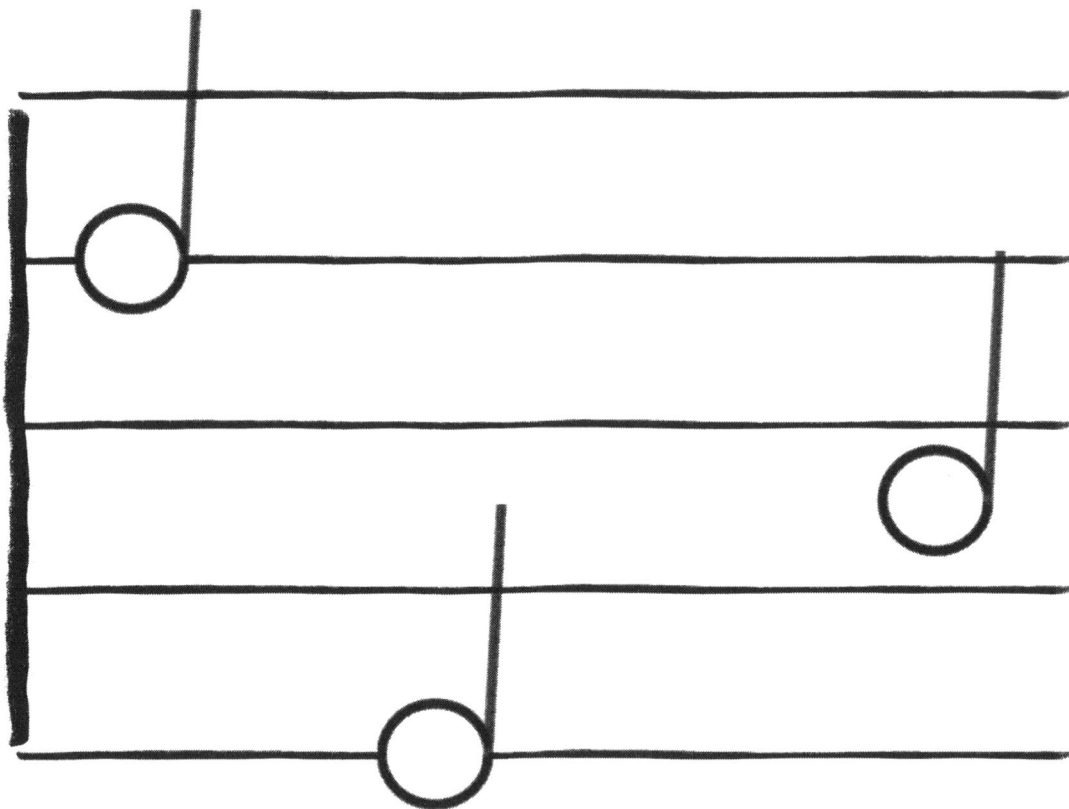

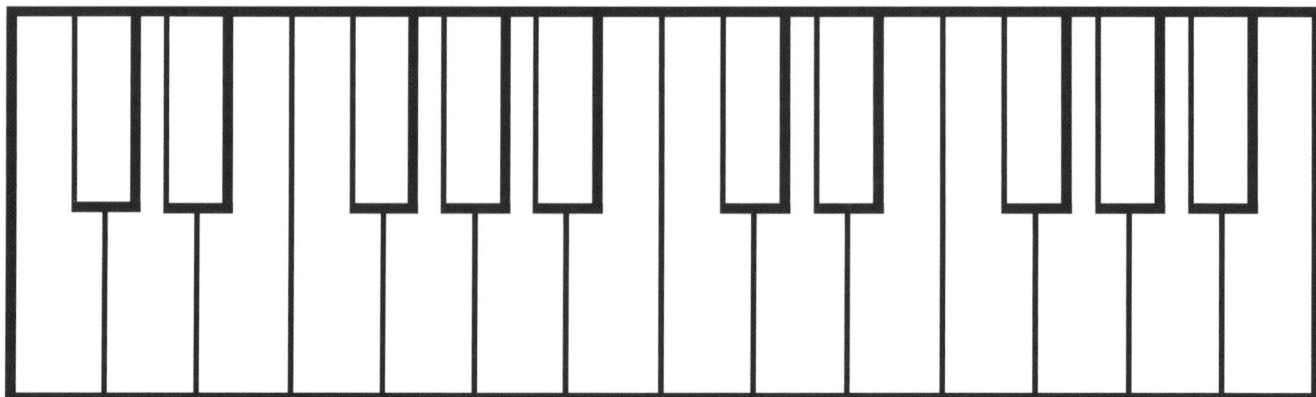

All notes are in Treble Clef

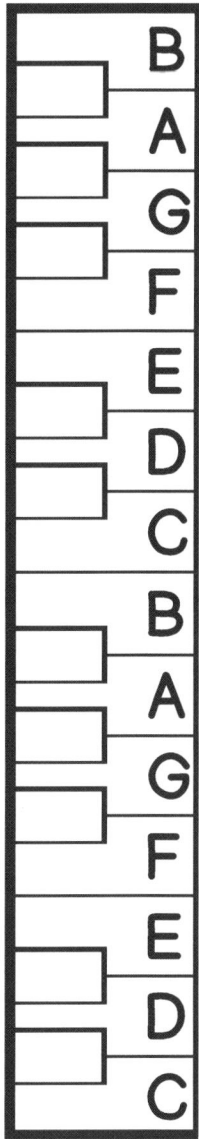

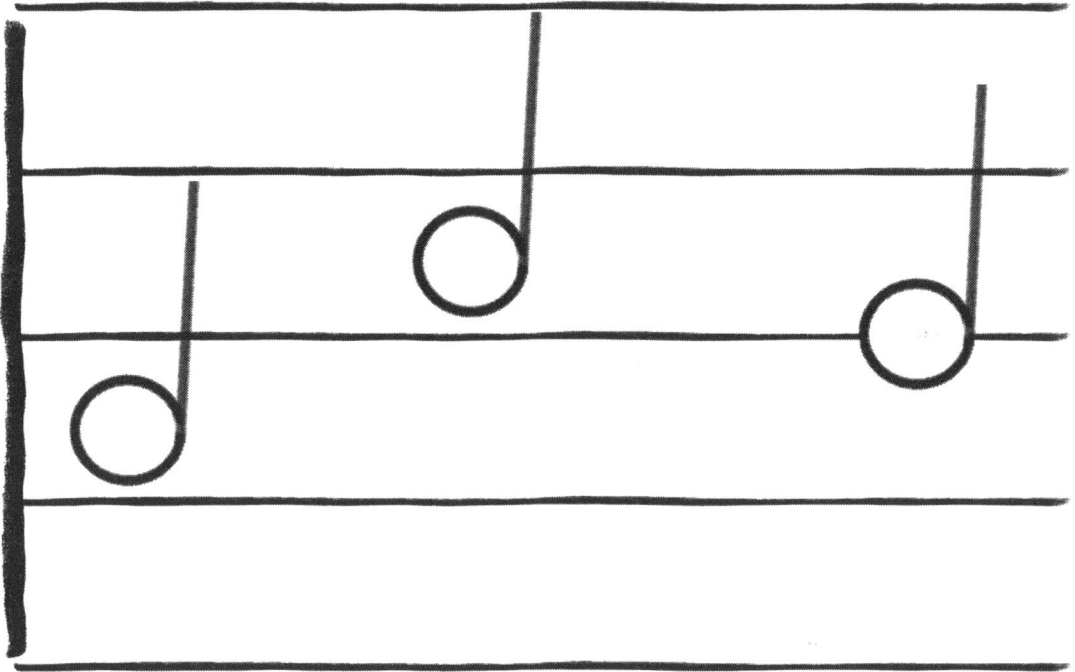

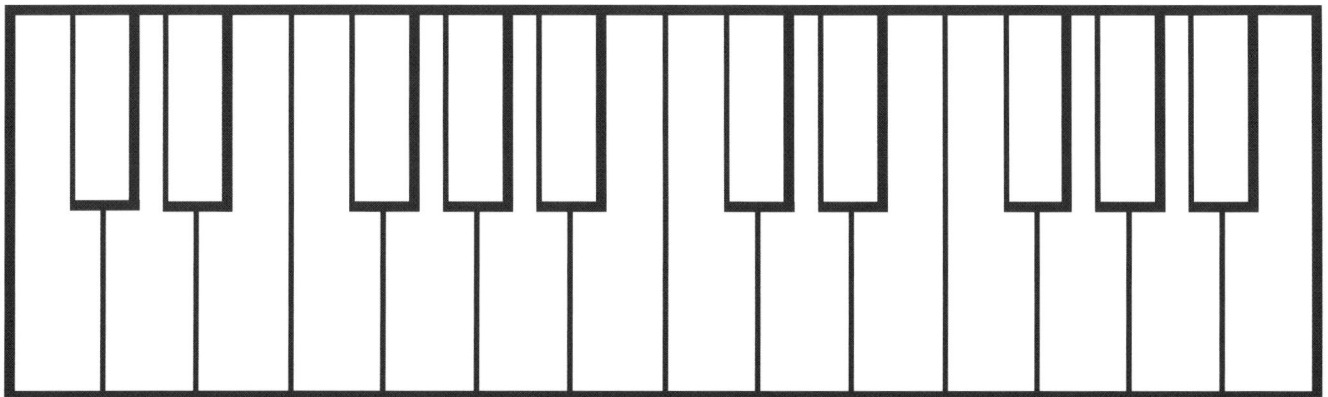

All notes are in Treble Clef

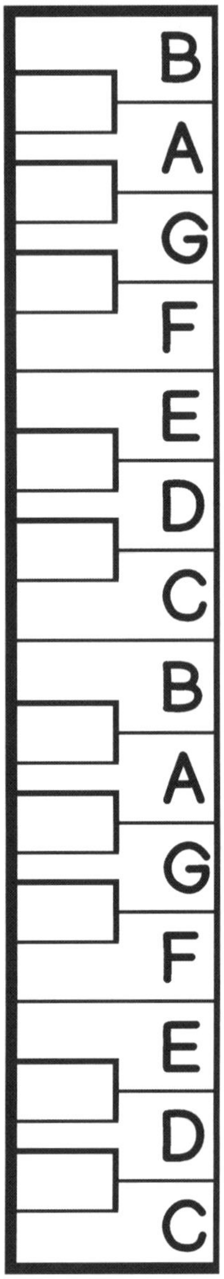

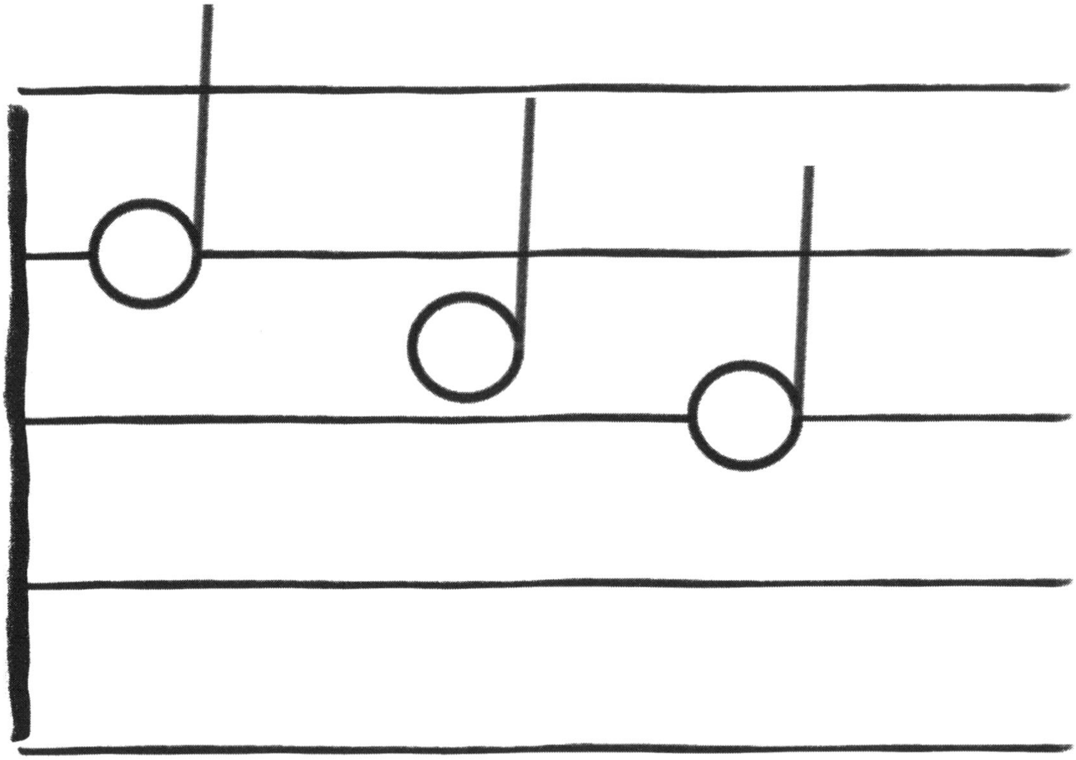

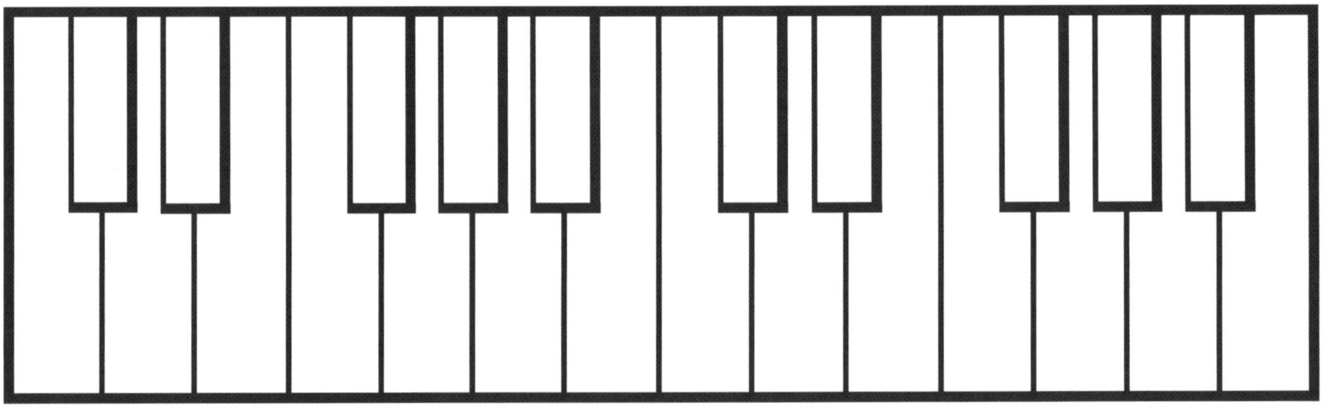

All notes are in Treble Clef

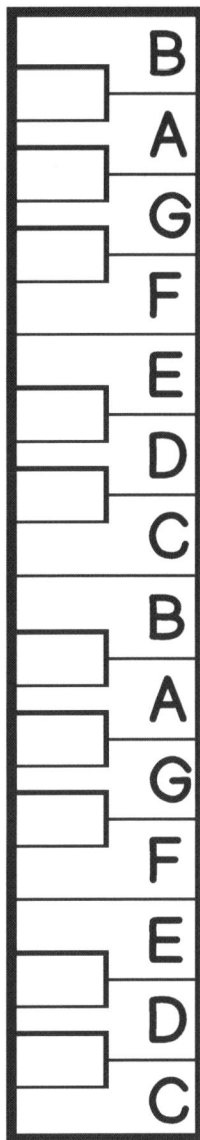

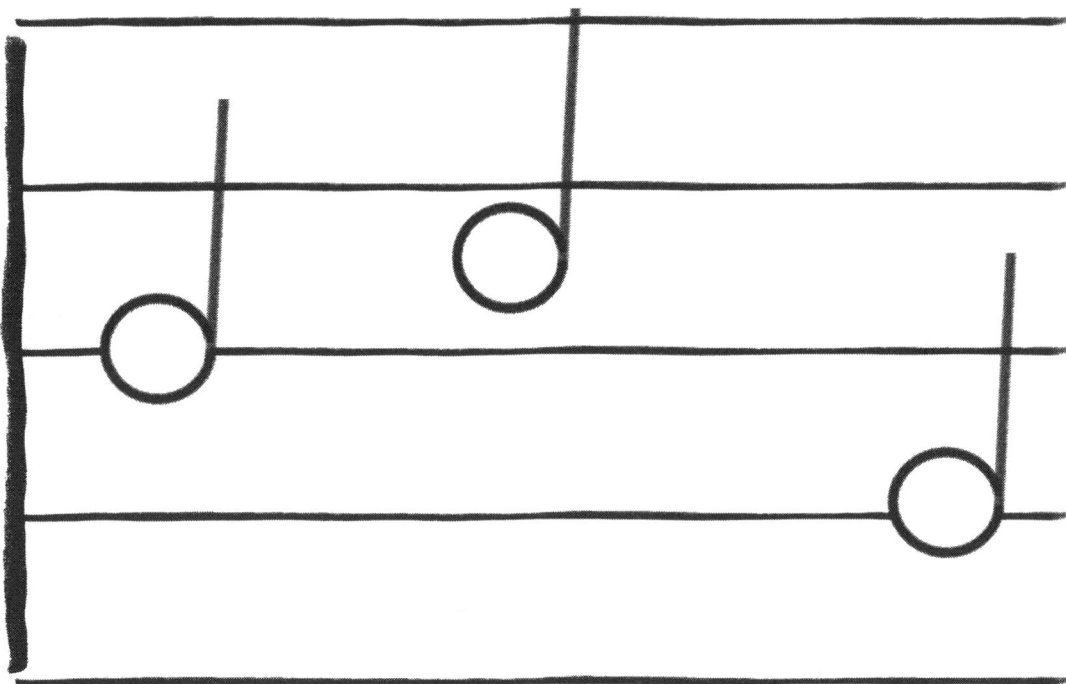

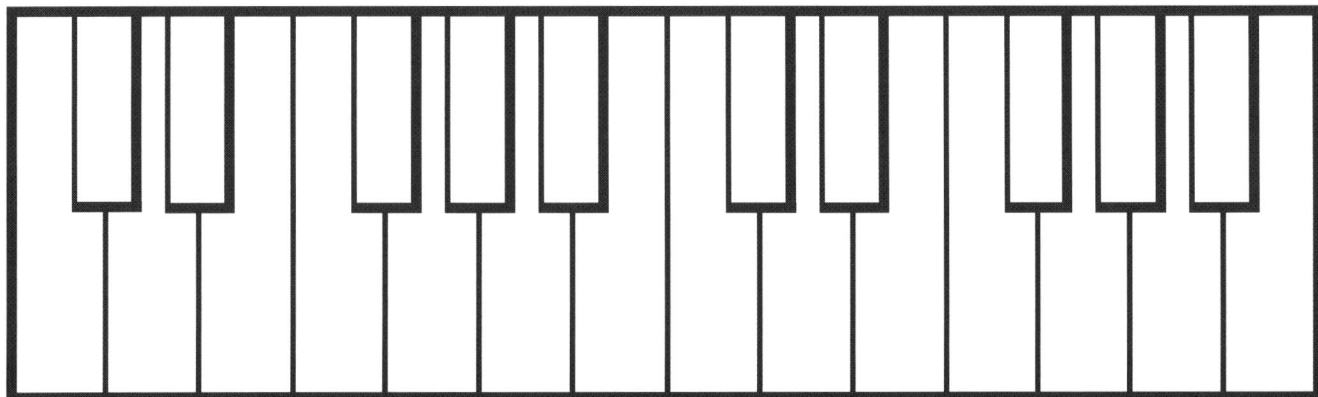

All notes are in Treble Clef

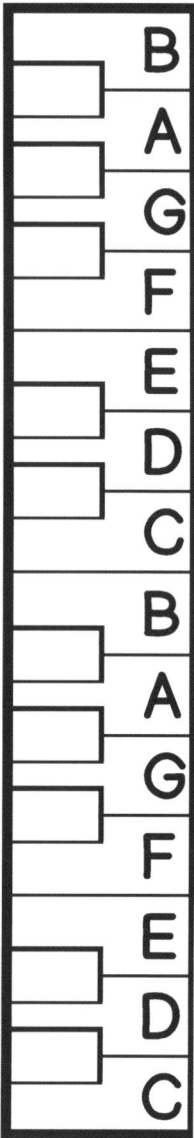

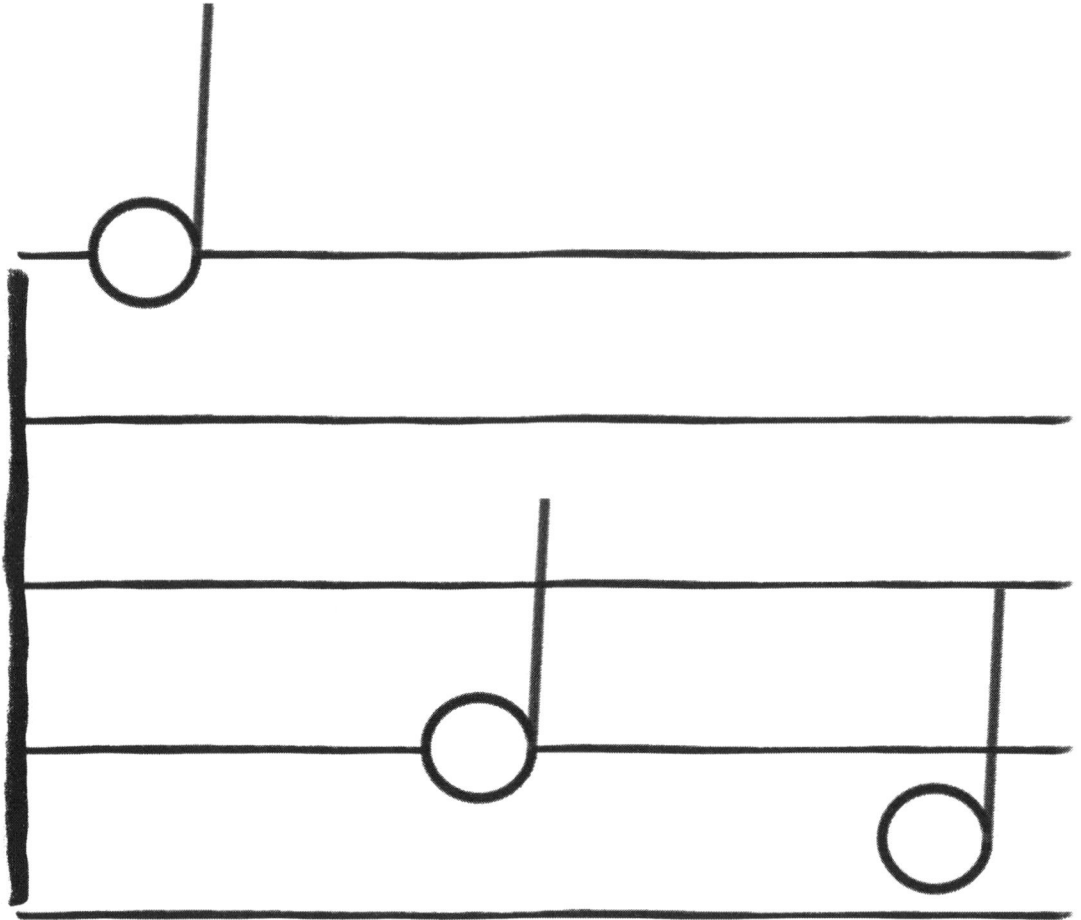

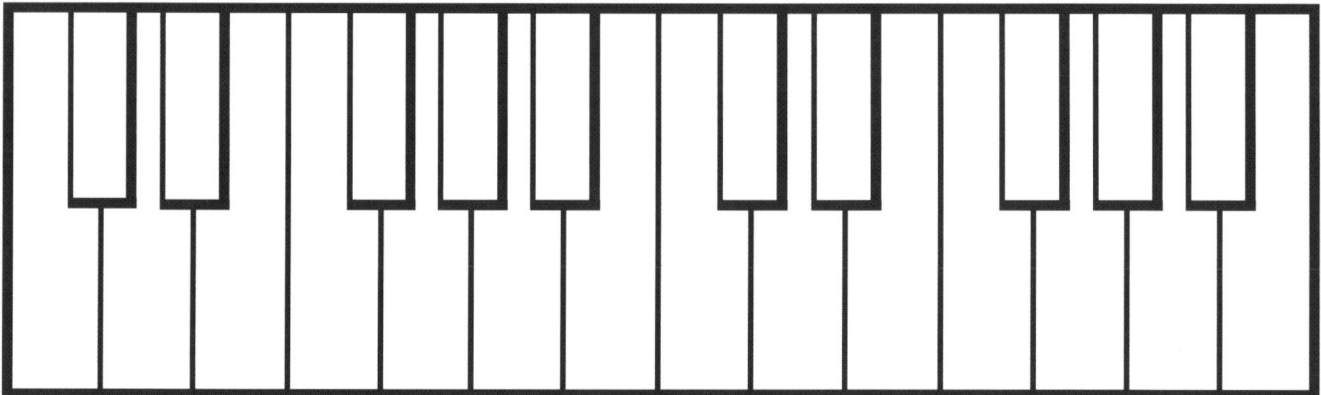

All notes are in Treble Clef

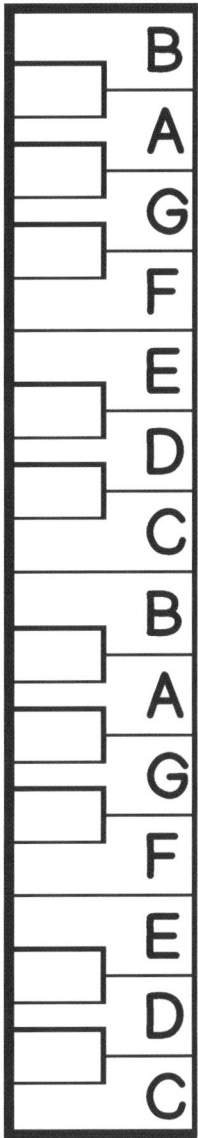

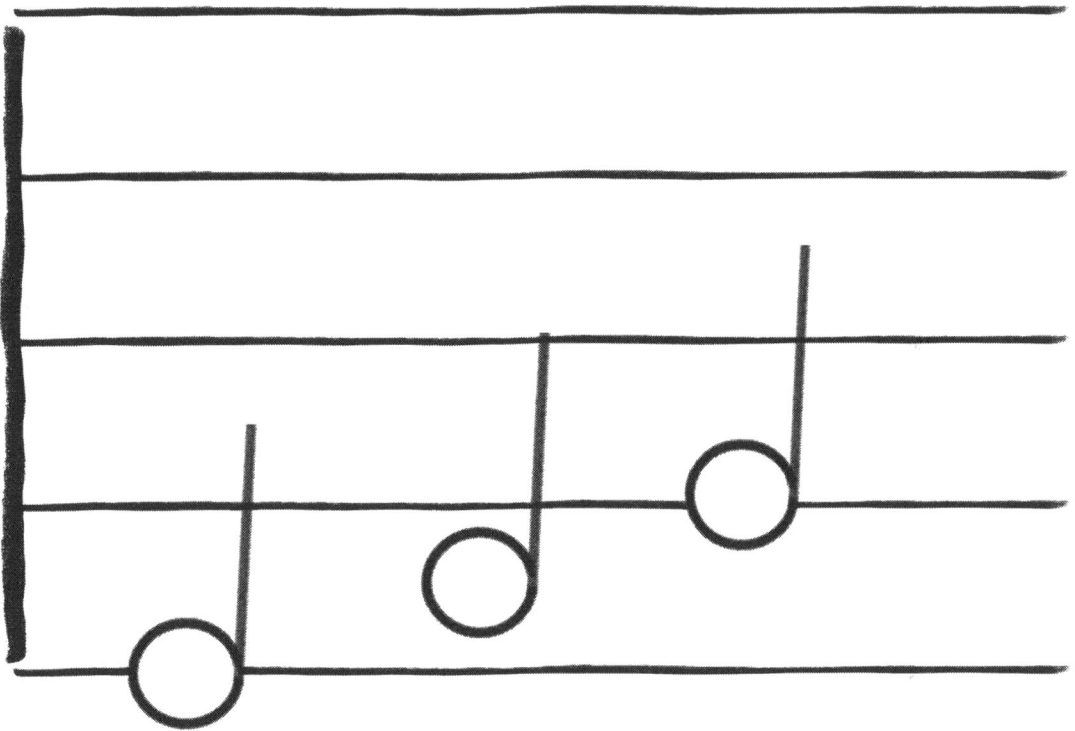

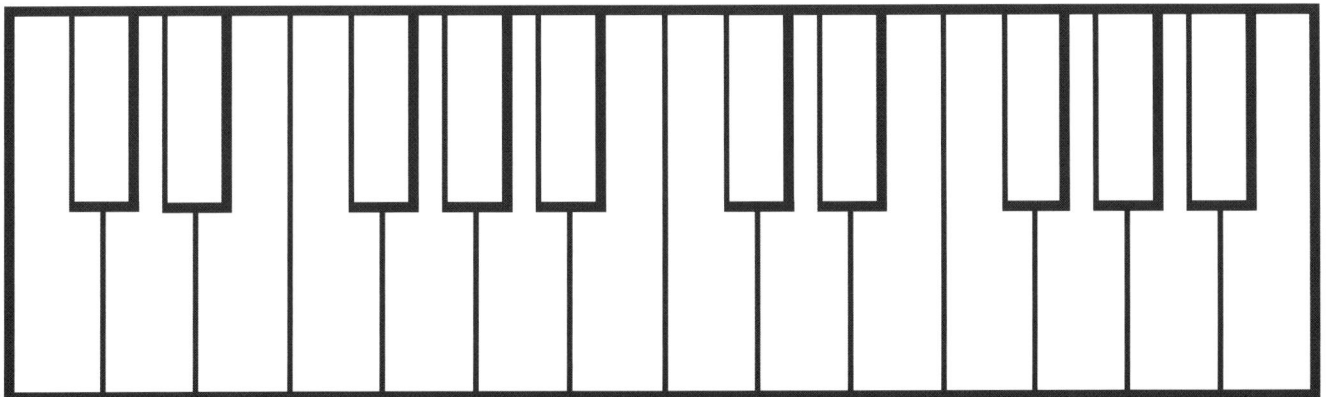

All notes are in Treble Clef

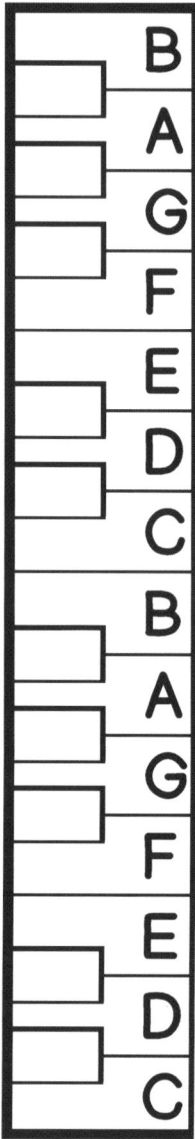

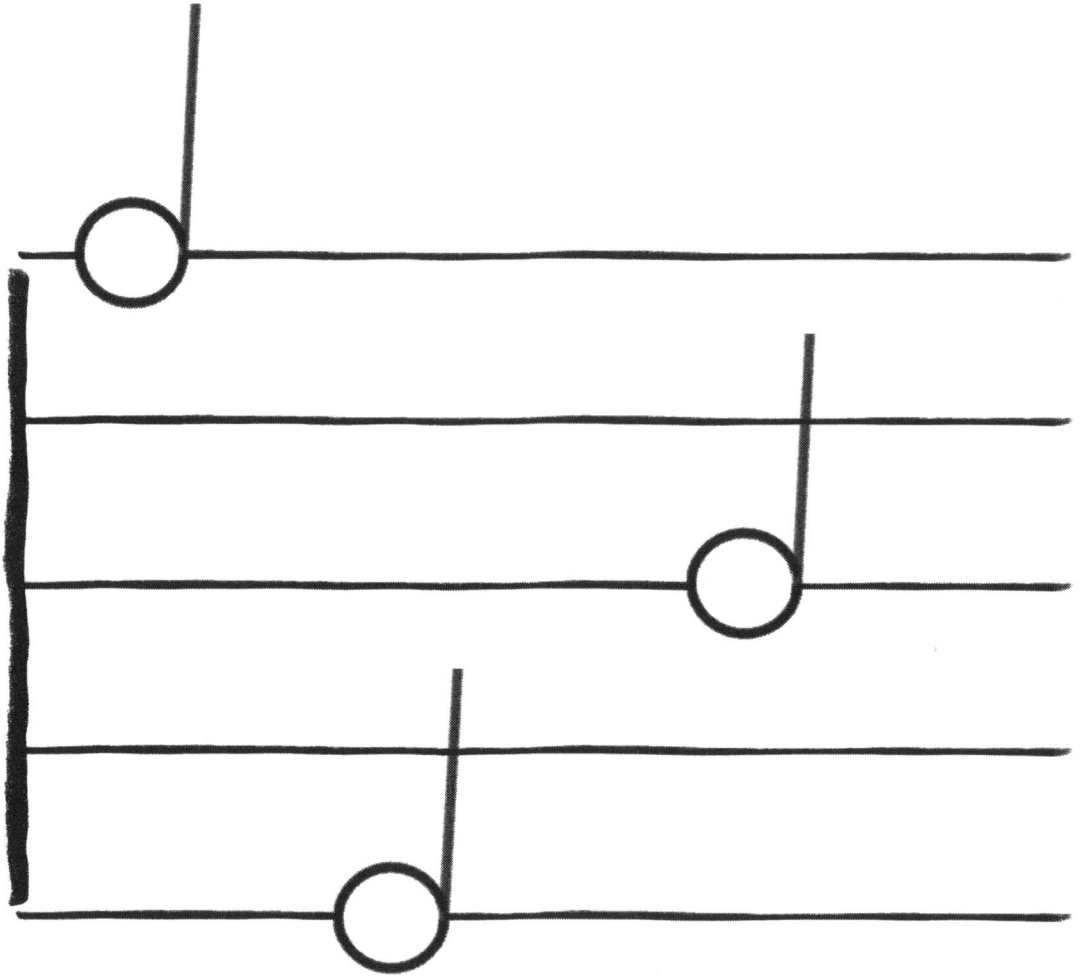

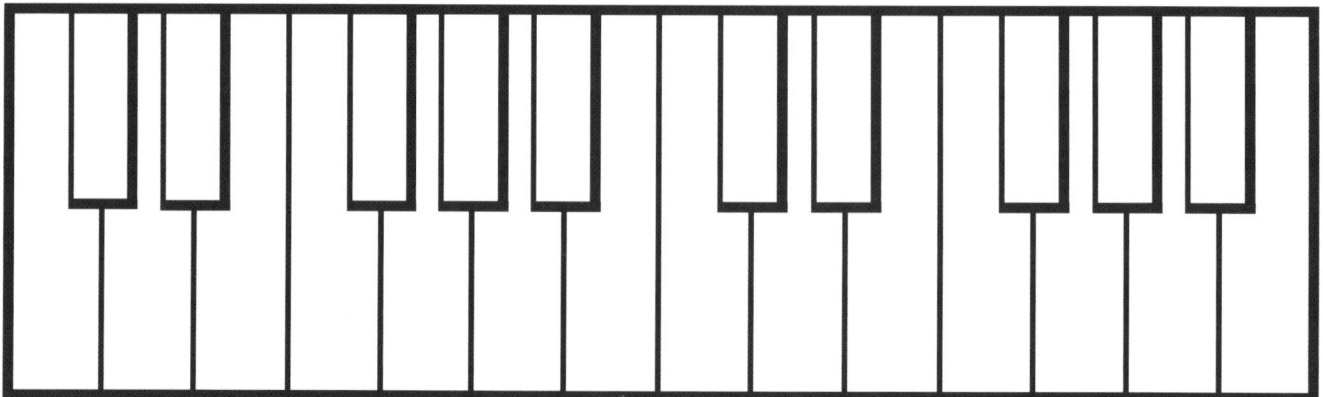

All notes are in Treble Clef

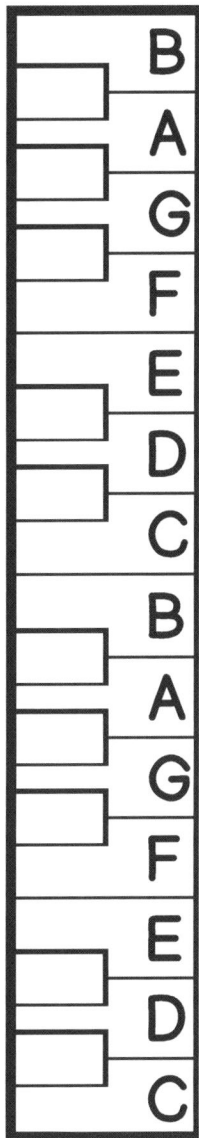

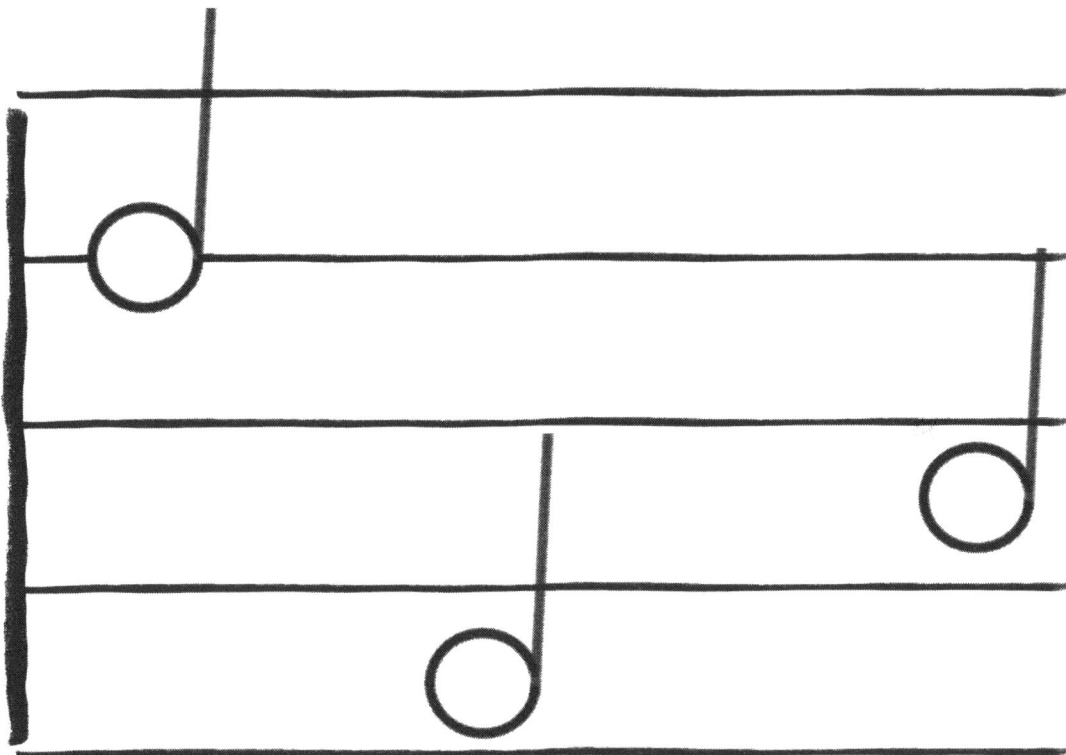

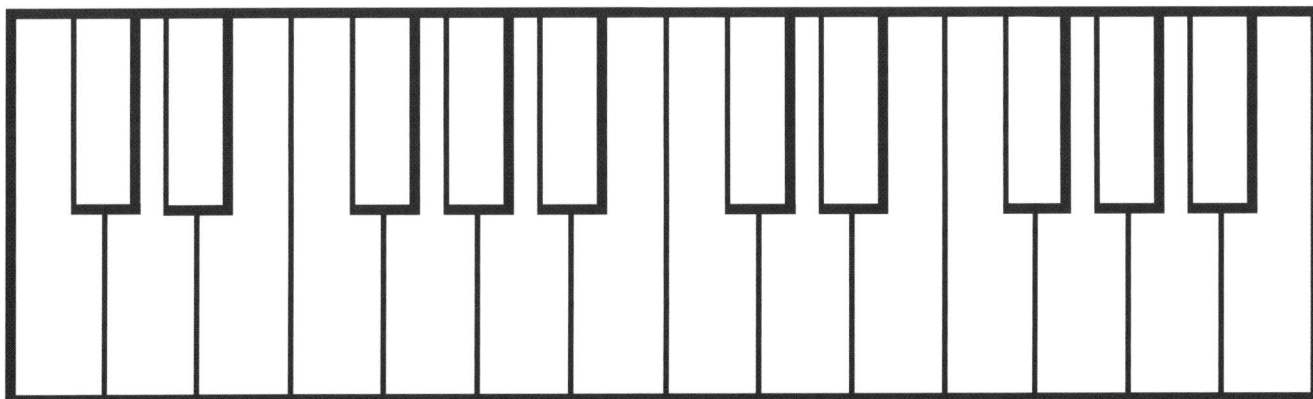

All notes are in Treble Clef

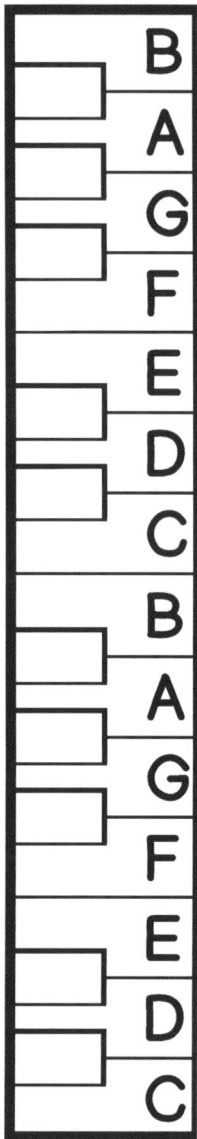

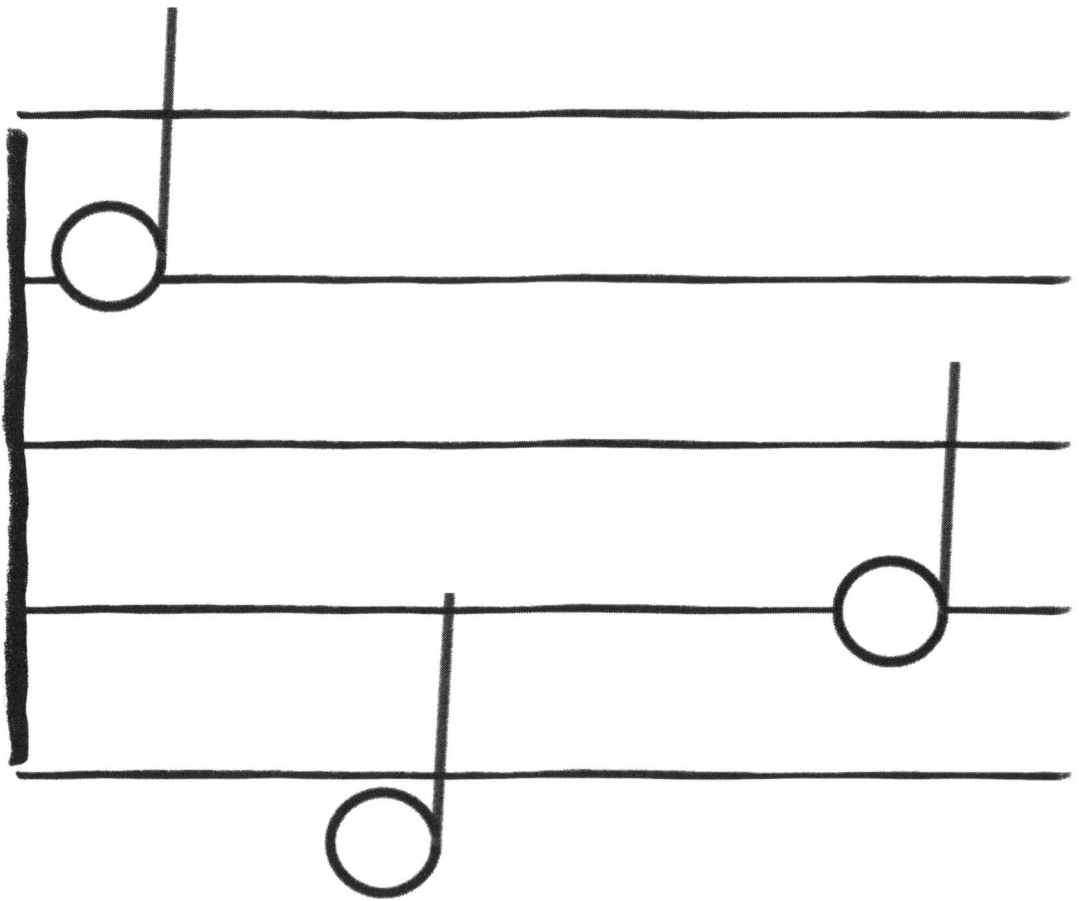

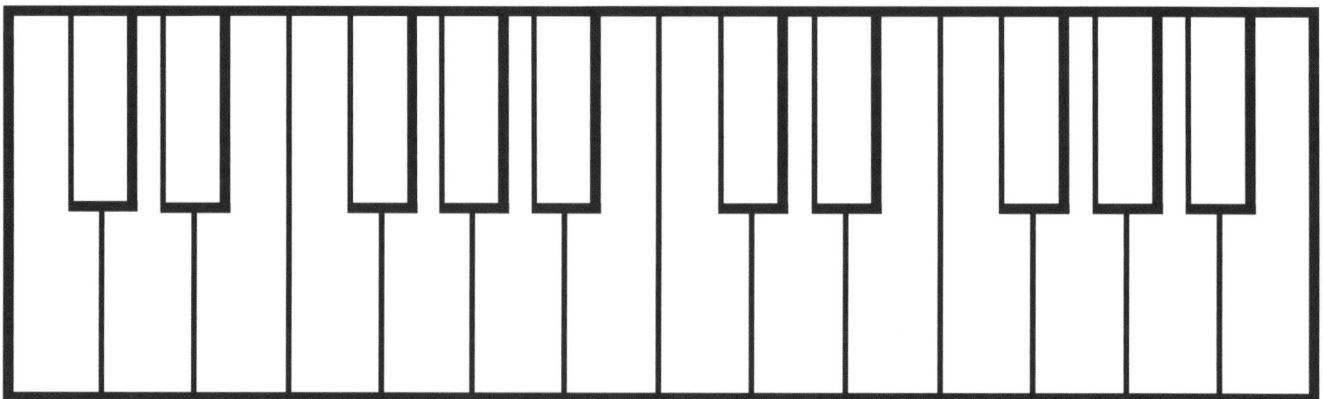

All notes are in Treble Clef

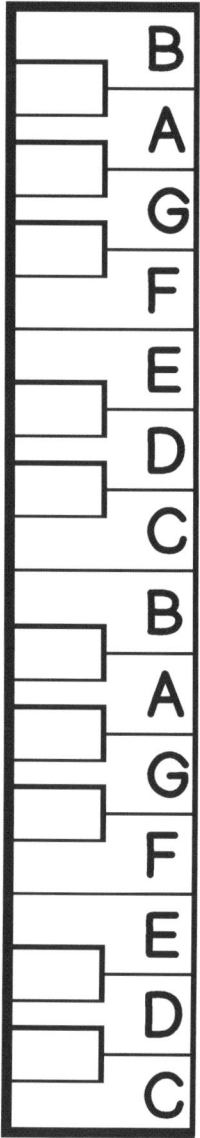

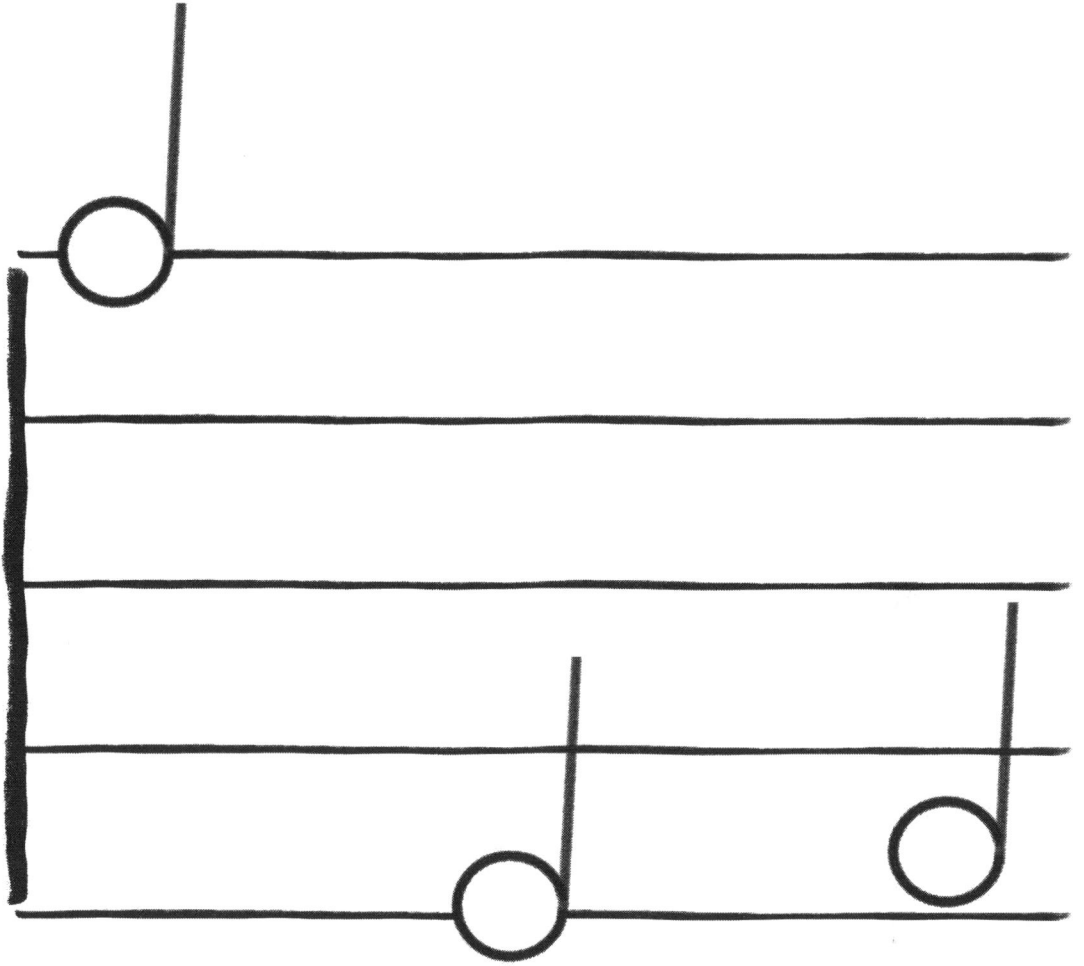

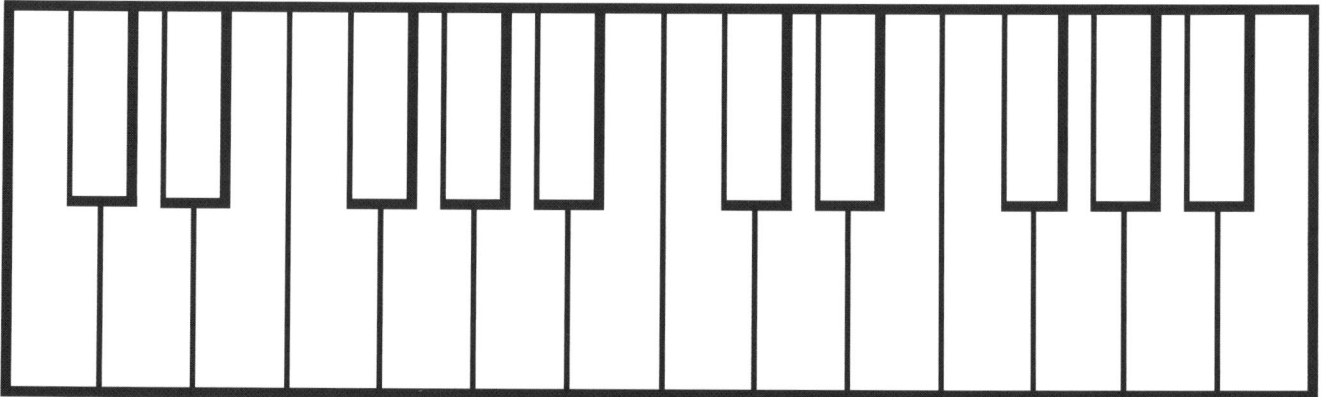

All notes are in Treble Clef

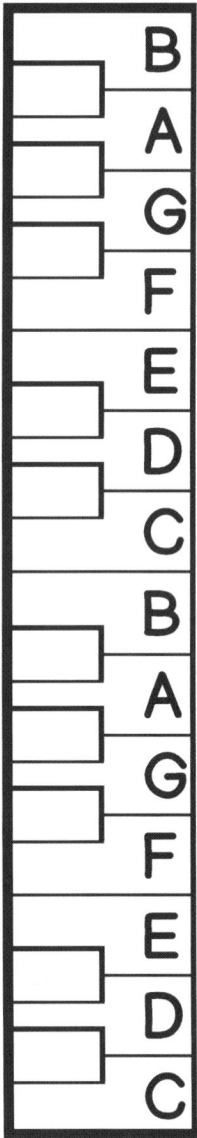

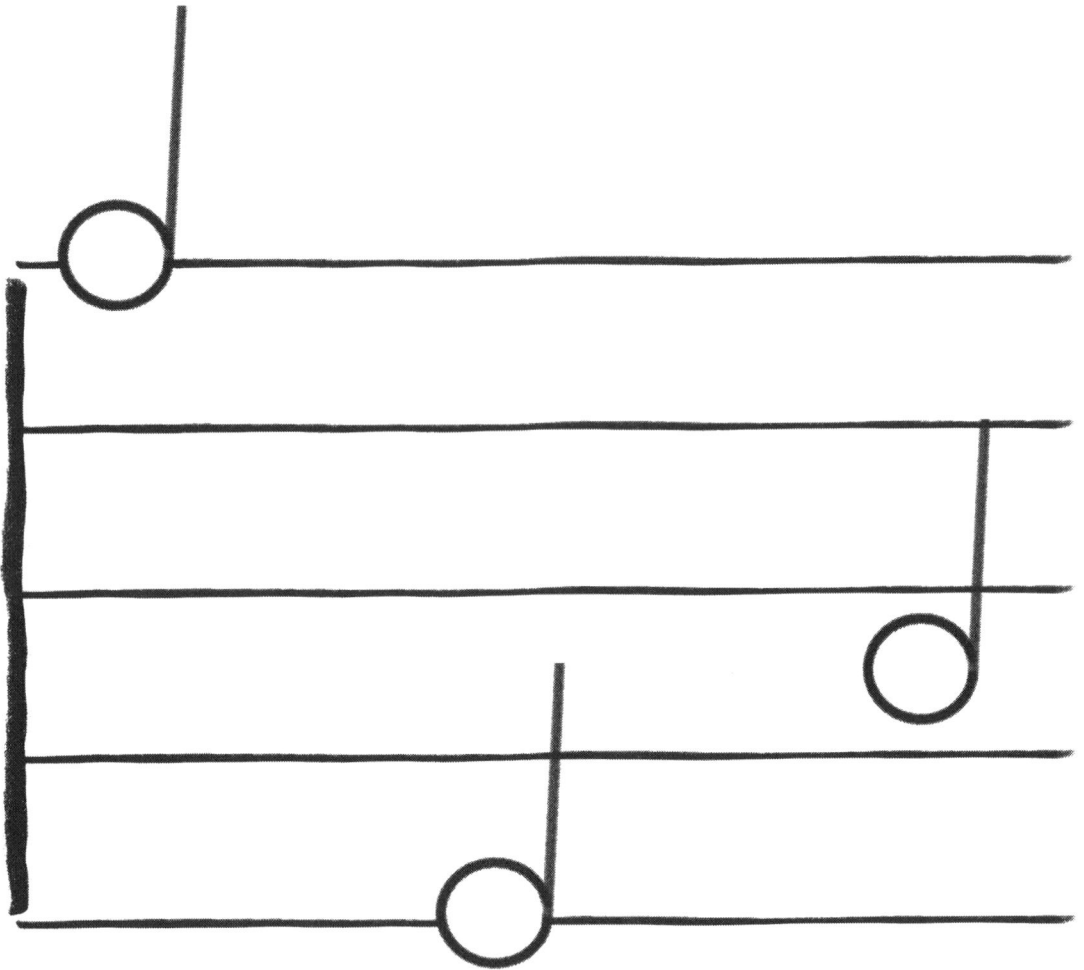

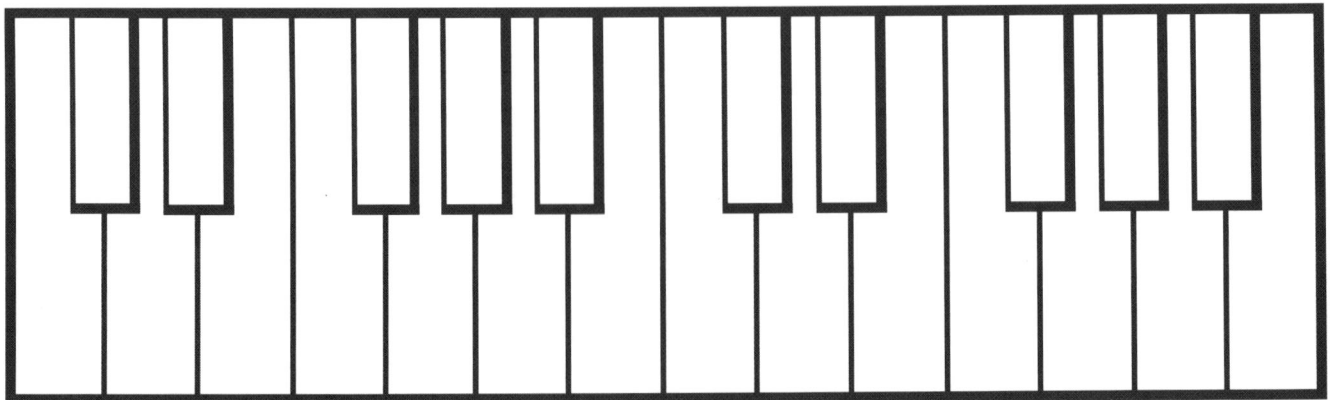

All notes are in Treble Clef

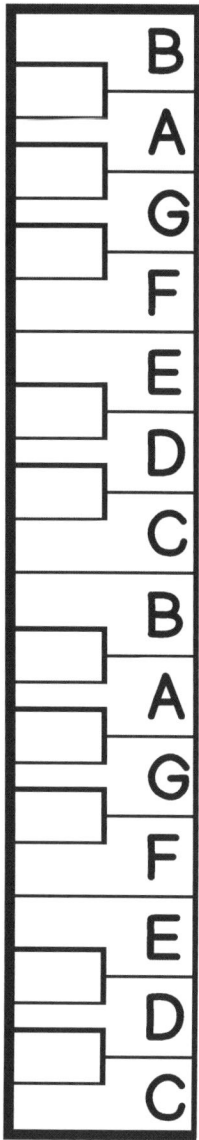

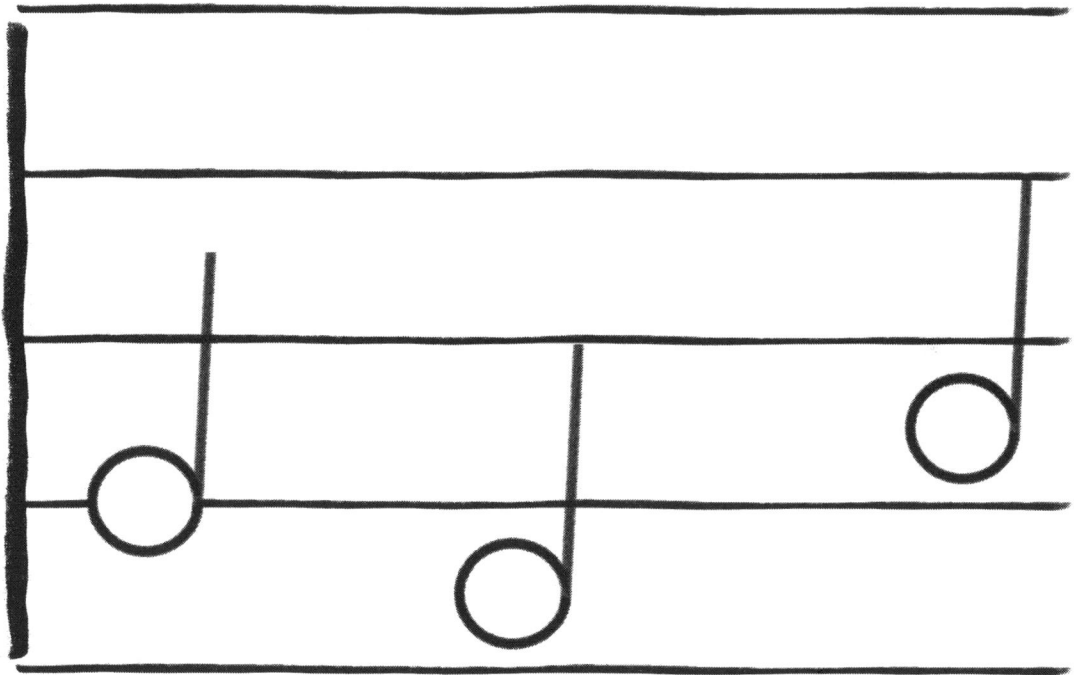

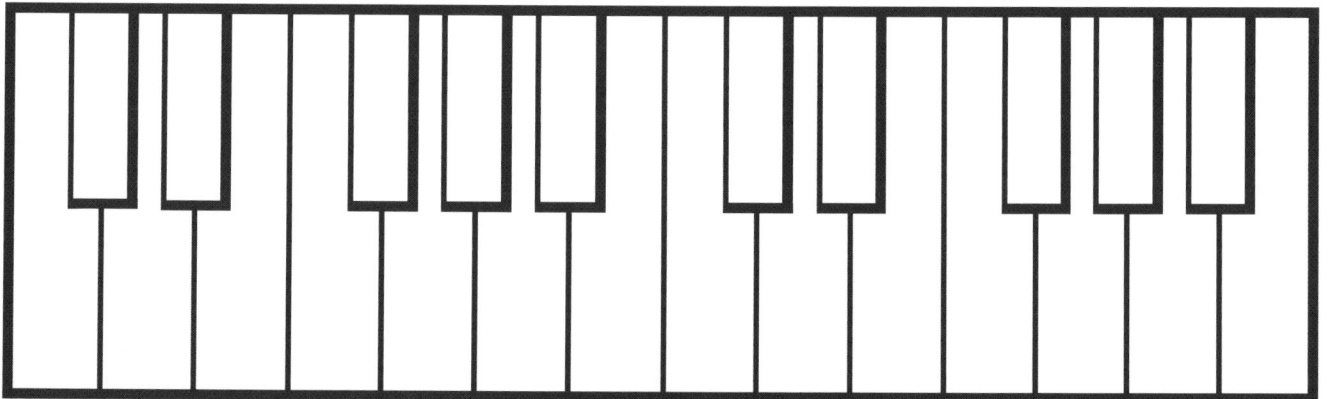

All notes are in Treble Clef

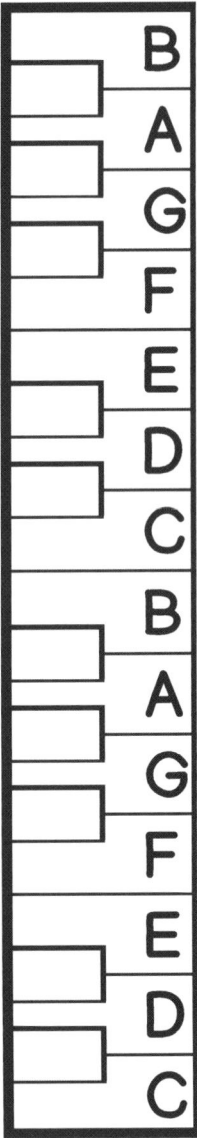

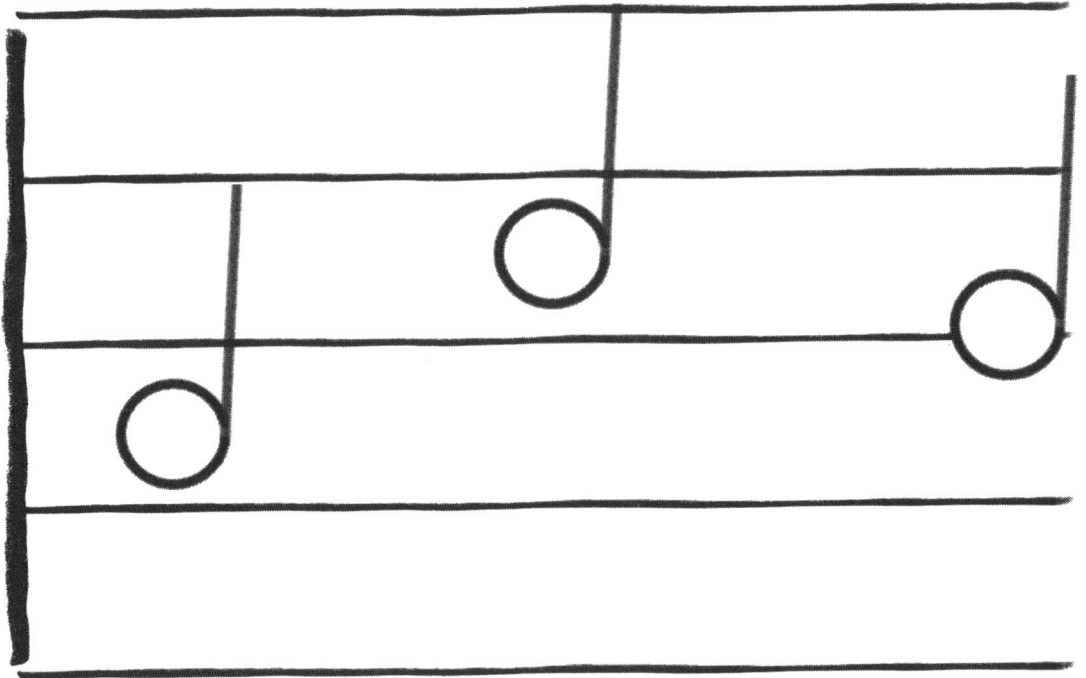

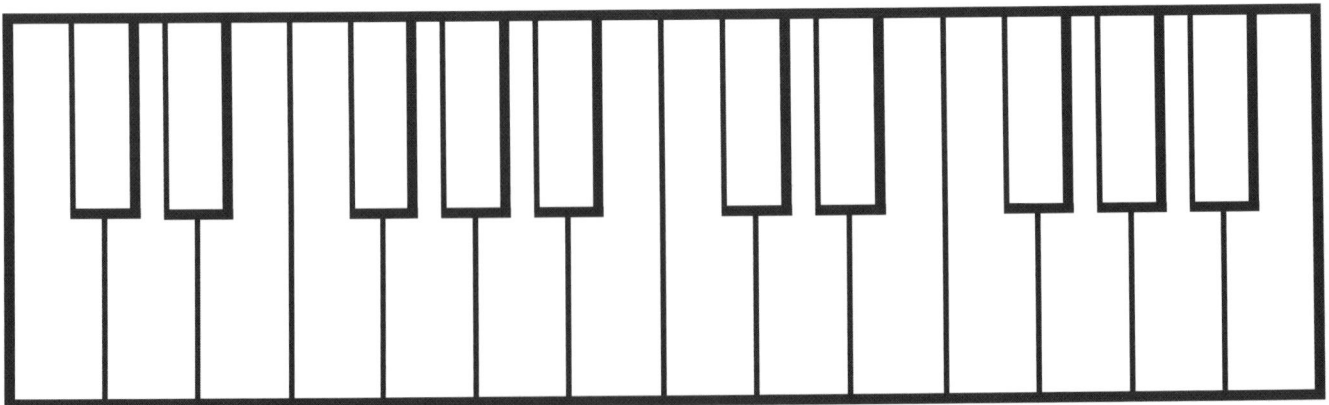

All notes are in Treble Clef

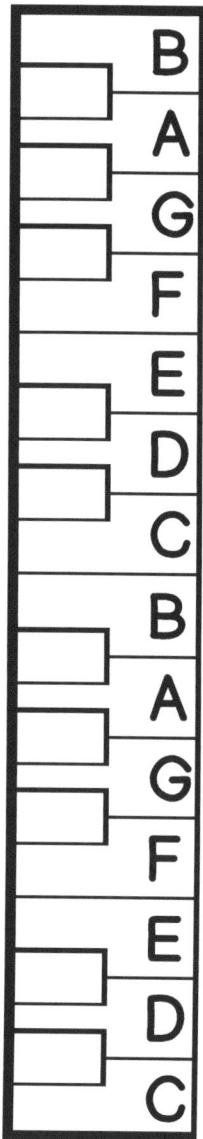

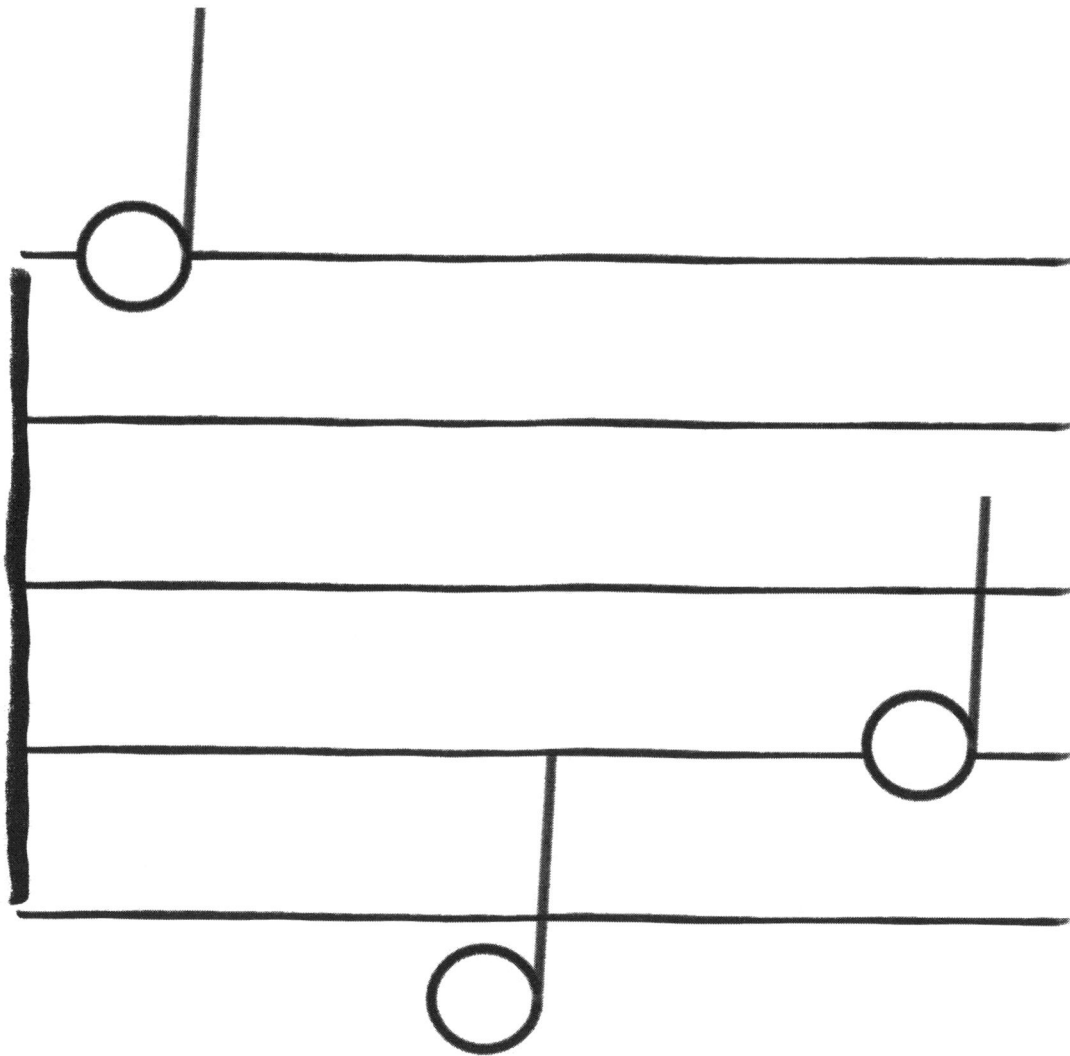

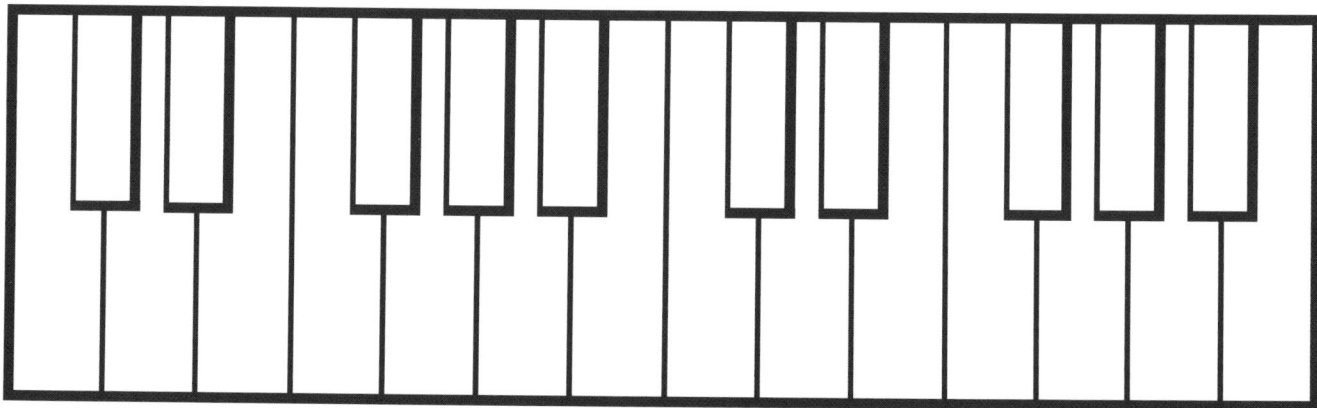

All notes are in Treble Clef

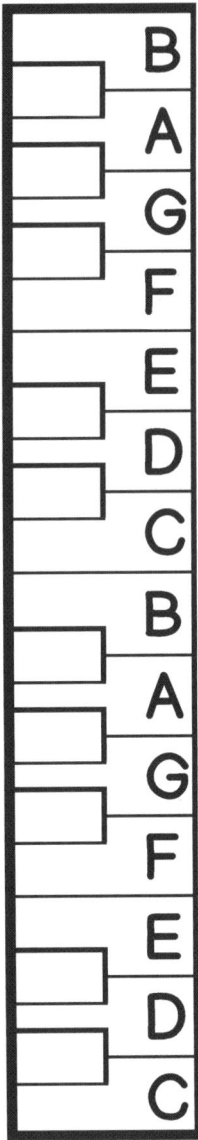

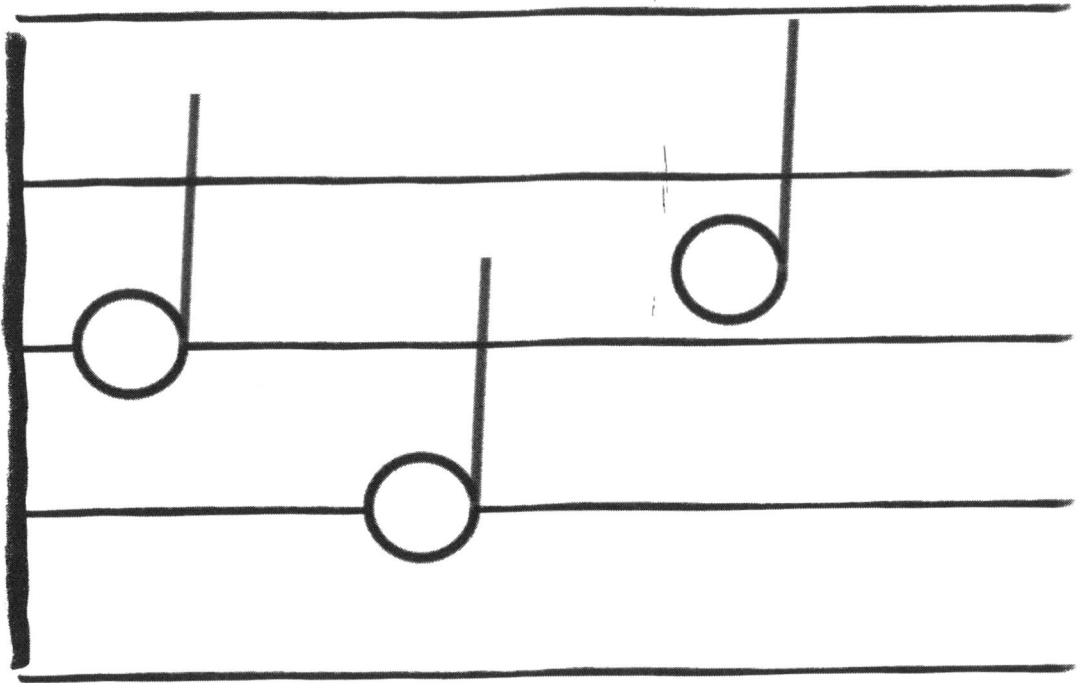

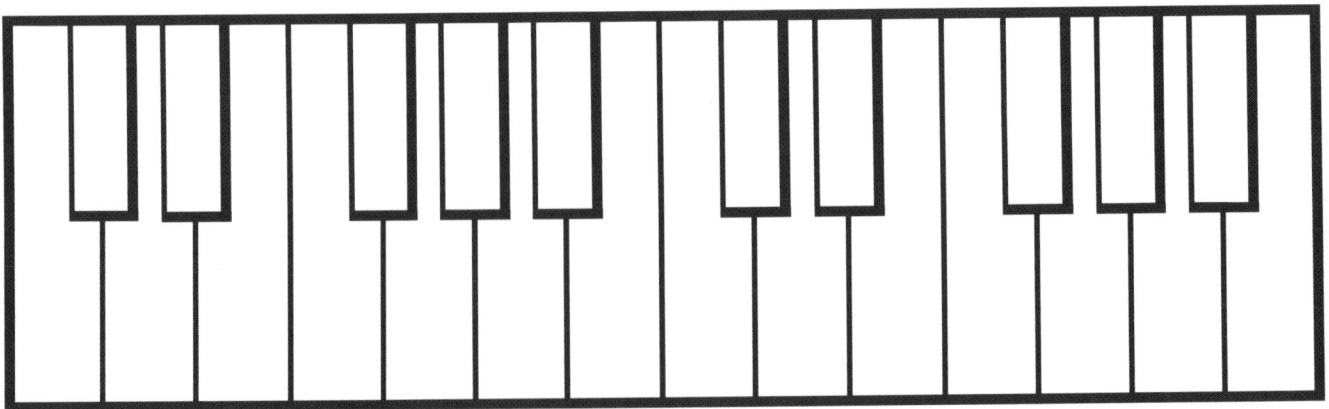

All notes are in Treble Clef

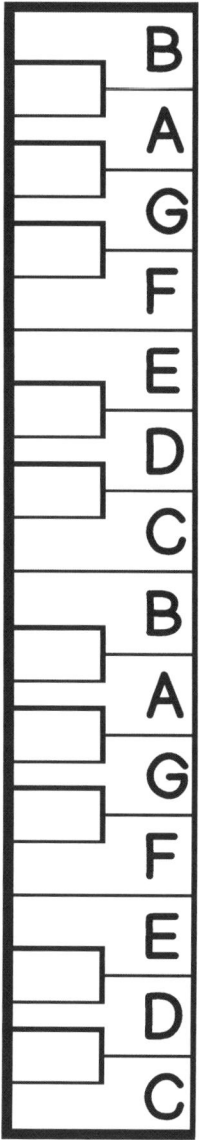

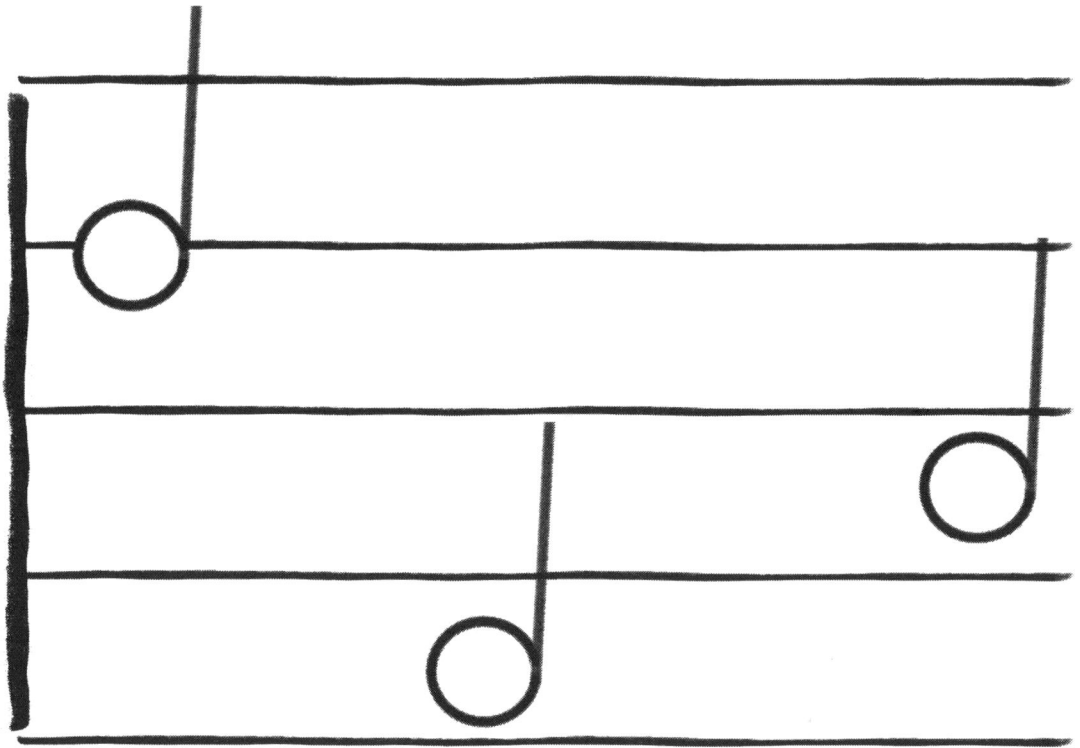

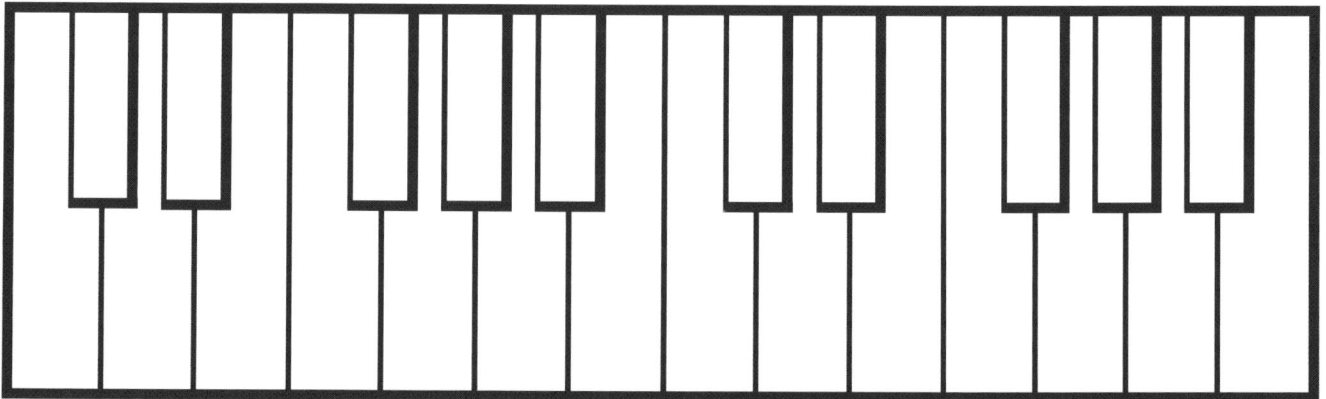

All notes are in Treble Clef

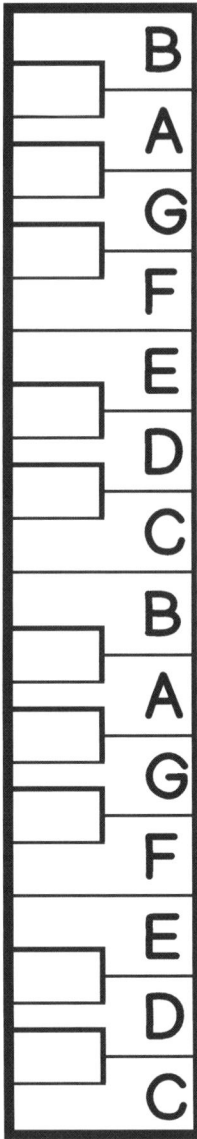

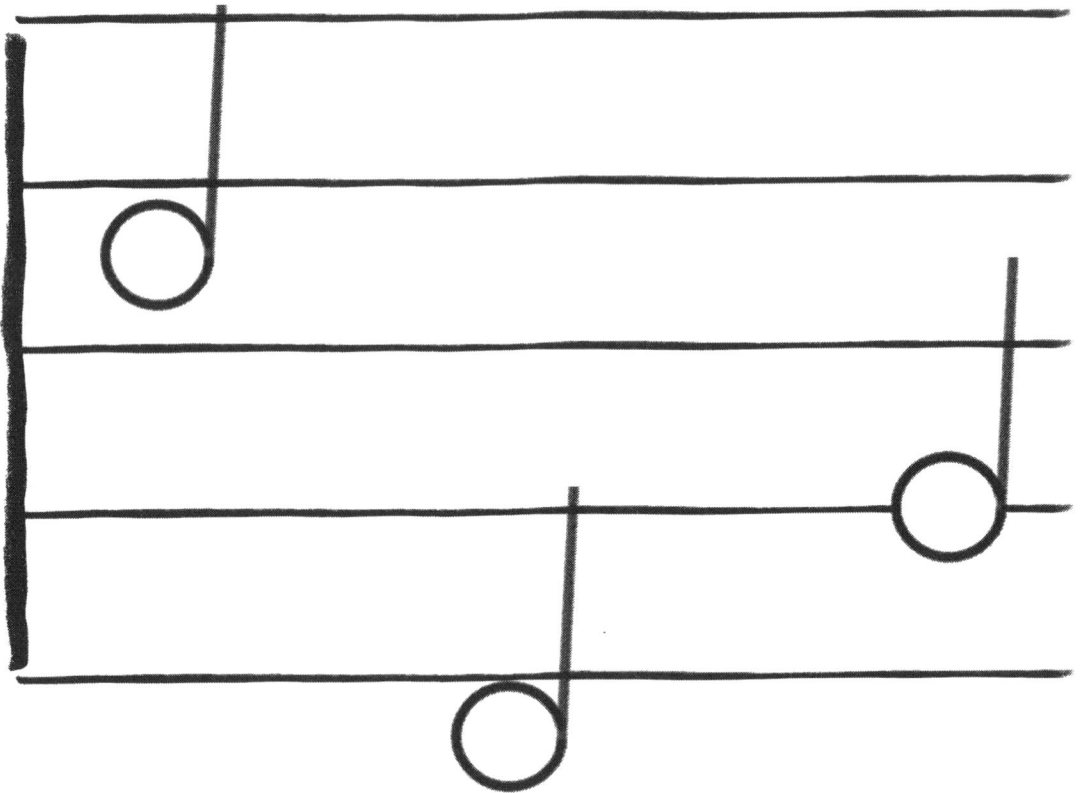

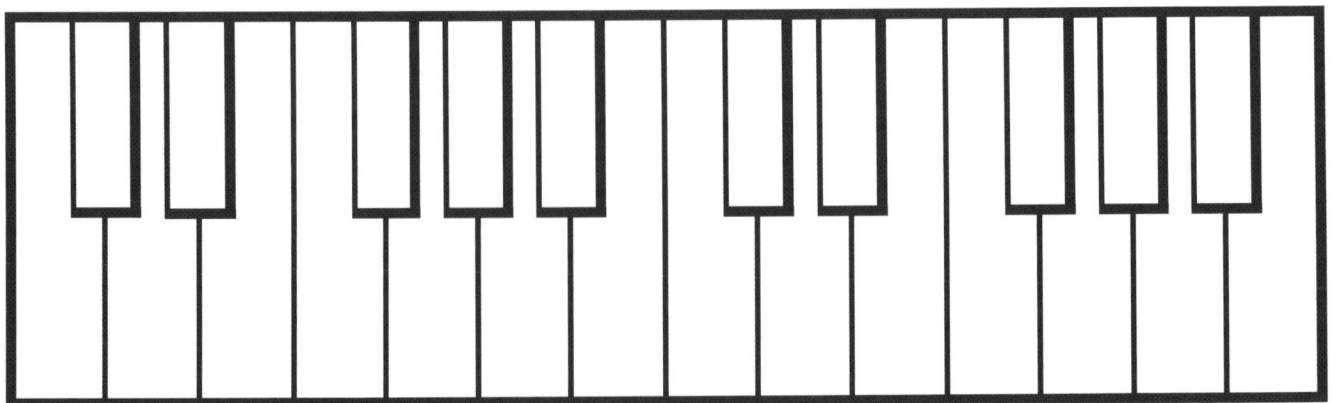

All notes are in Treble Clef

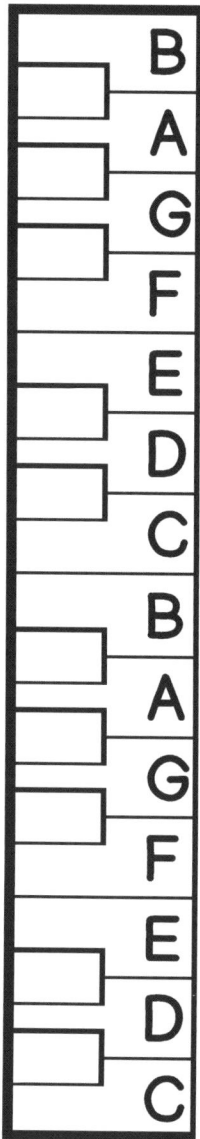

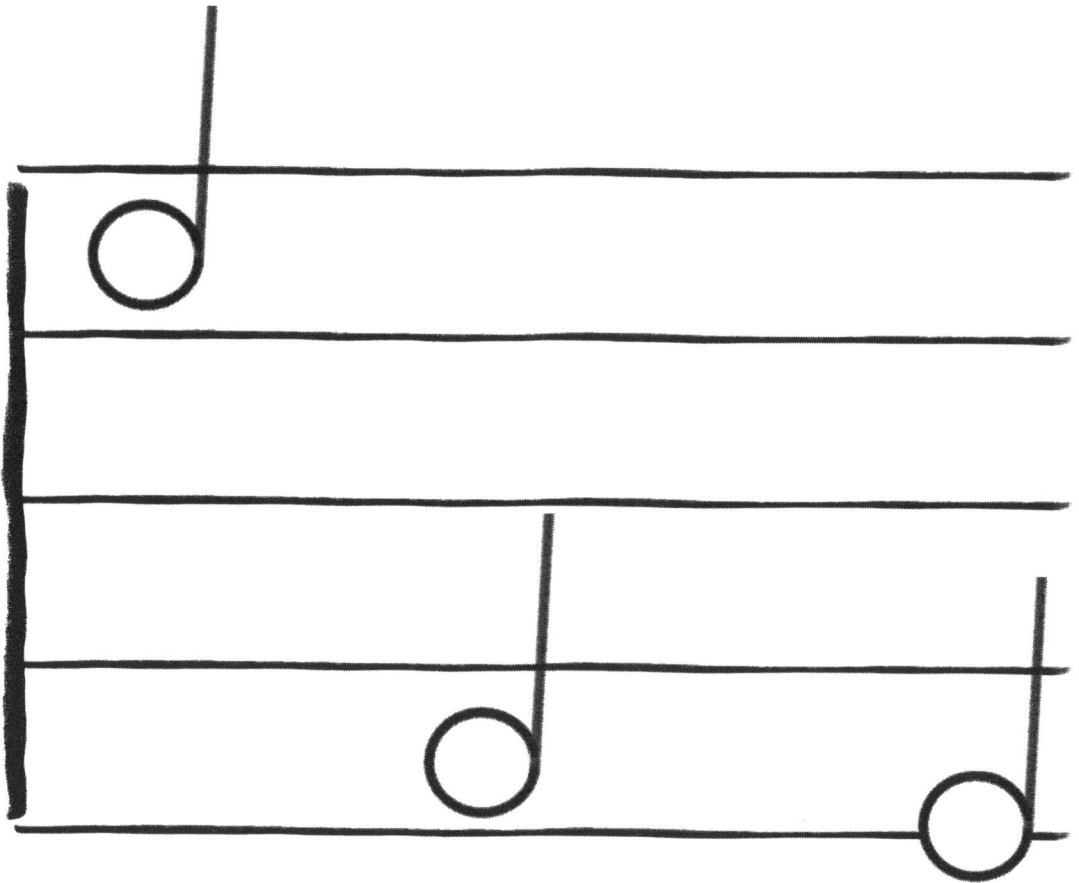

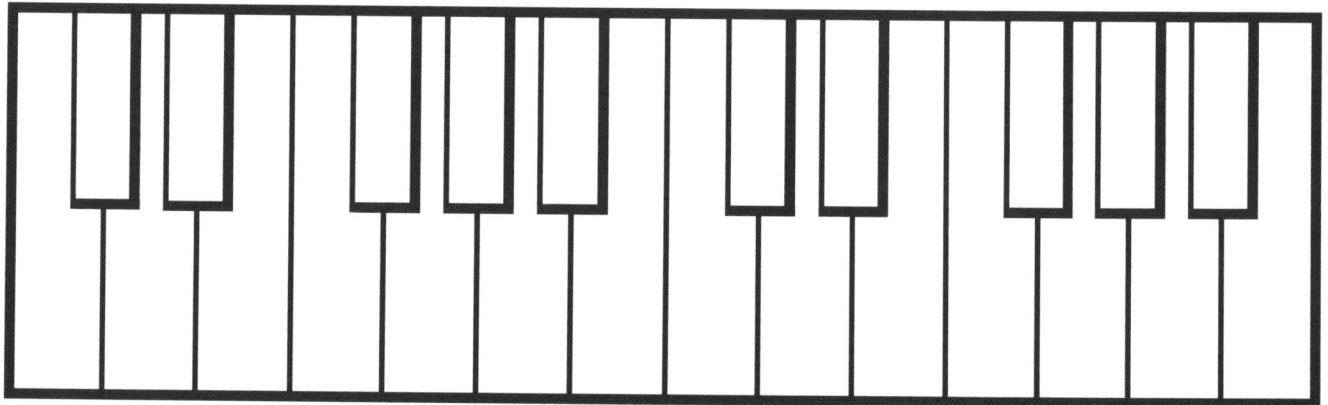

All notes are in Treble Clef

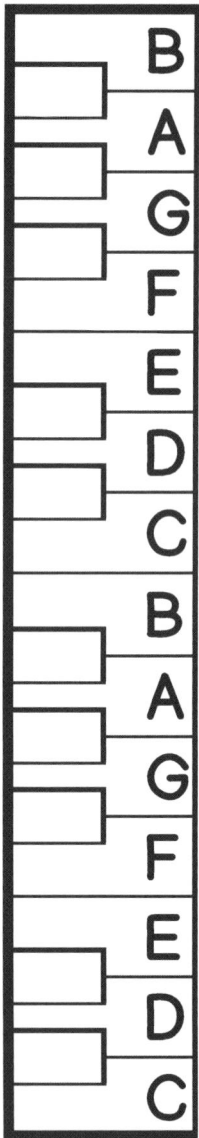

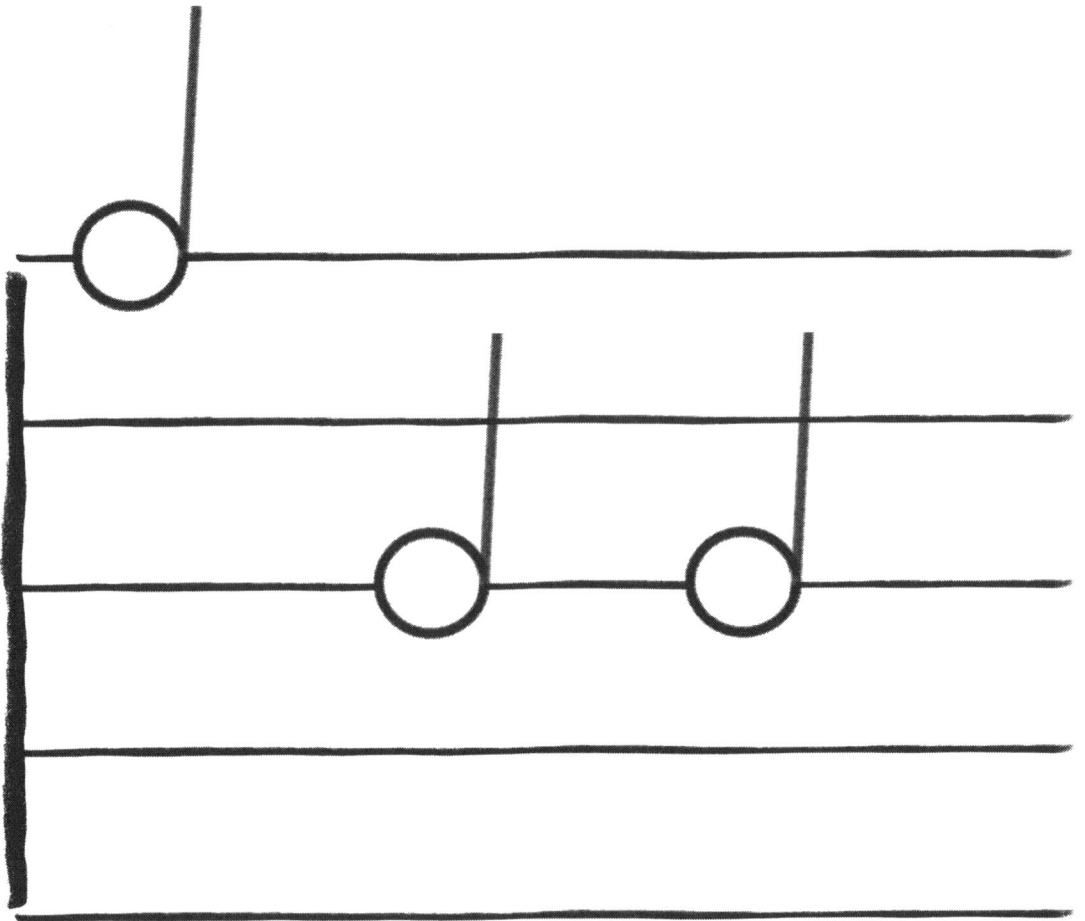

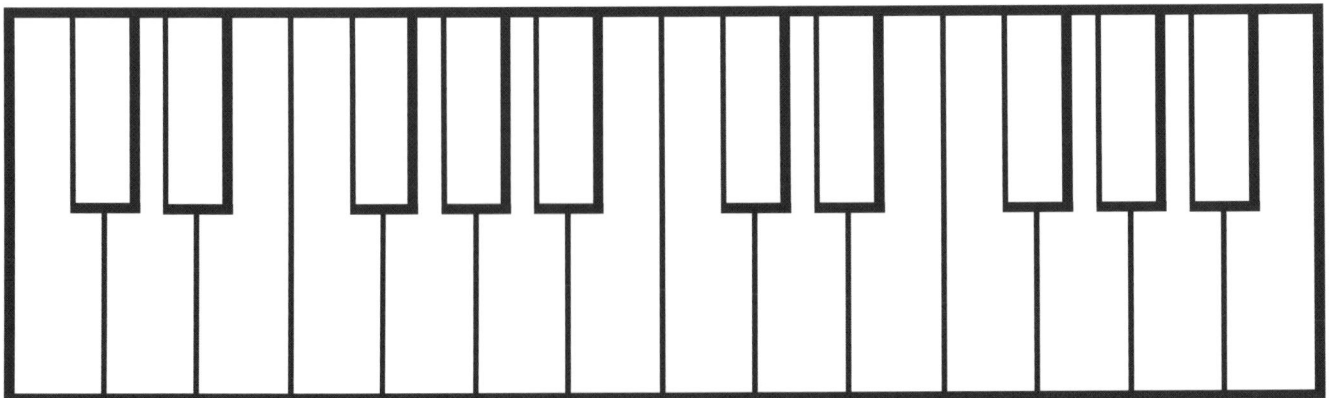

All notes are in Treble Clef

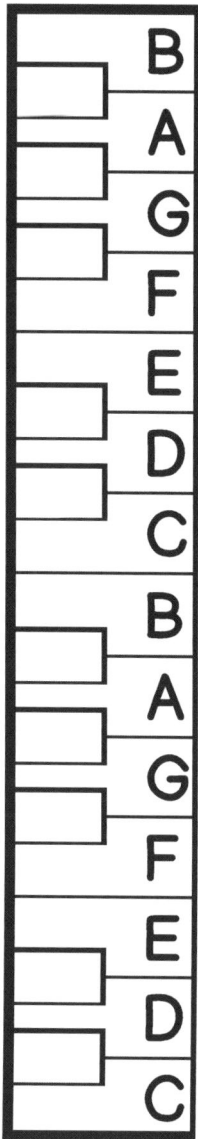

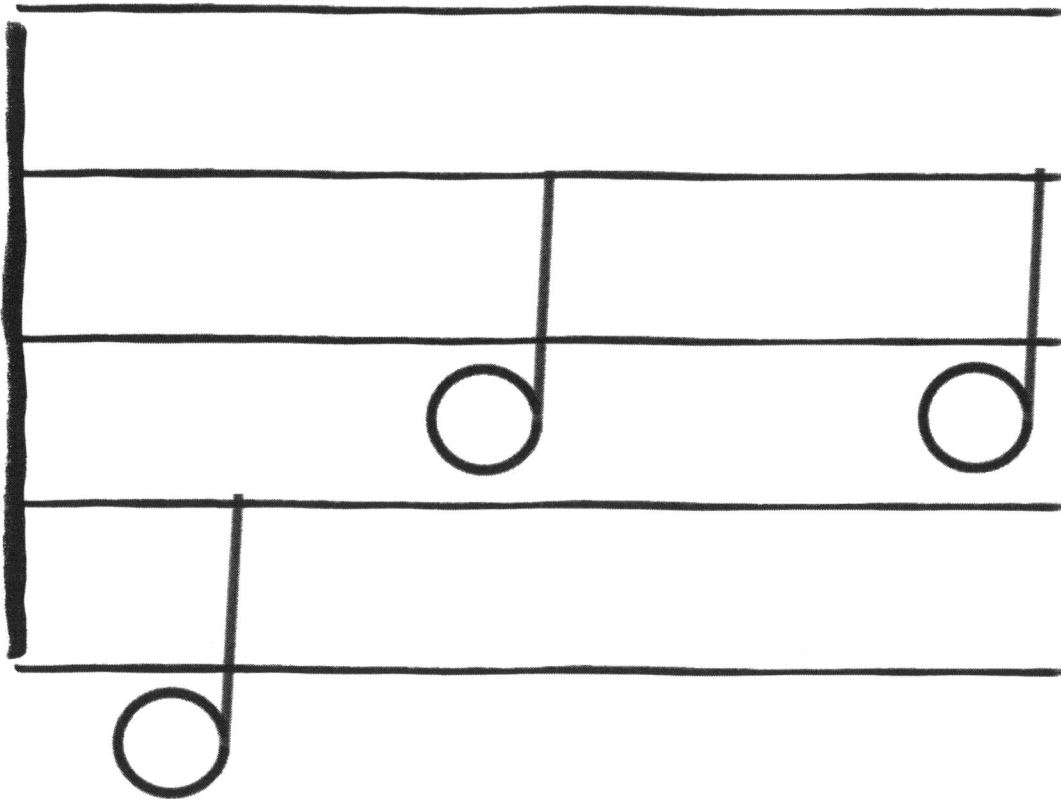

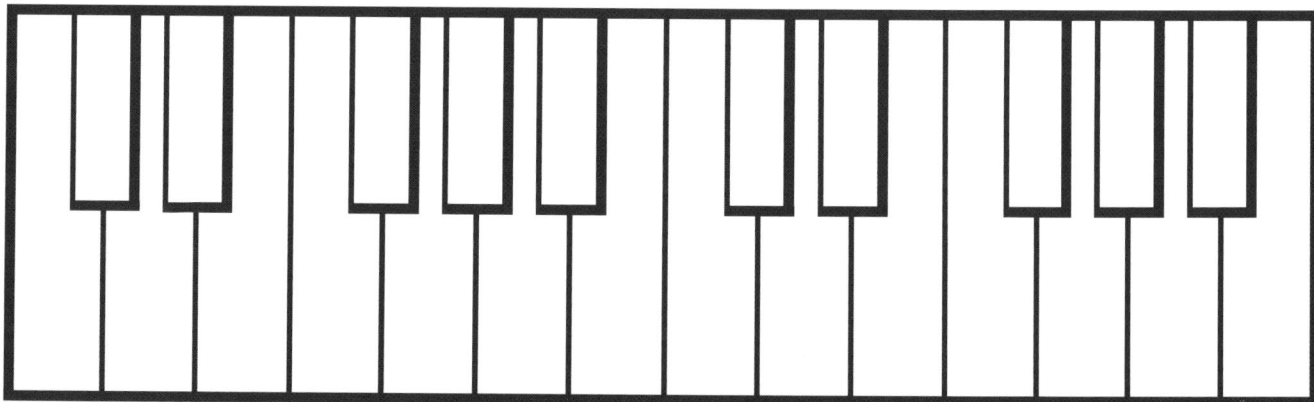

All notes are in Treble Clef

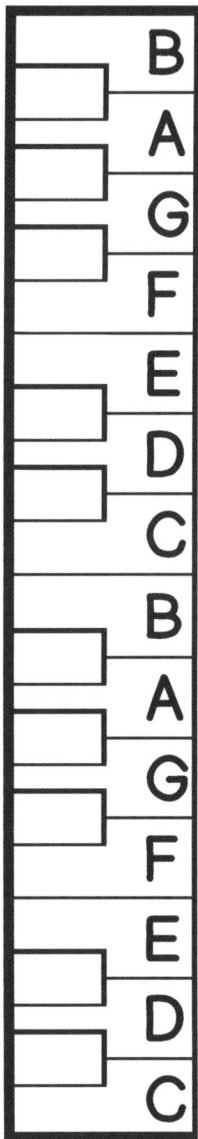

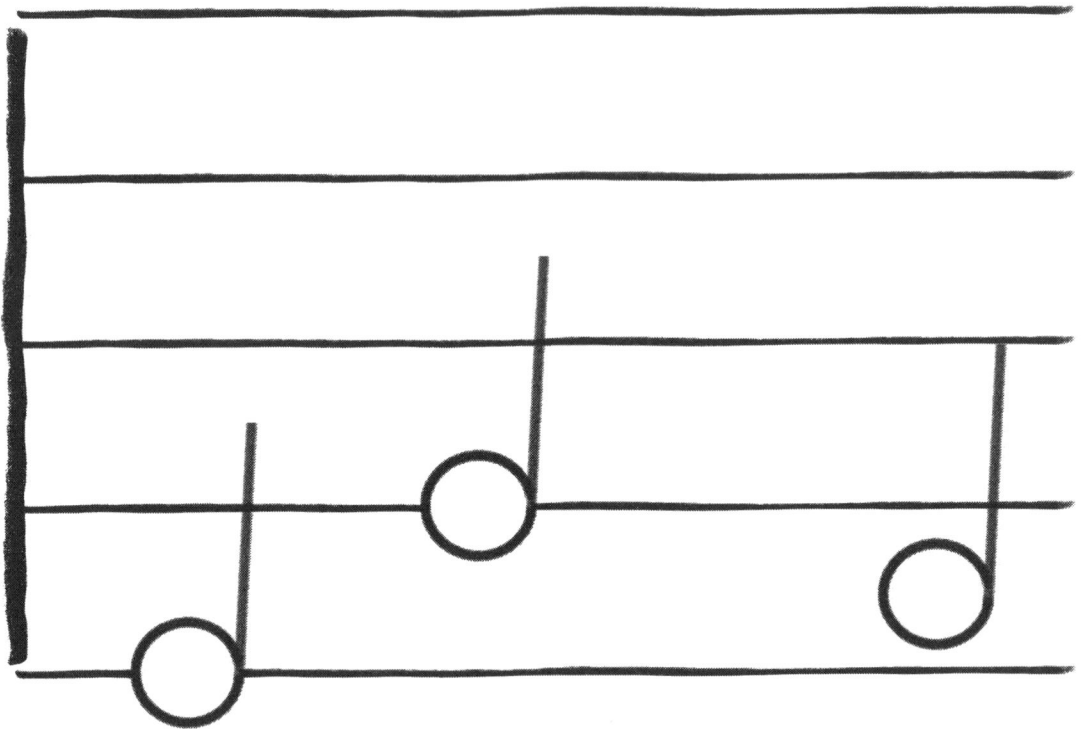

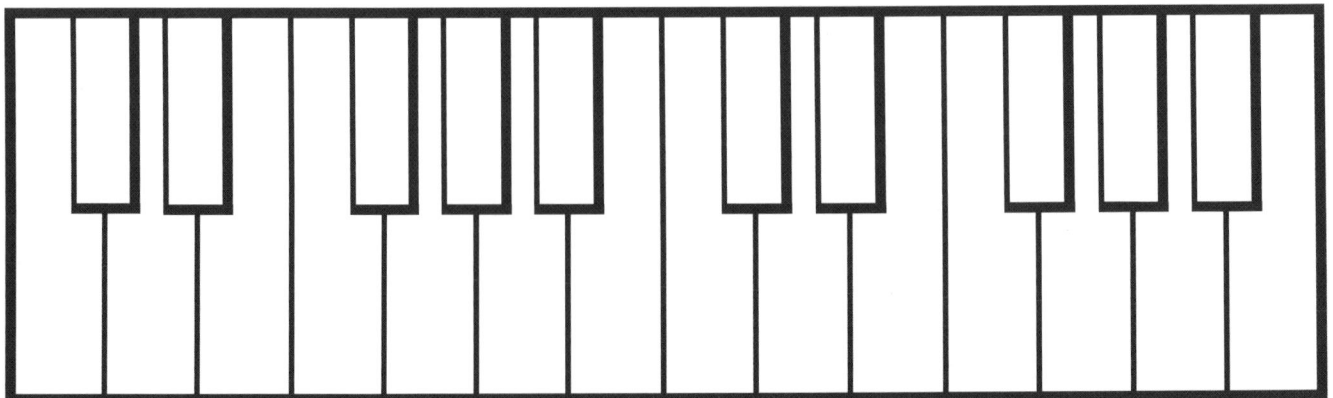

All notes are in Treble Clef

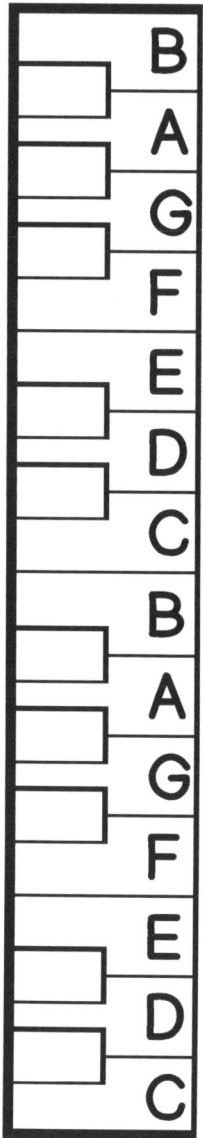

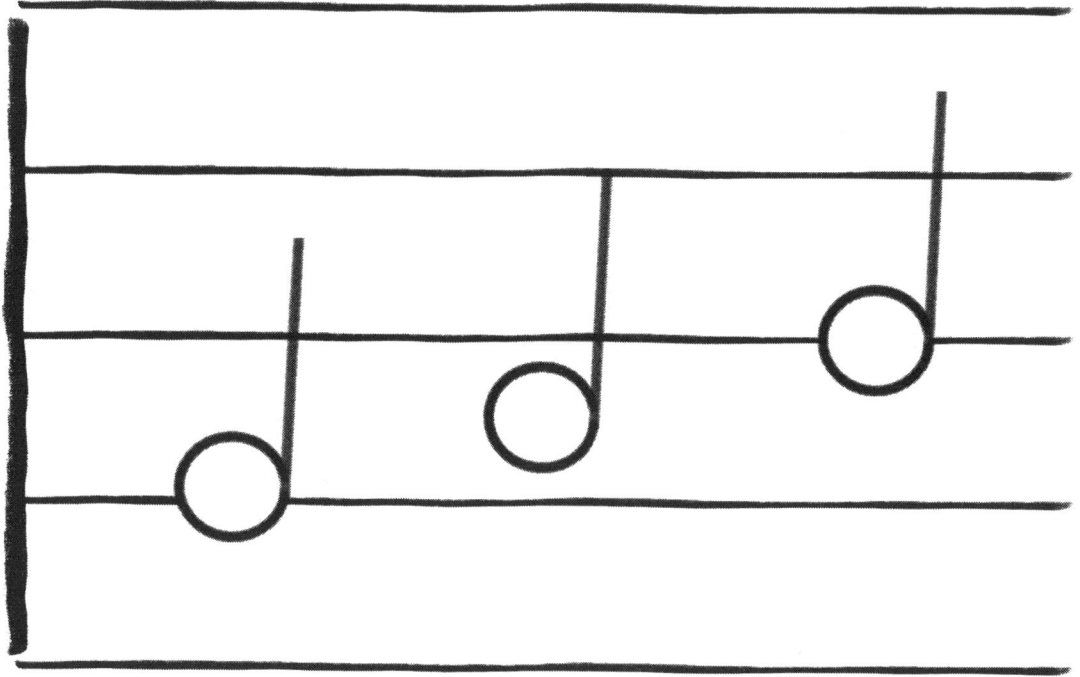

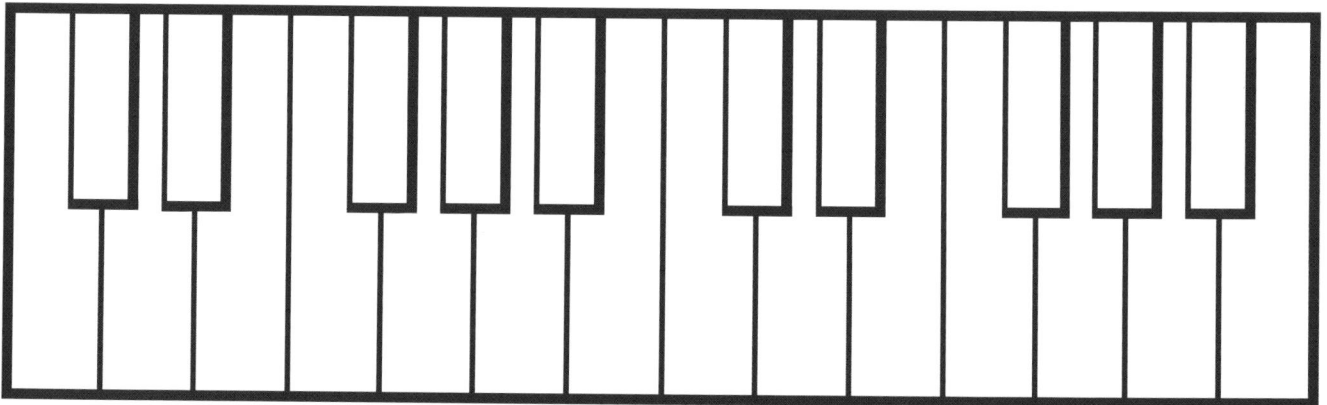

All notes are in Treble Clef

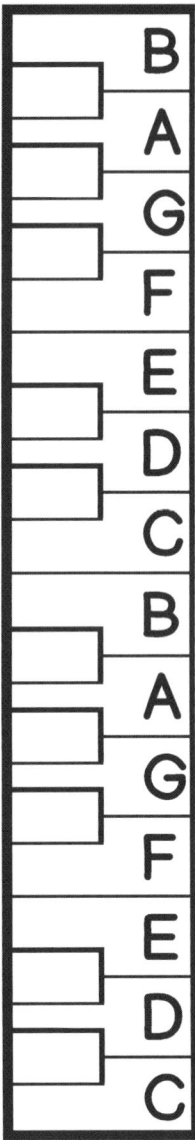

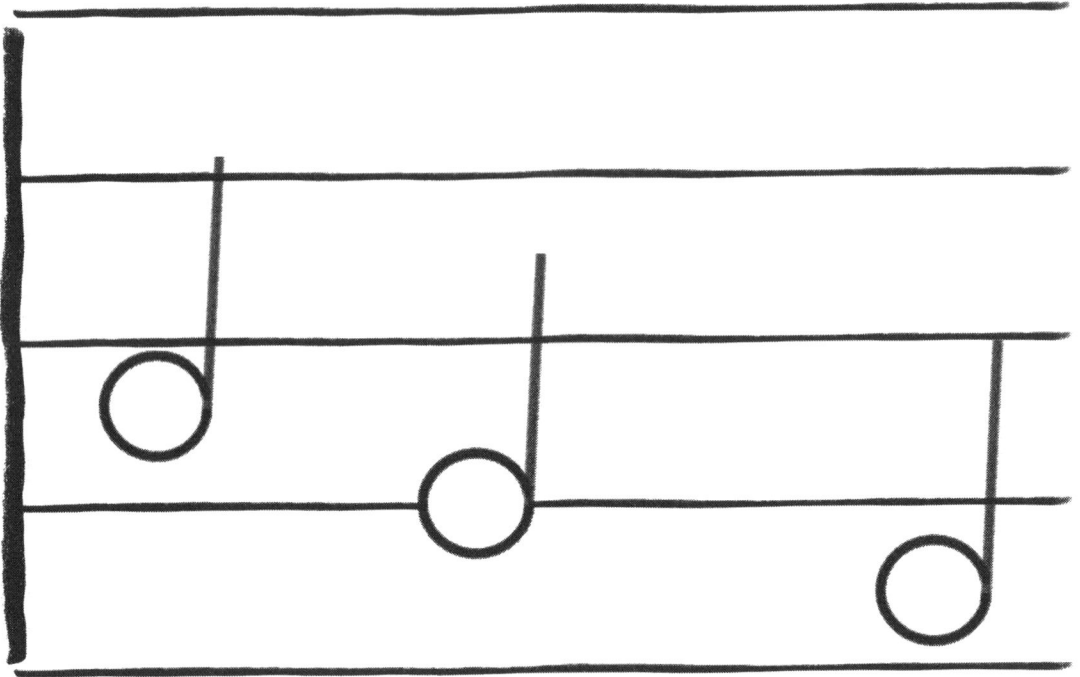

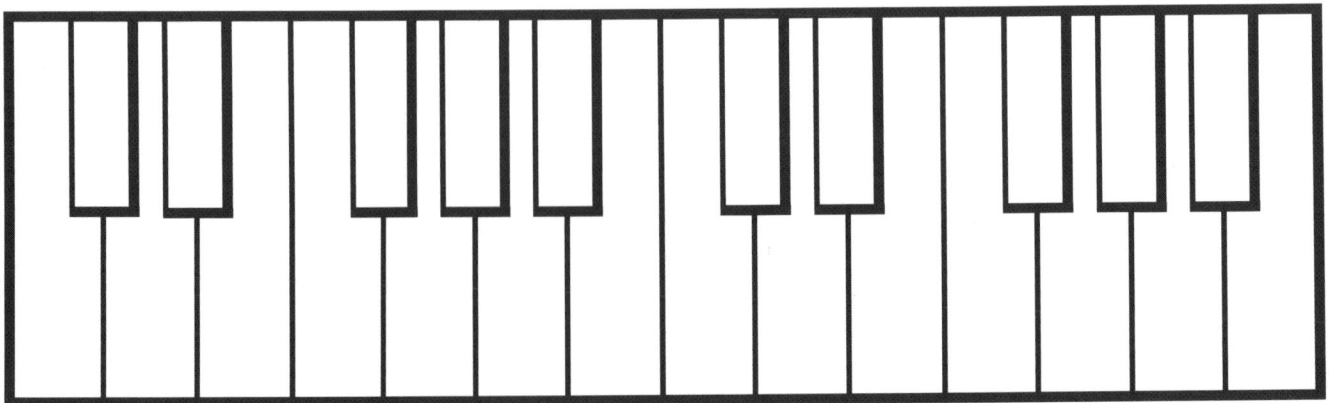

All notes are in Treble Clef

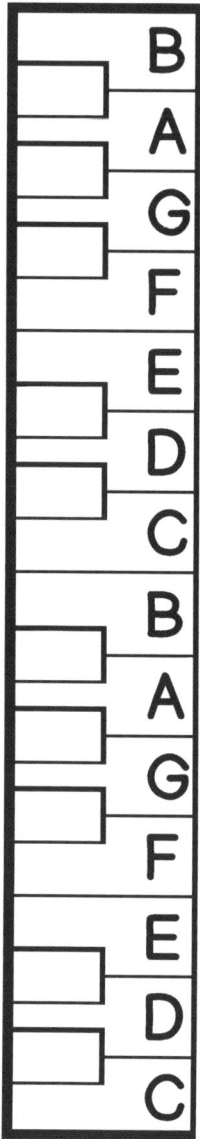

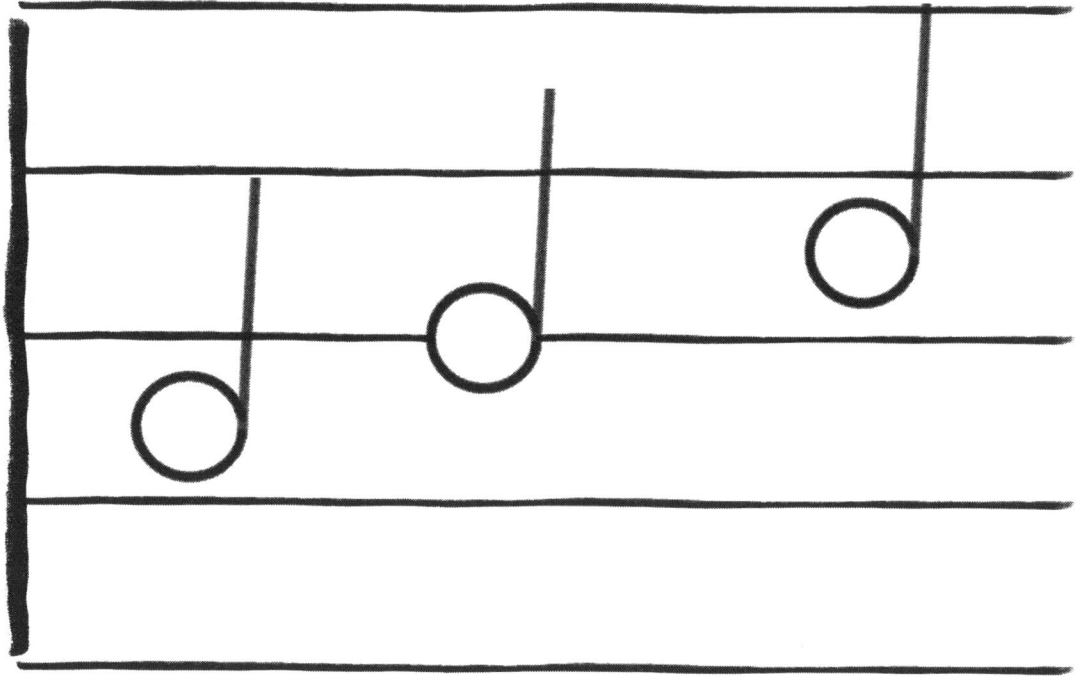

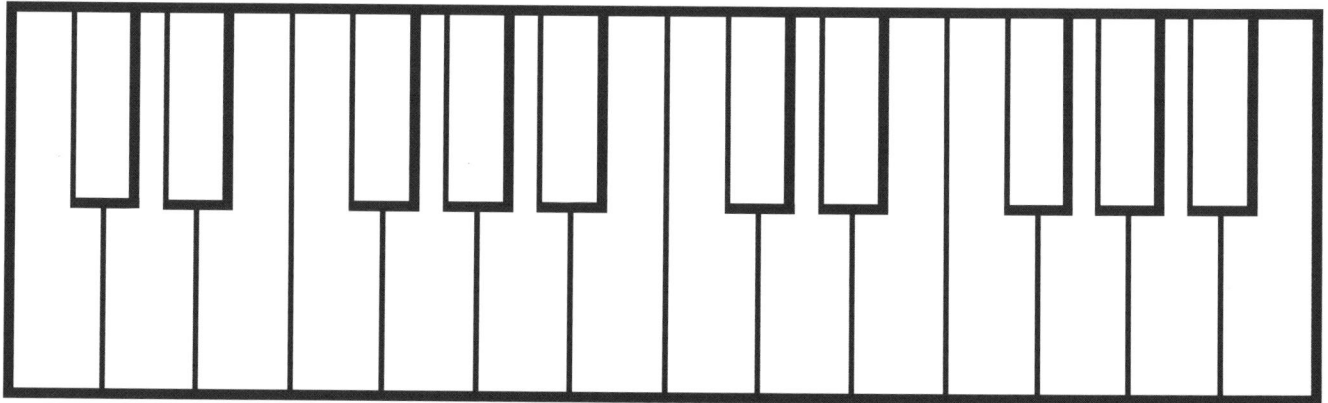

All notes are in Treble Clef

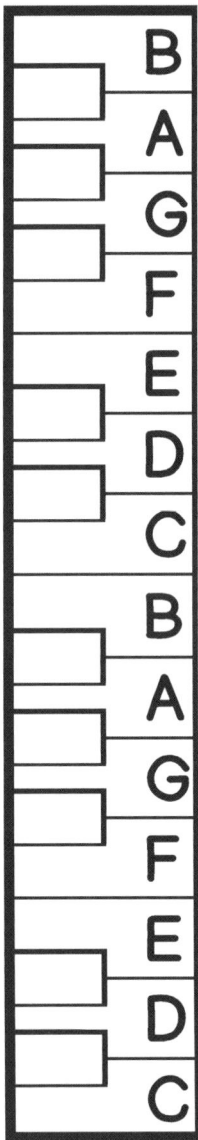

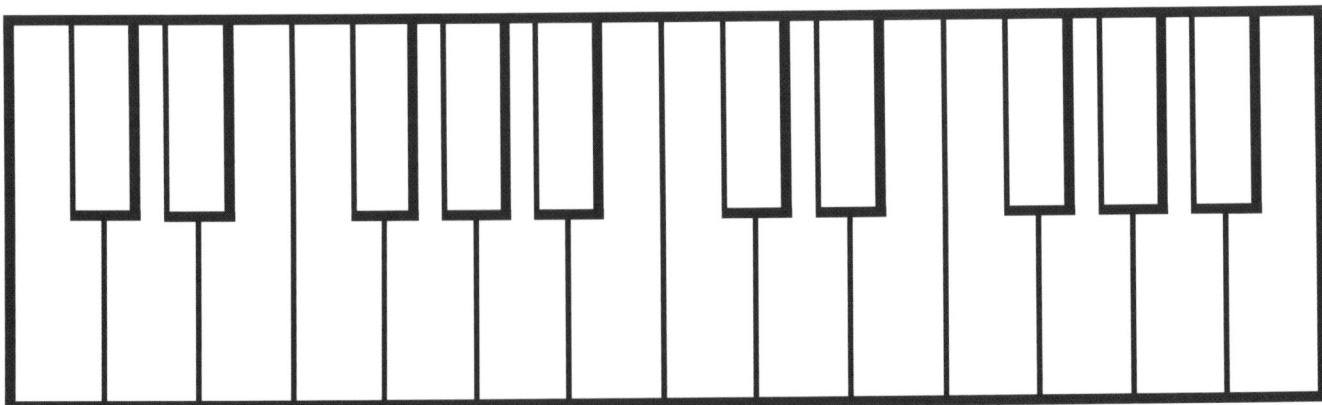

All notes are in Treble Clef

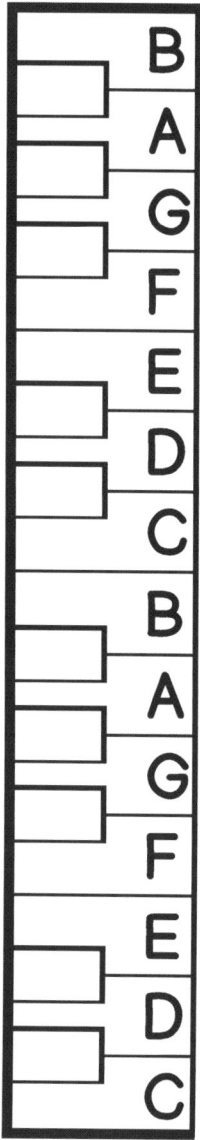

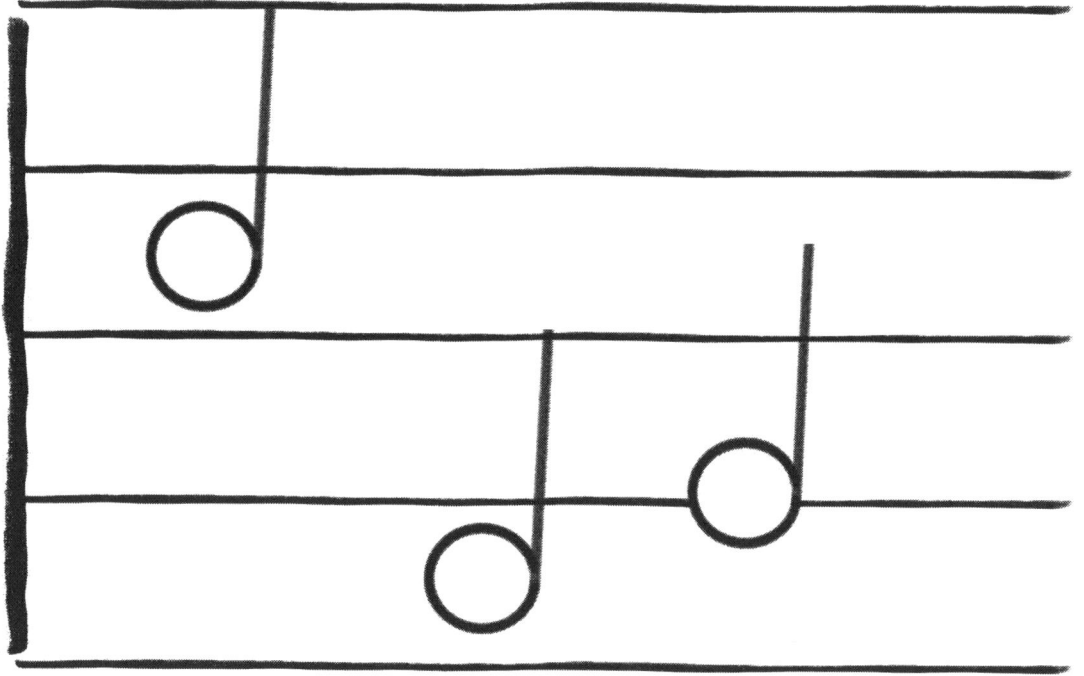

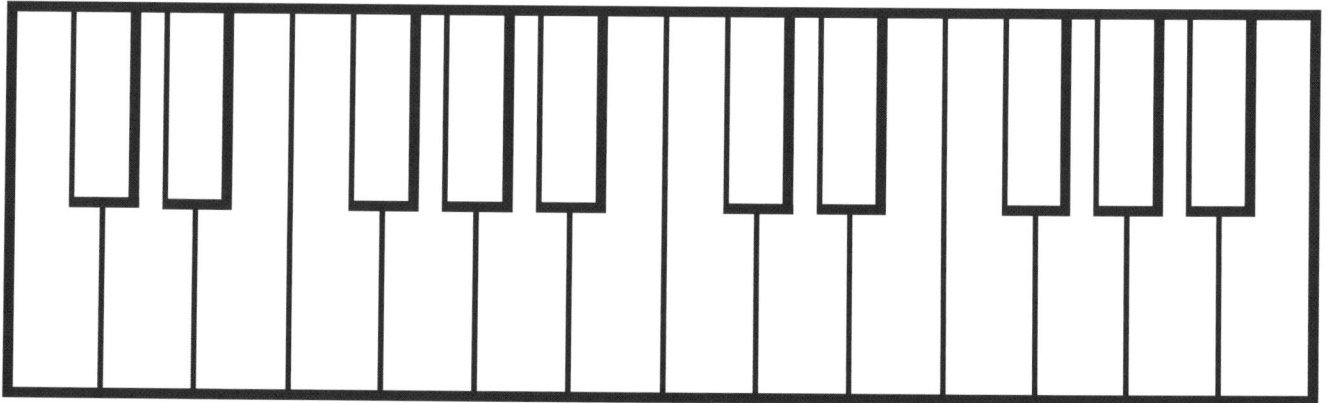

All notes are in Treble Clef

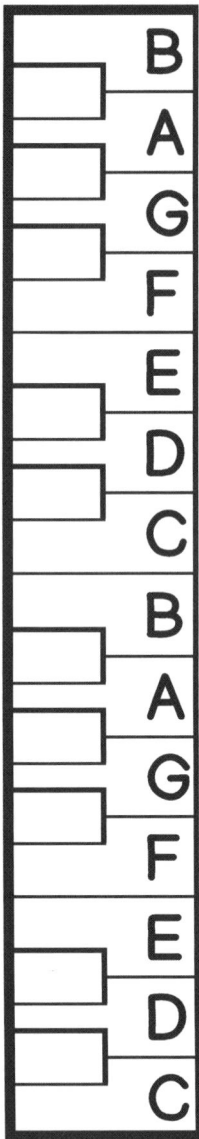

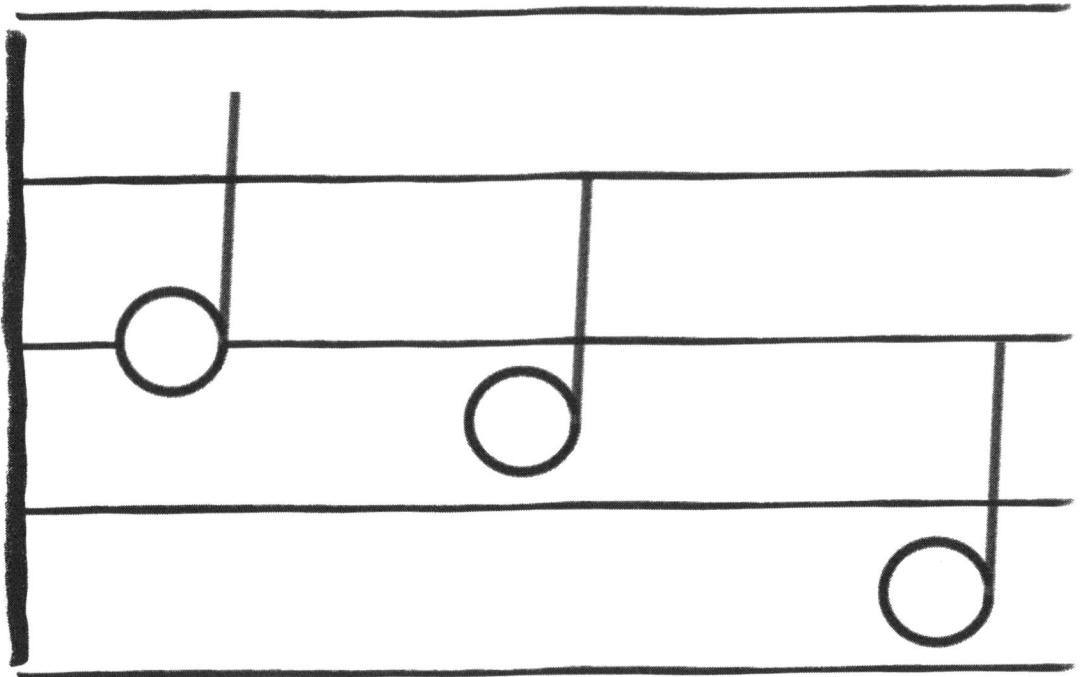

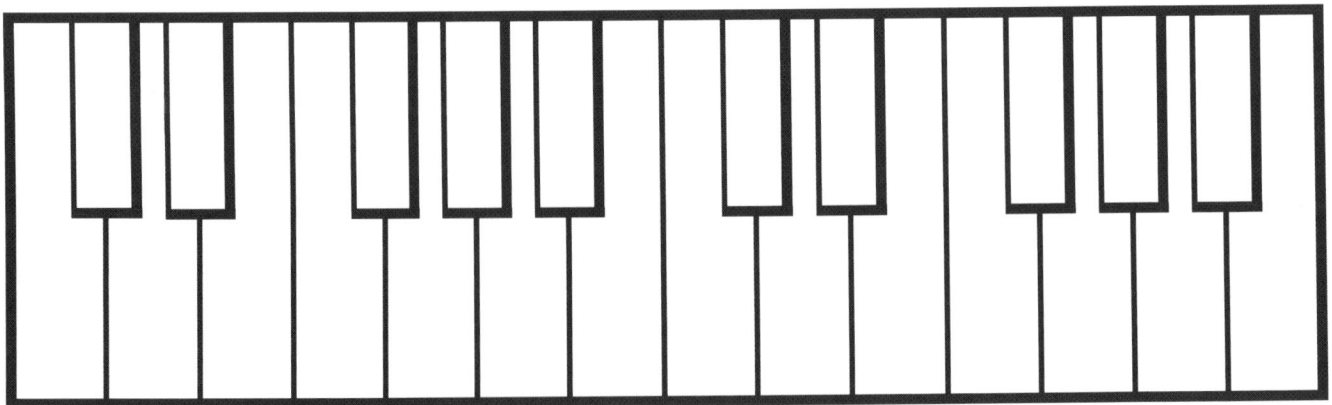

All notes are in Treble Clef

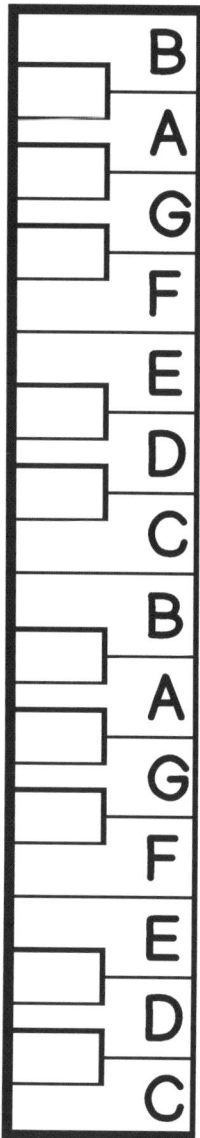

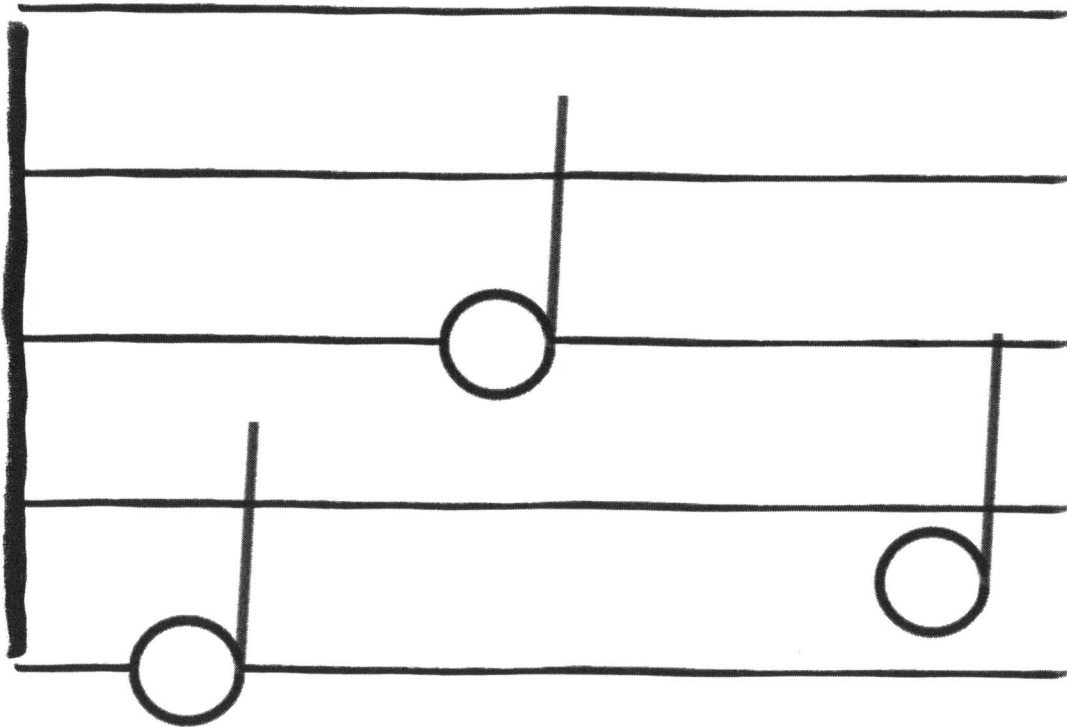

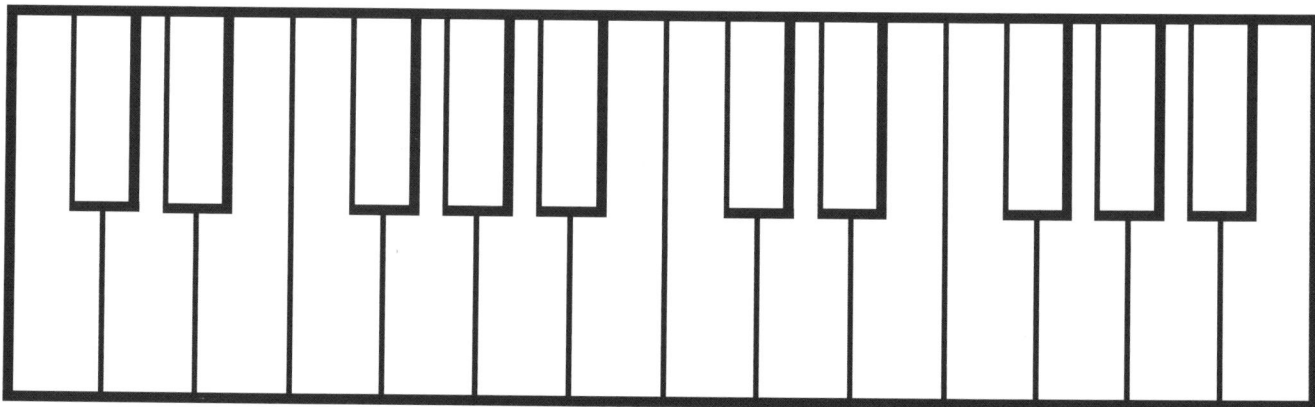

All notes are in Treble Clef

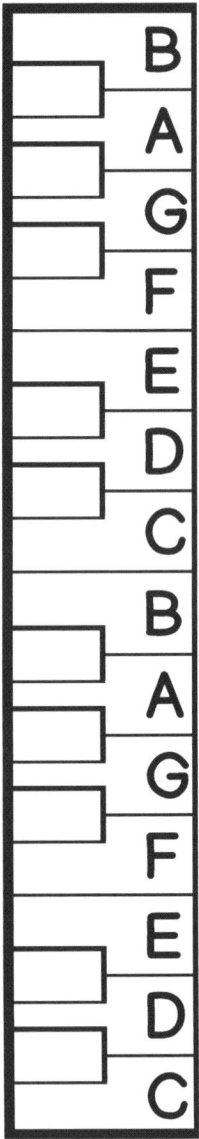

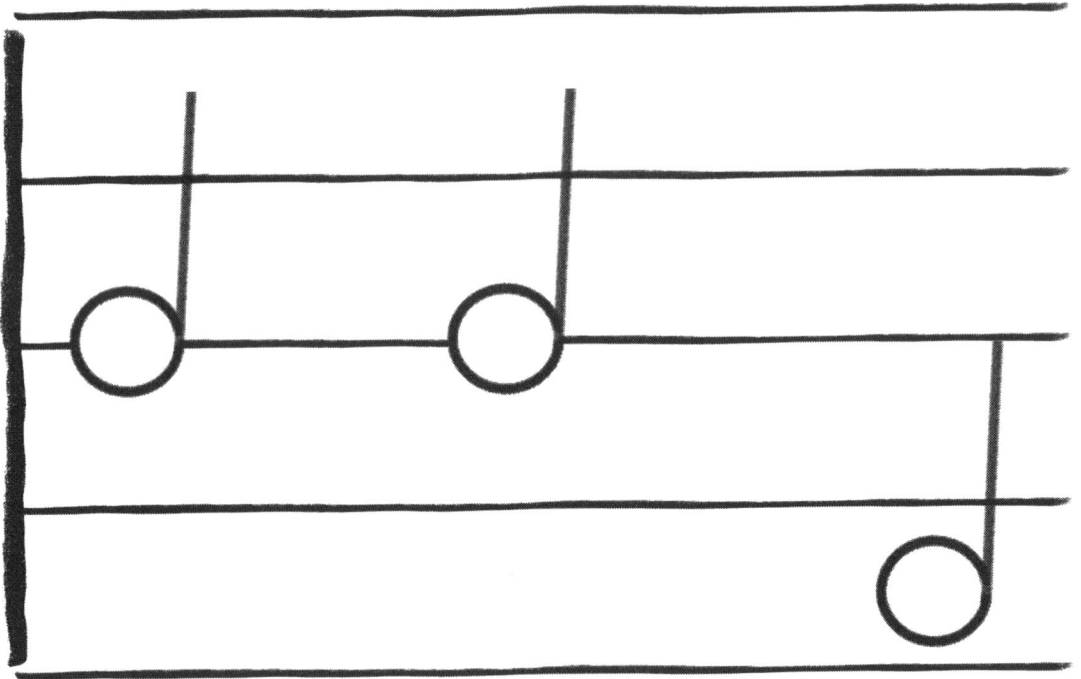

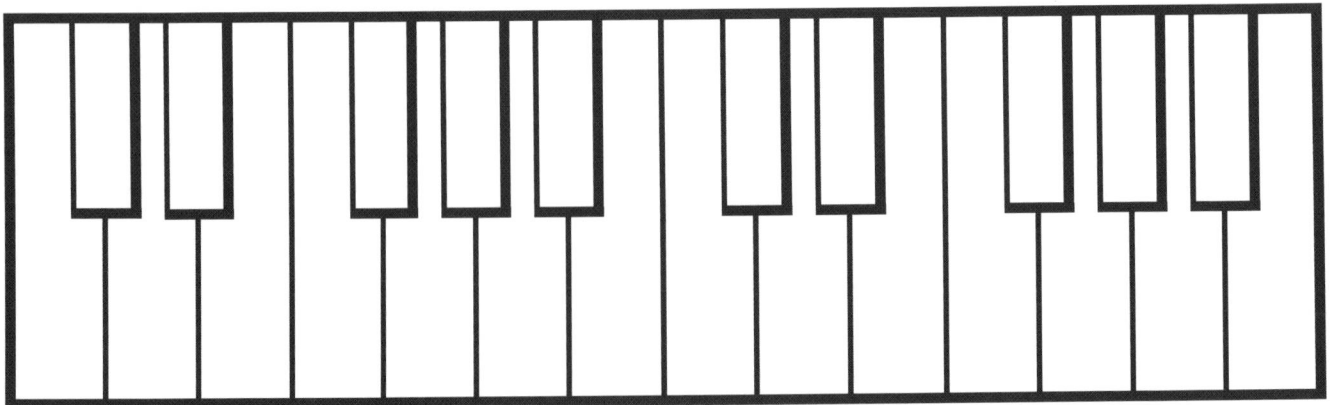

All notes are in Treble Clef

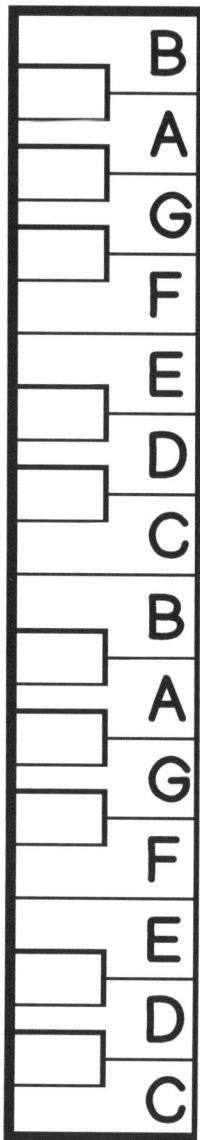

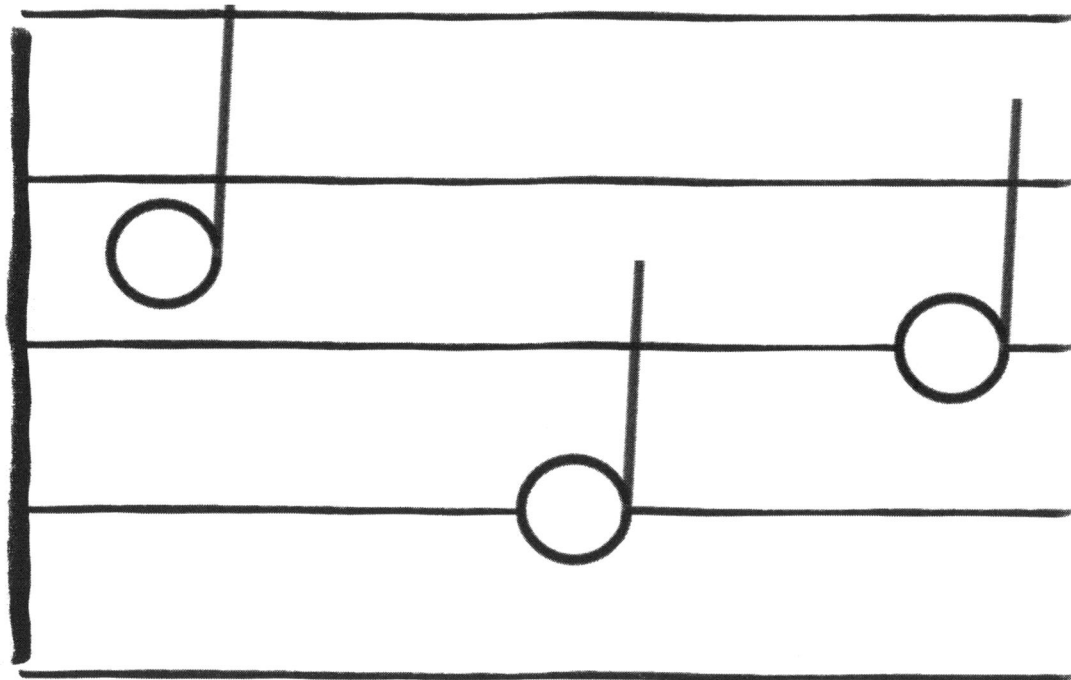

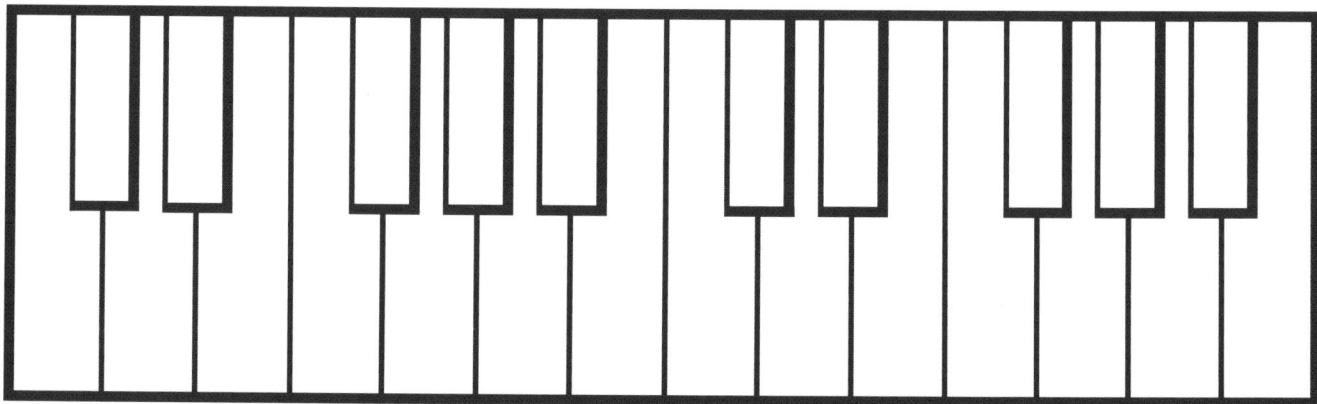

All notes are in Treble Clef

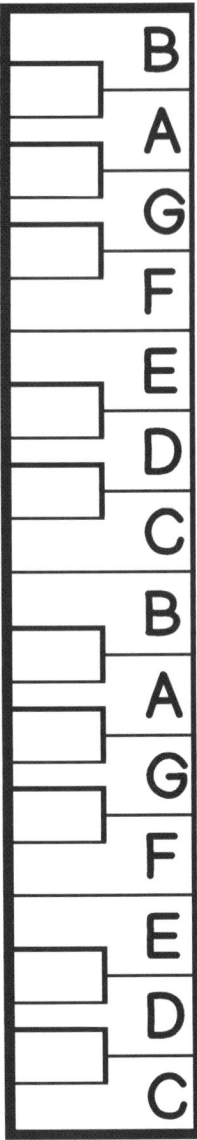

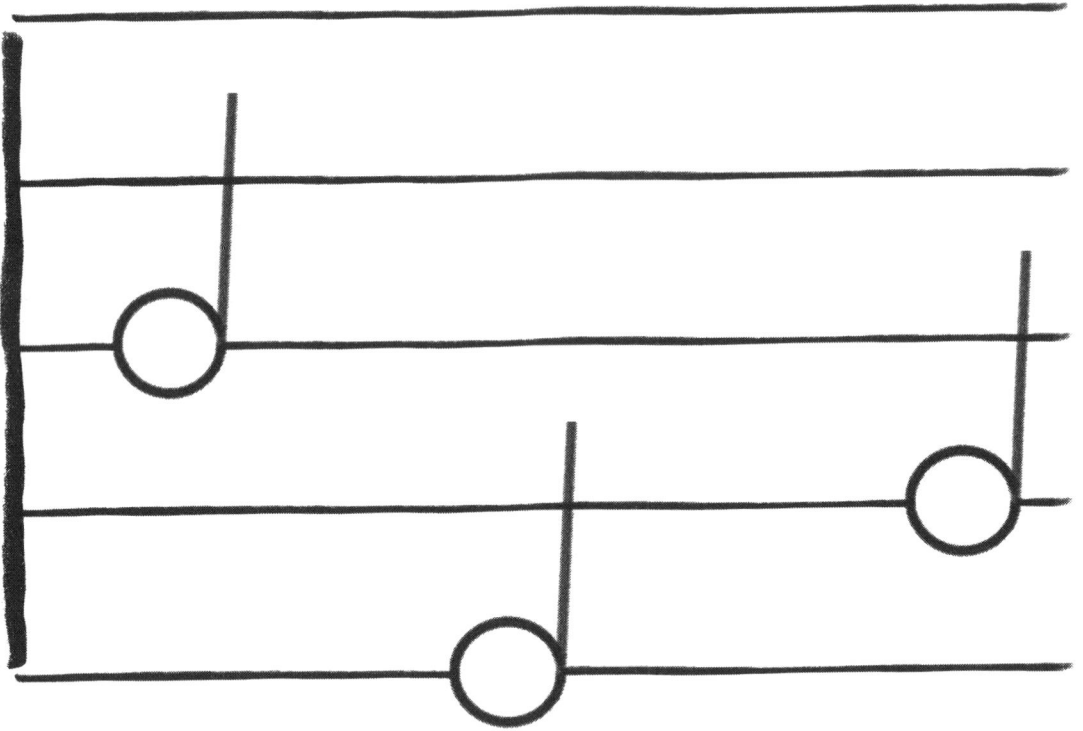

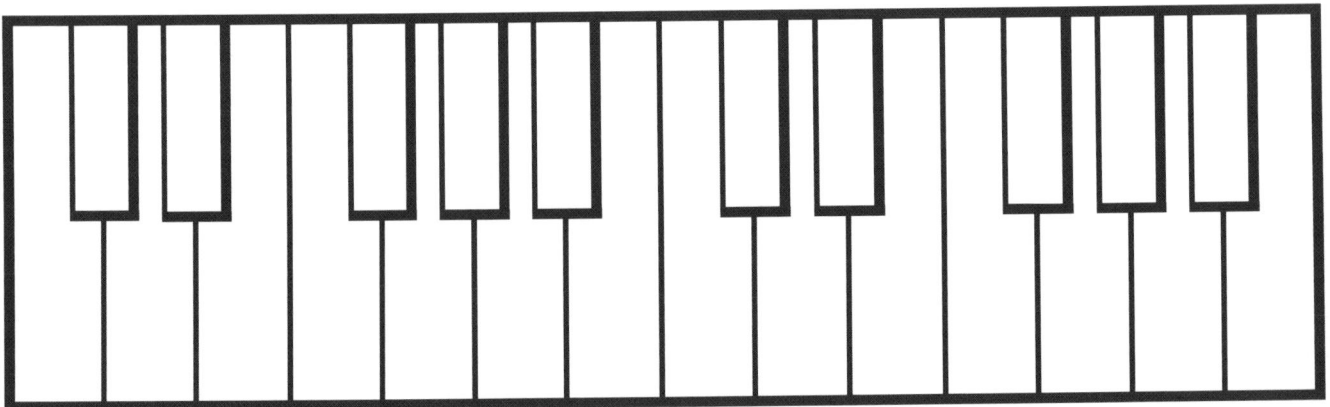

All notes are in Treble Clef

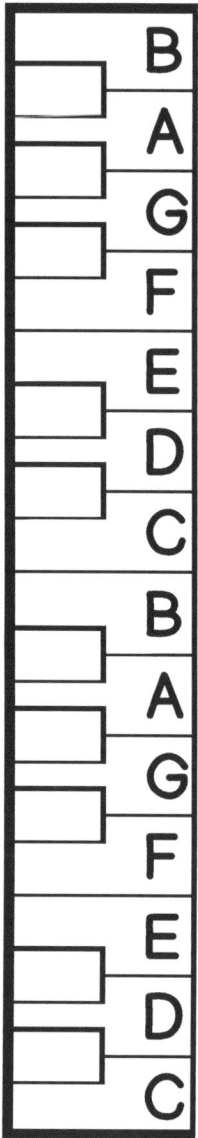

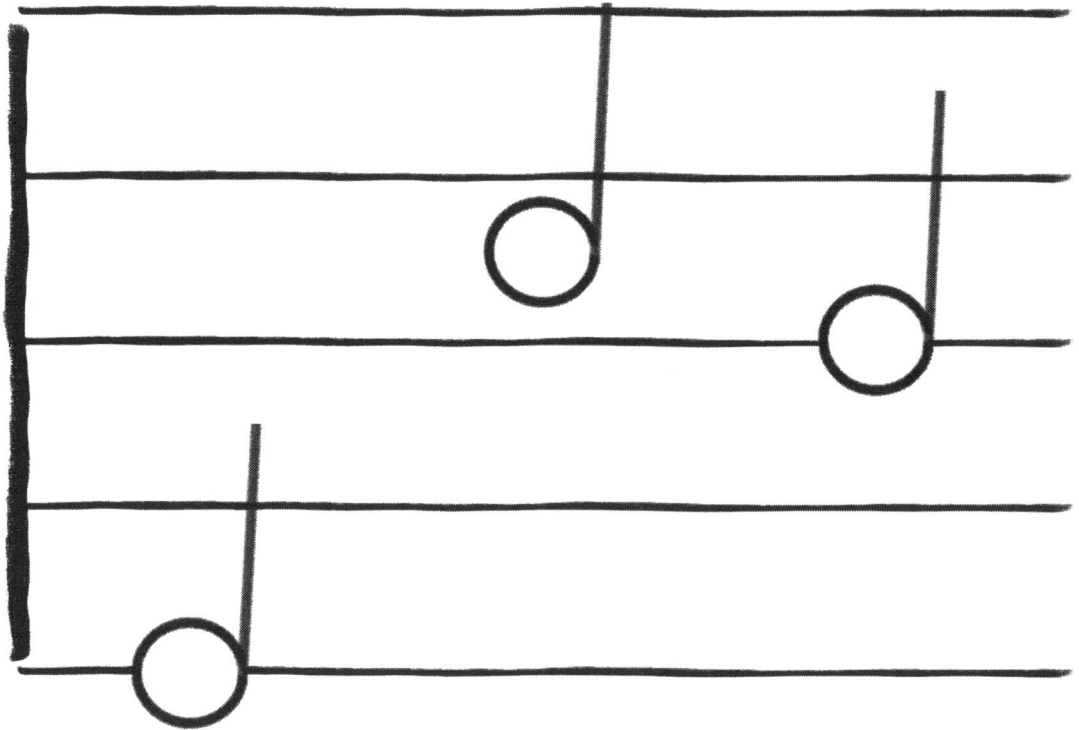

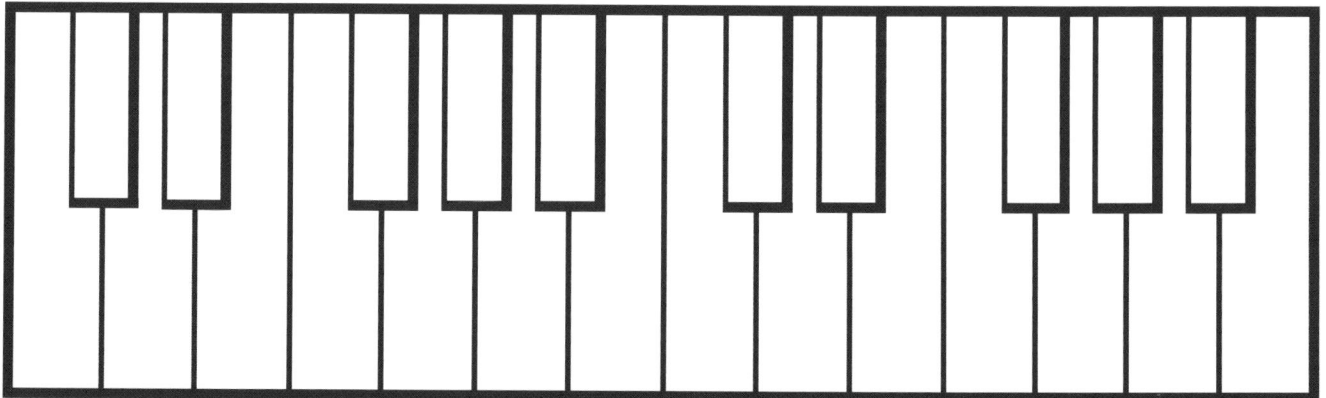

All notes are in Treble Clef

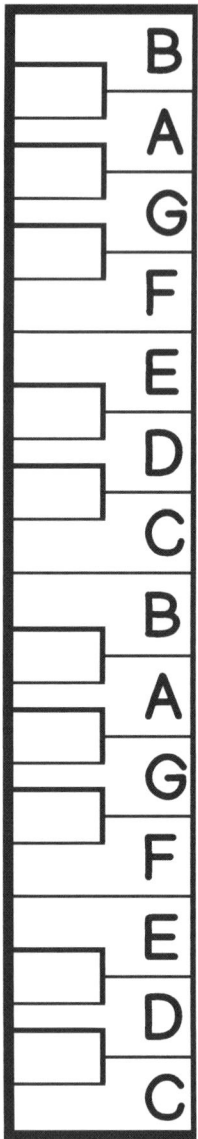

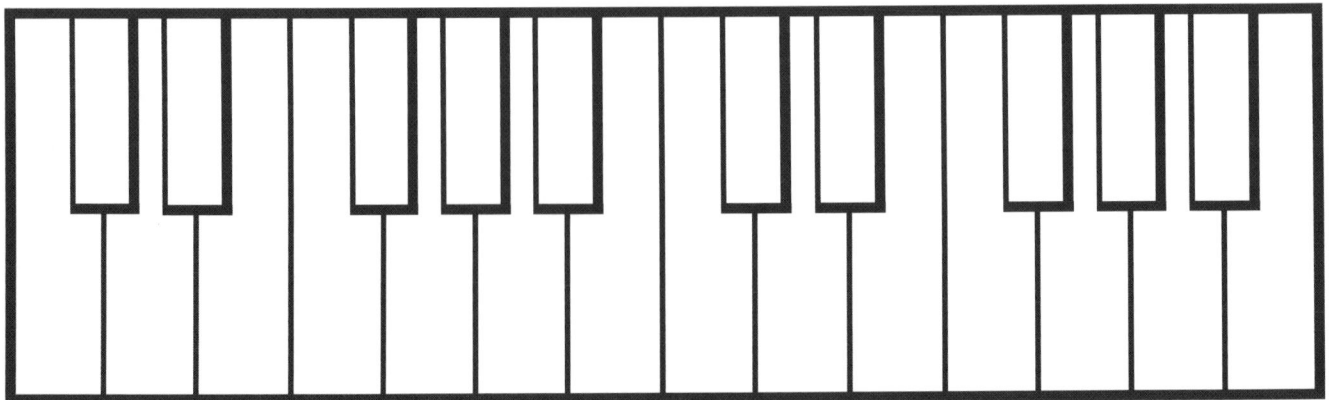

All notes are in Treble Clef

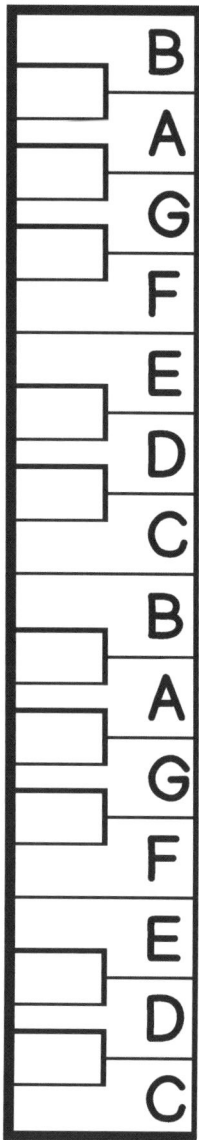

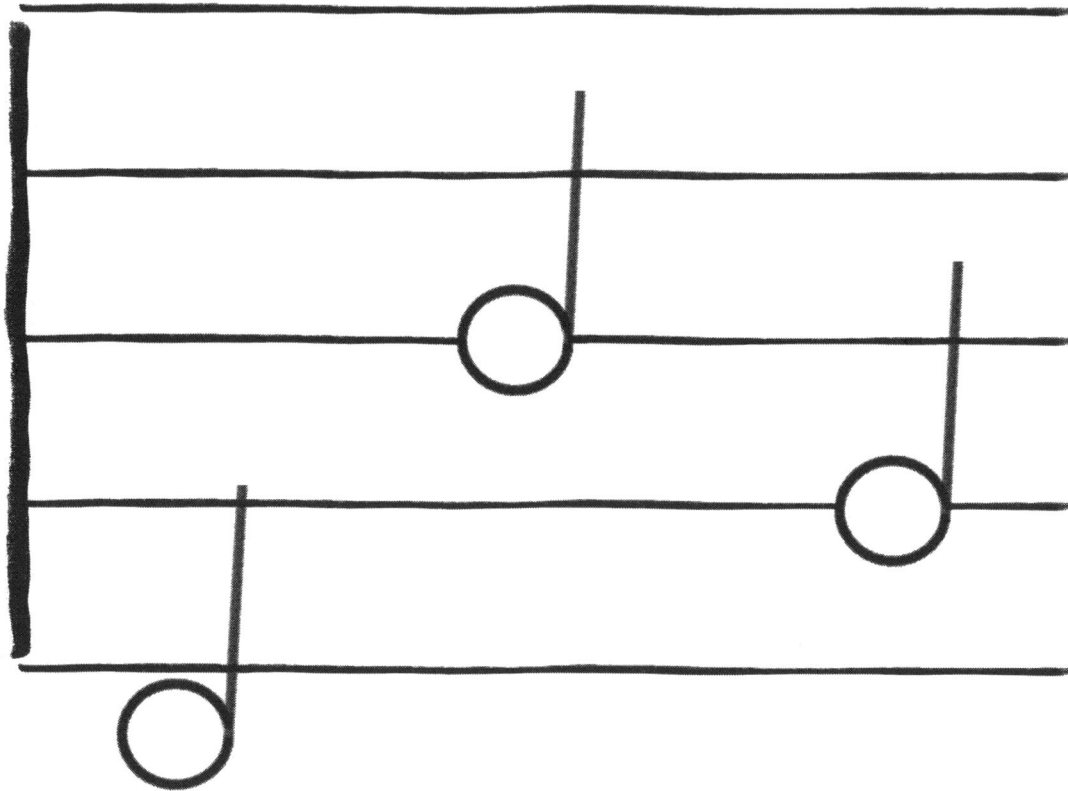

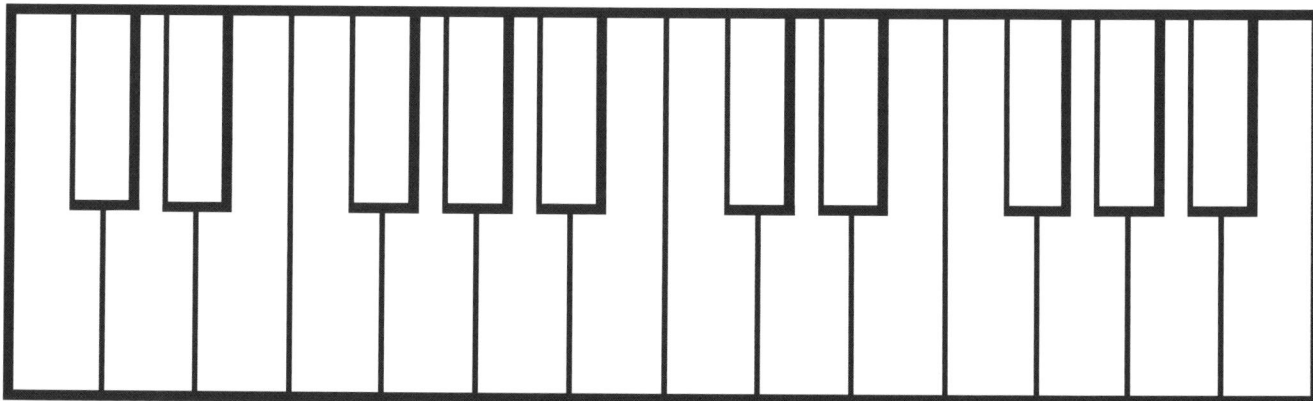

All notes are in Treble Clef

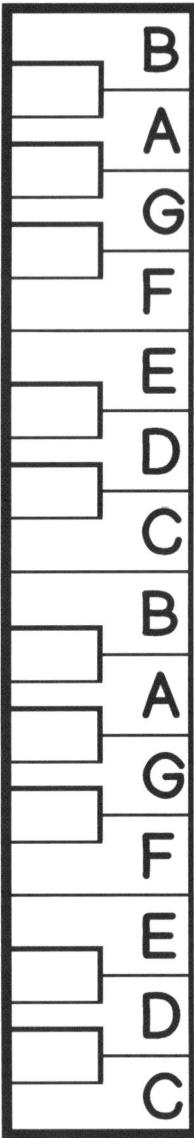

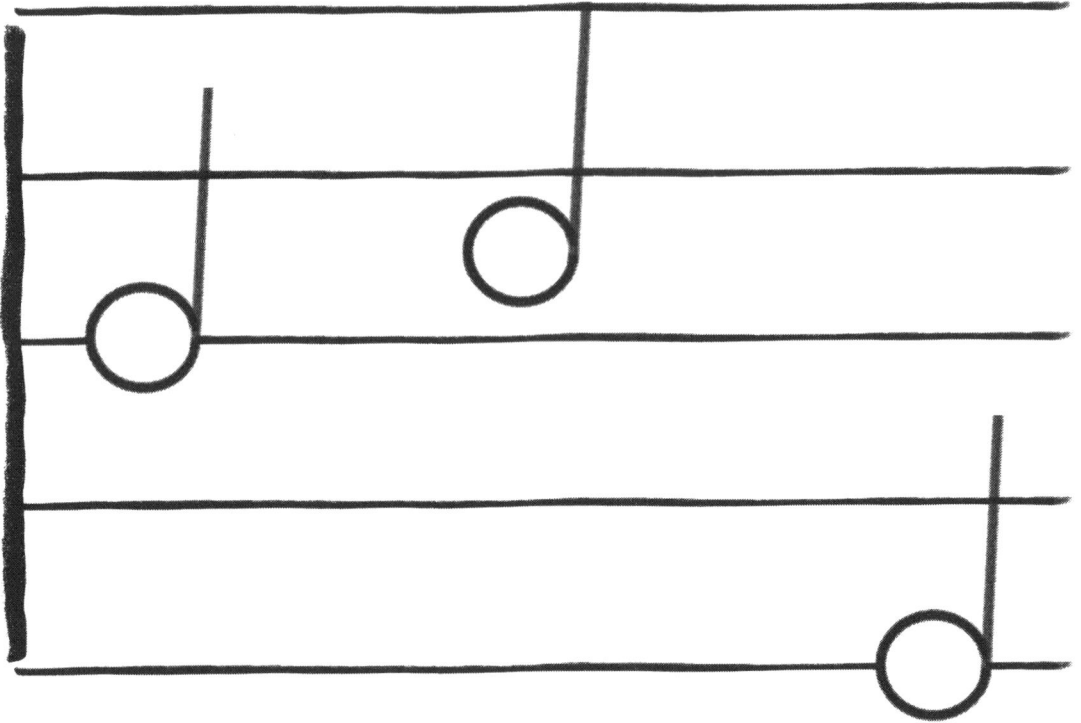

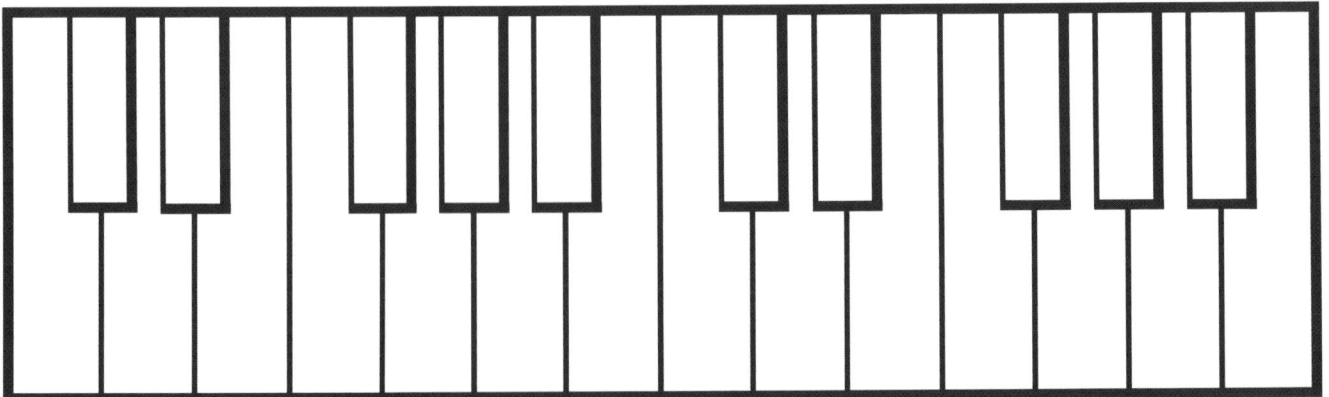

All notes are in Treble Clef

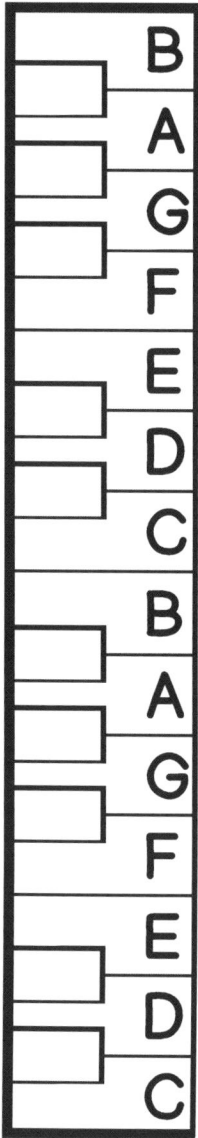

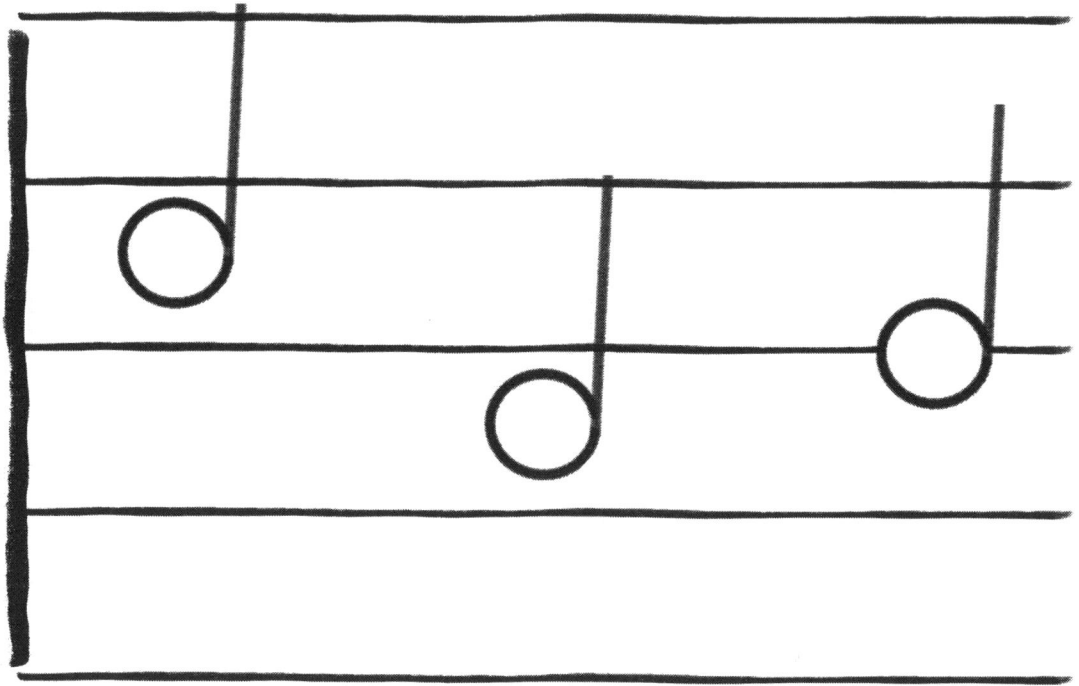

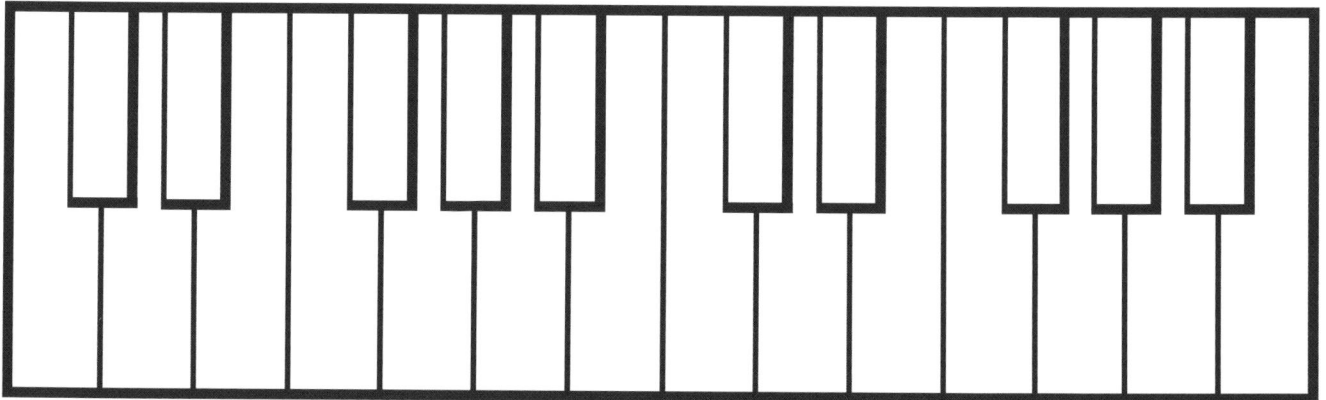

All notes are in Treble Clef

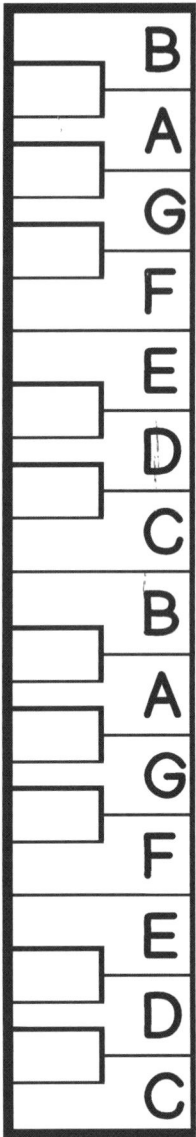

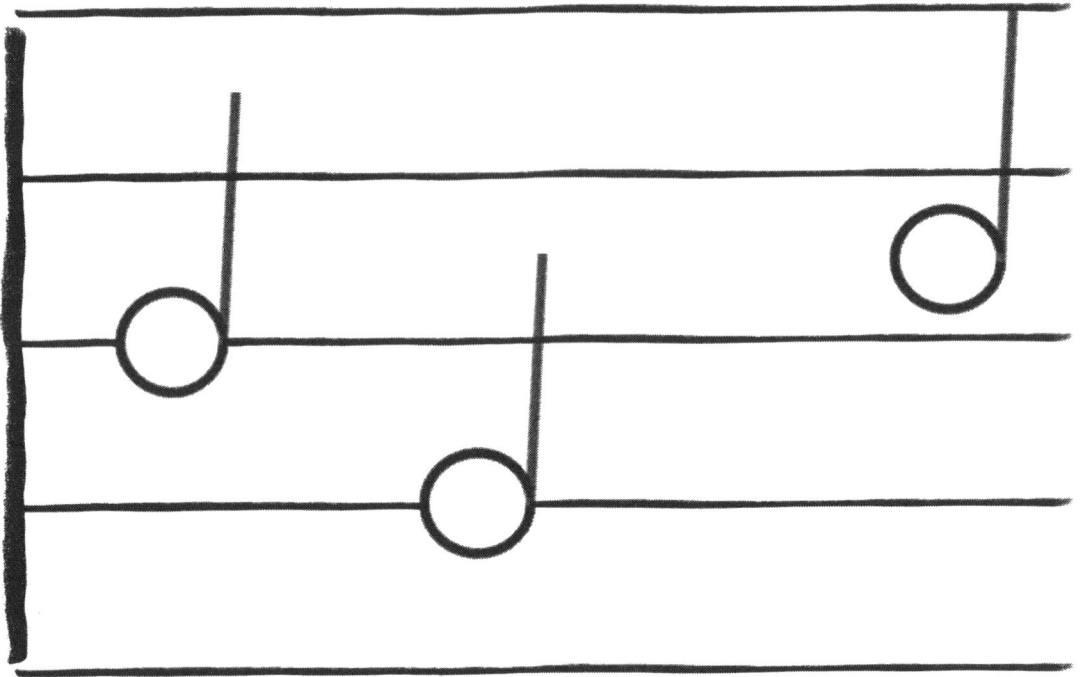

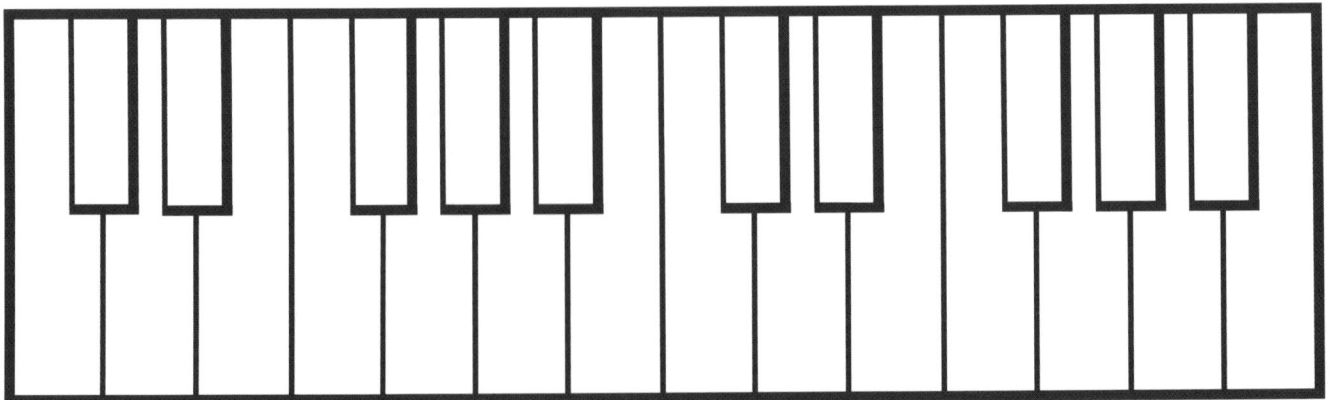

All notes are in Treble Clef

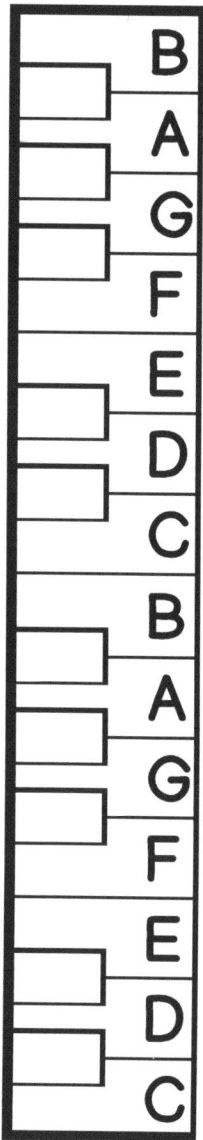

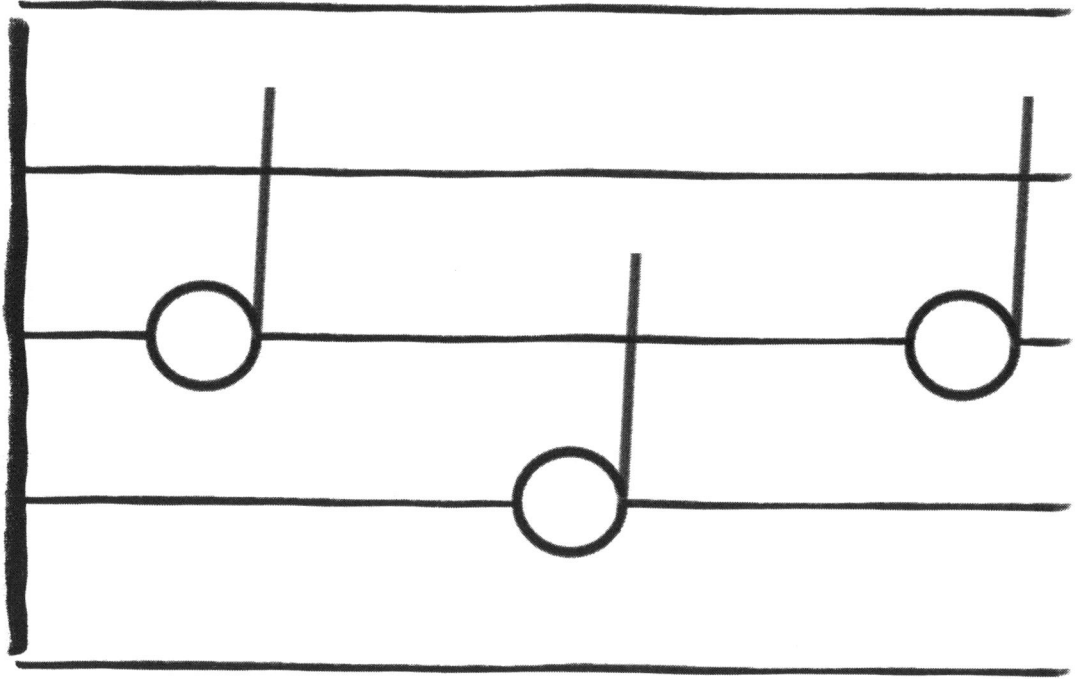

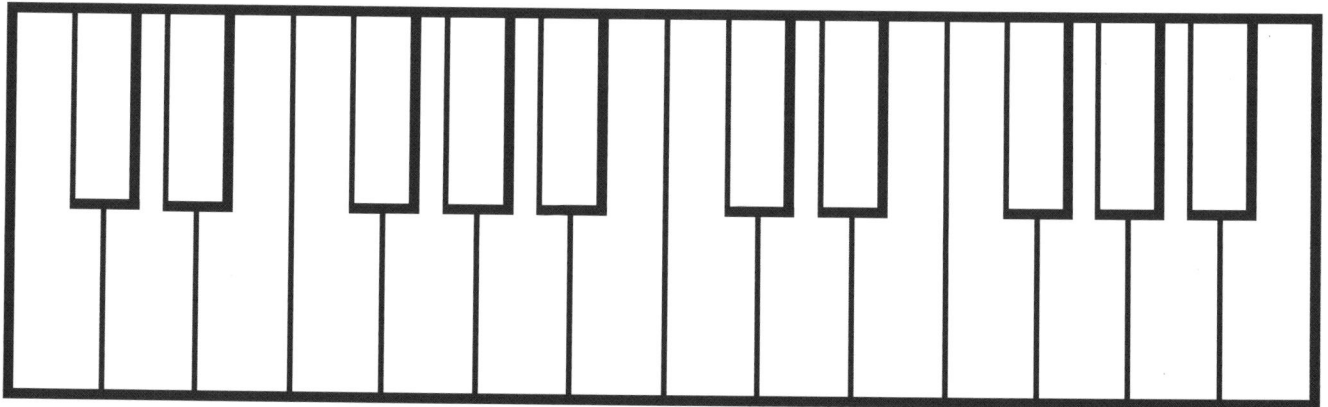

All notes are in Treble Clef

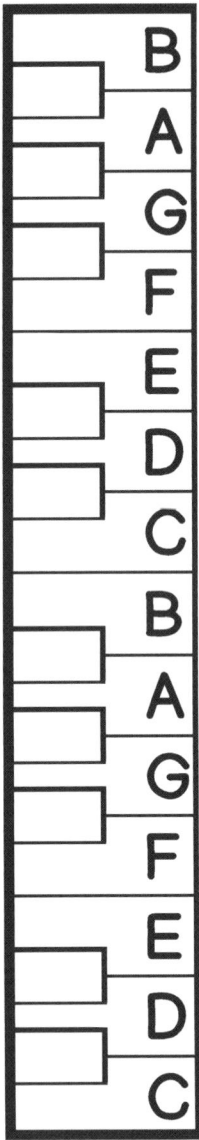

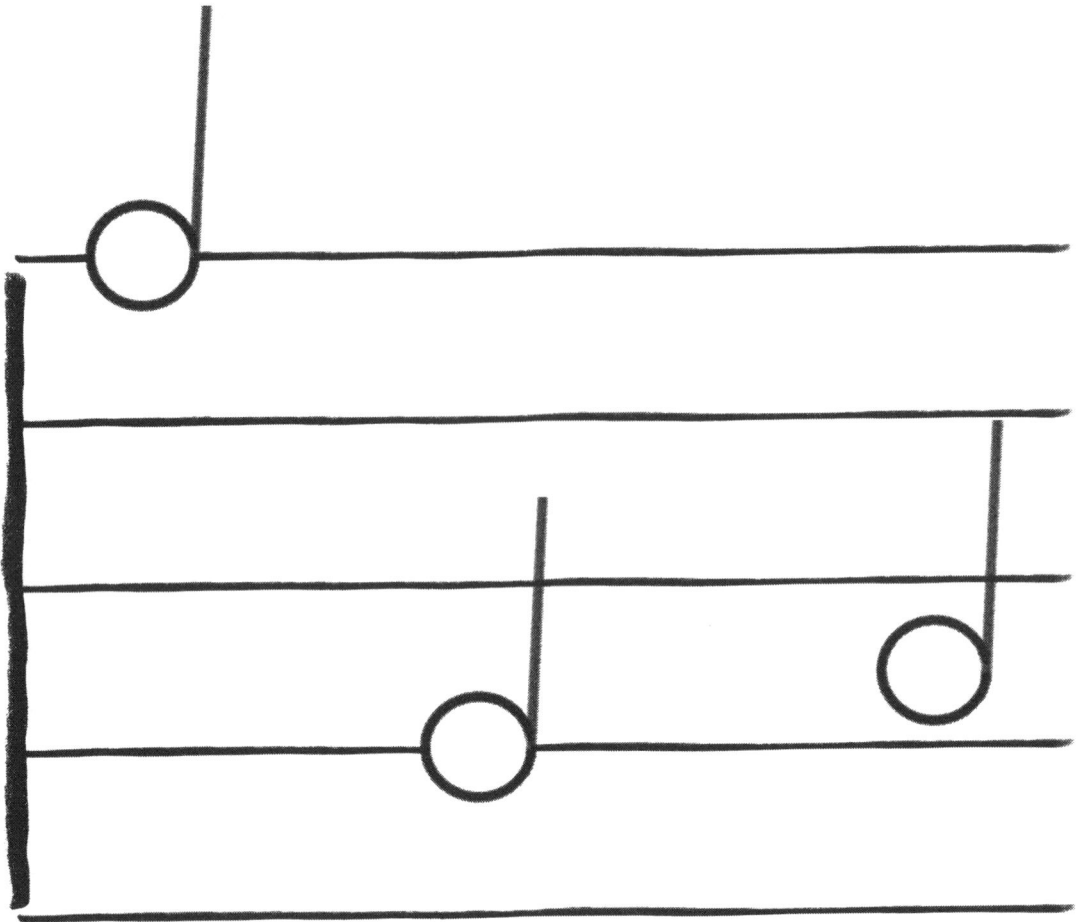

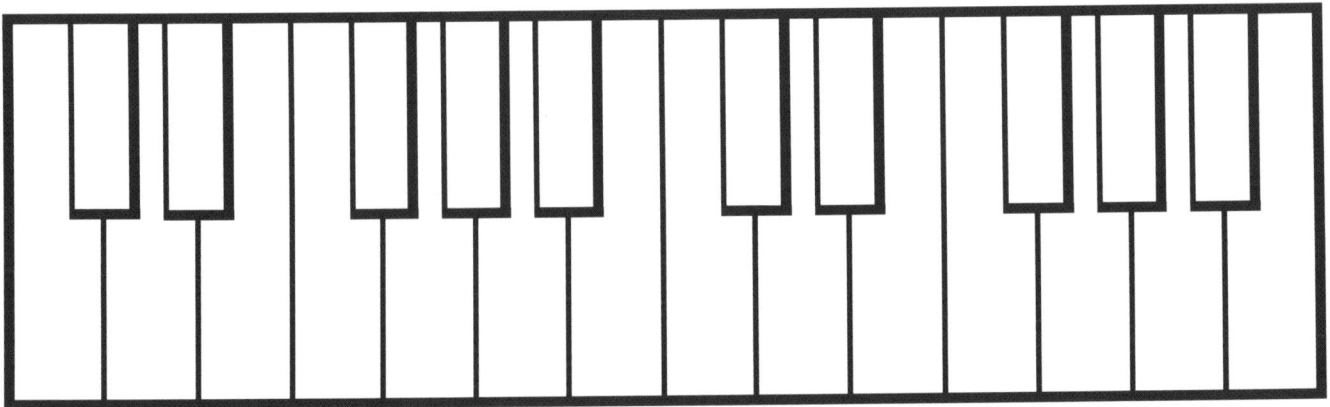

All notes are in Treble Clef

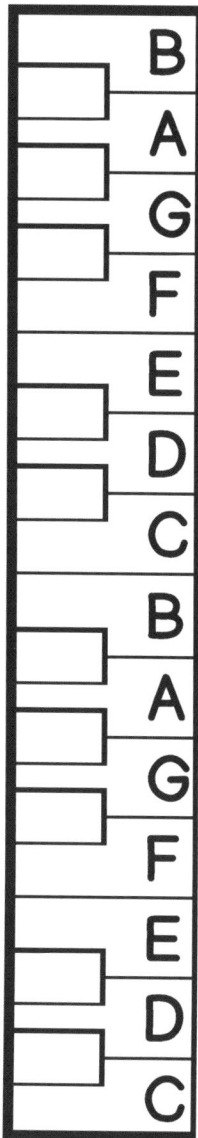

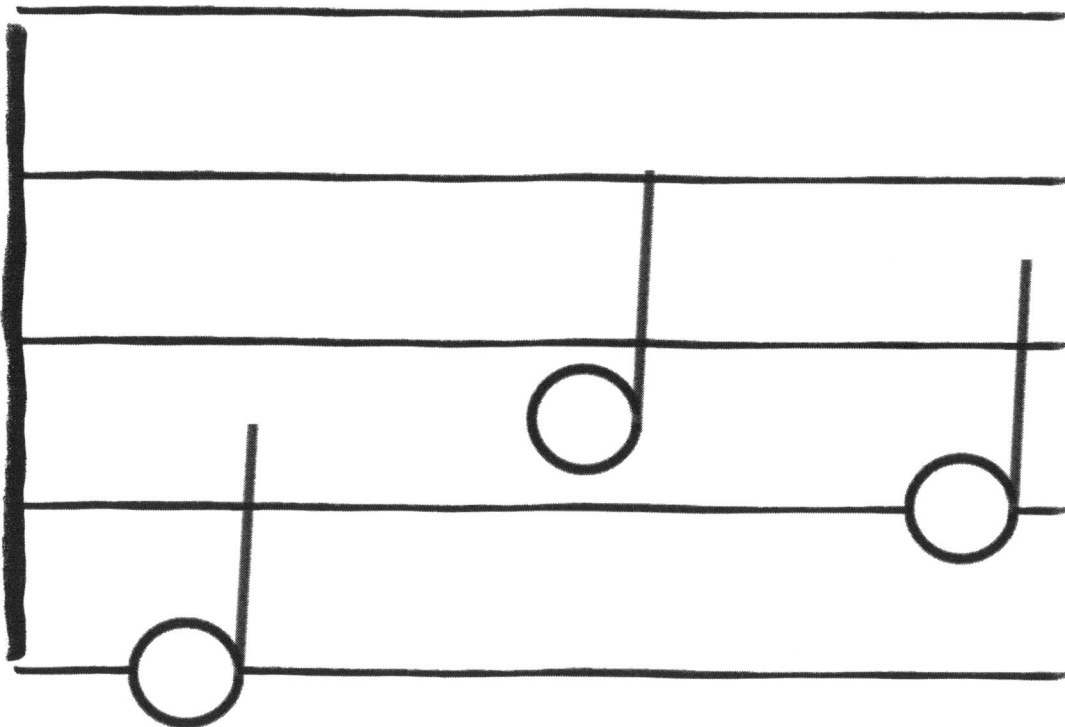

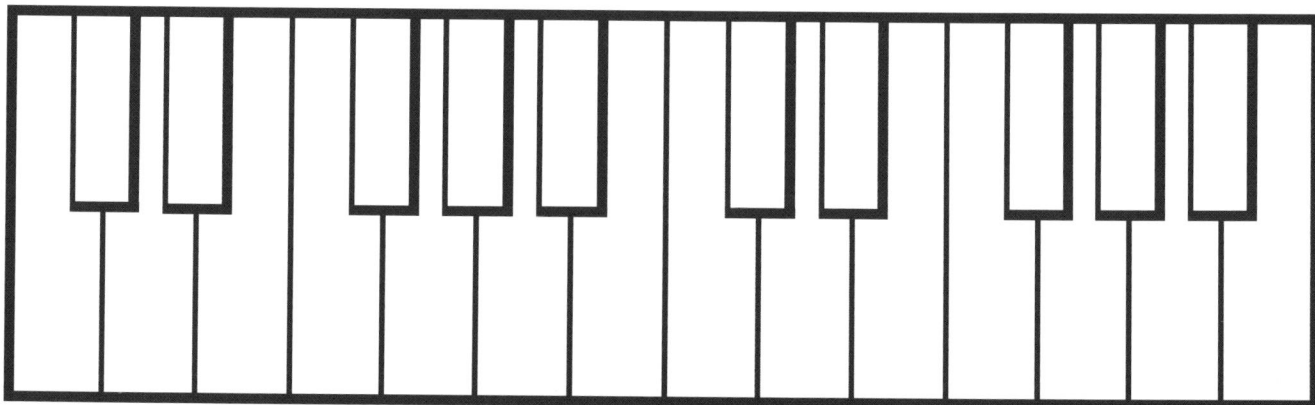

All notes are in Treble Clef

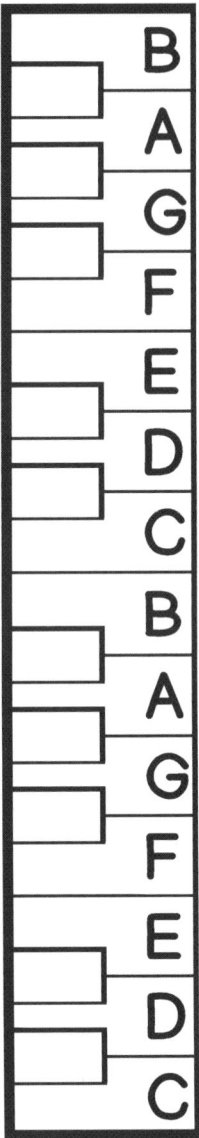

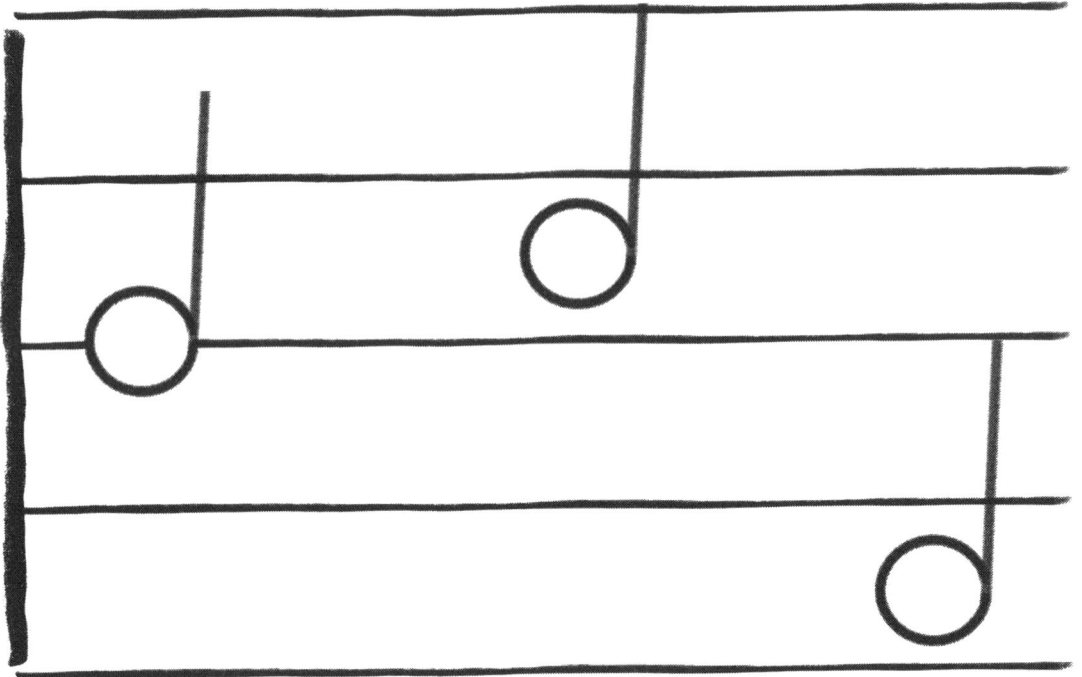

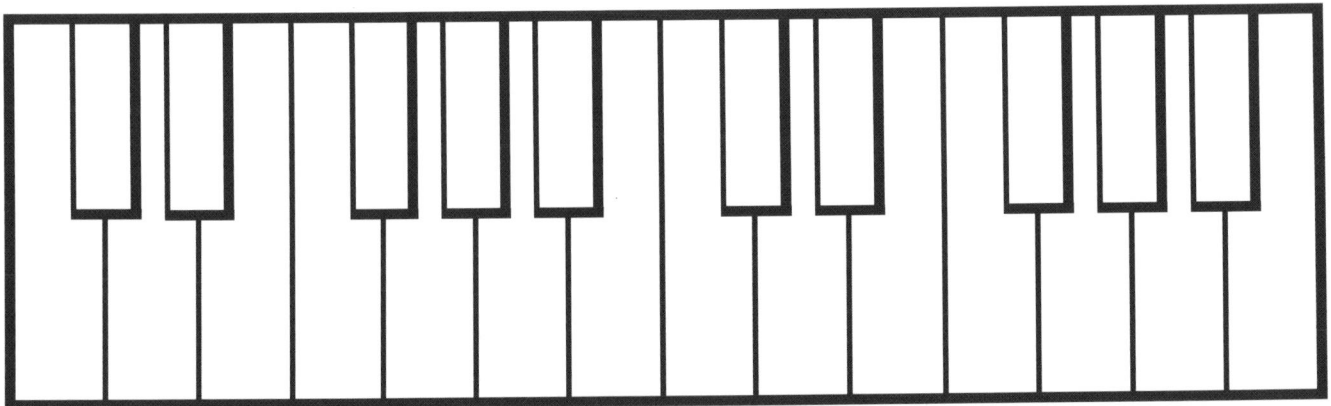

All notes are in Treble Clef

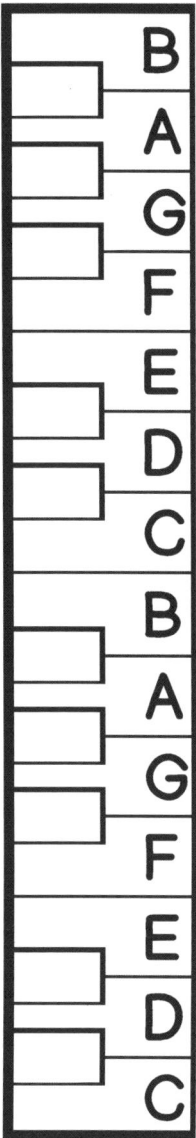

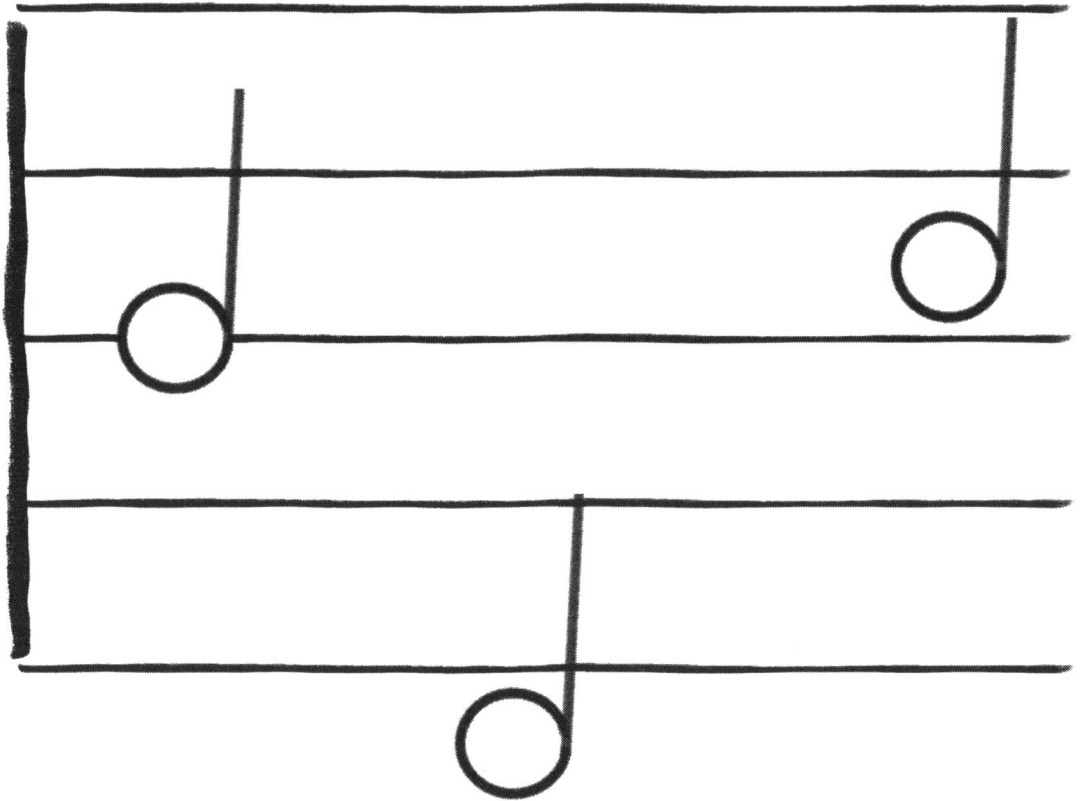

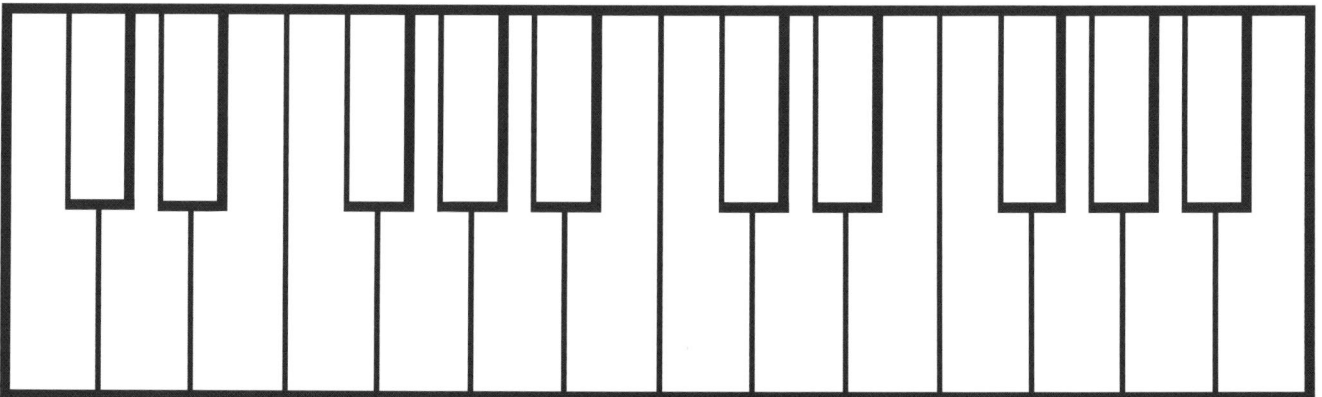

All notes are in Treble Clef

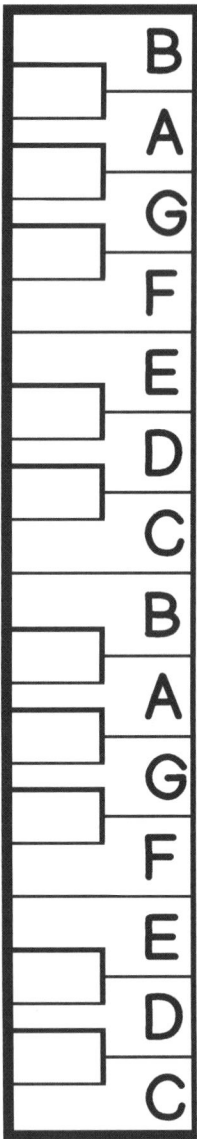

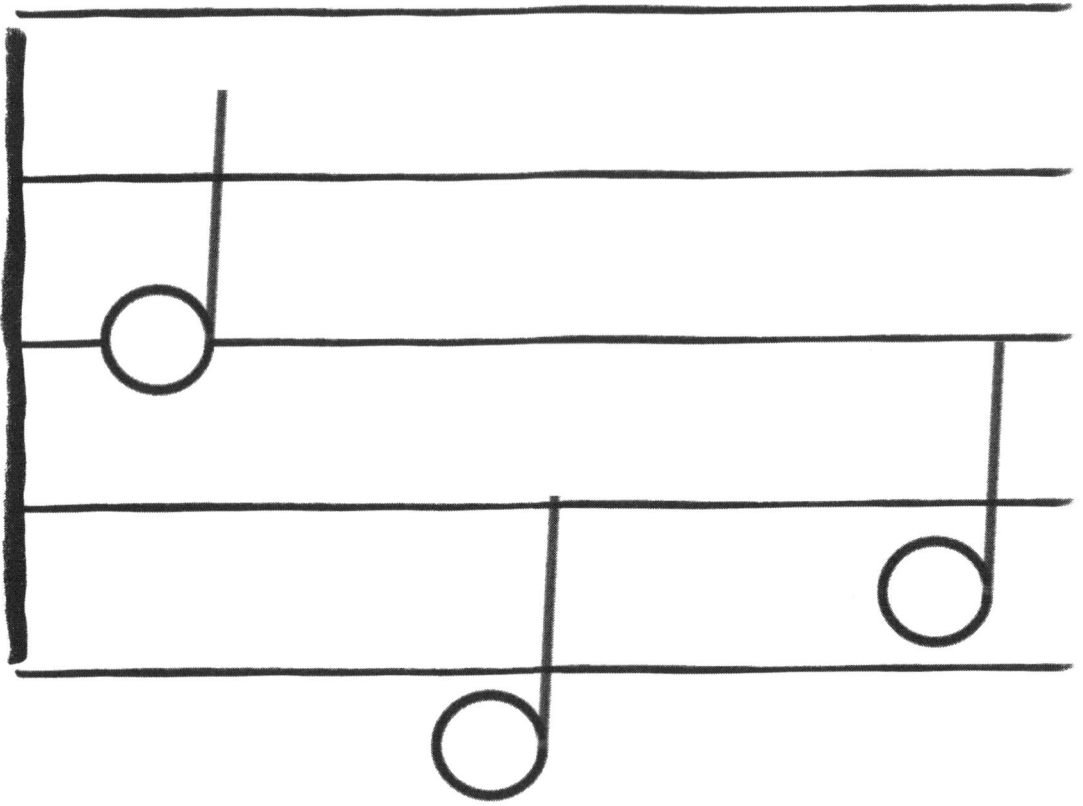

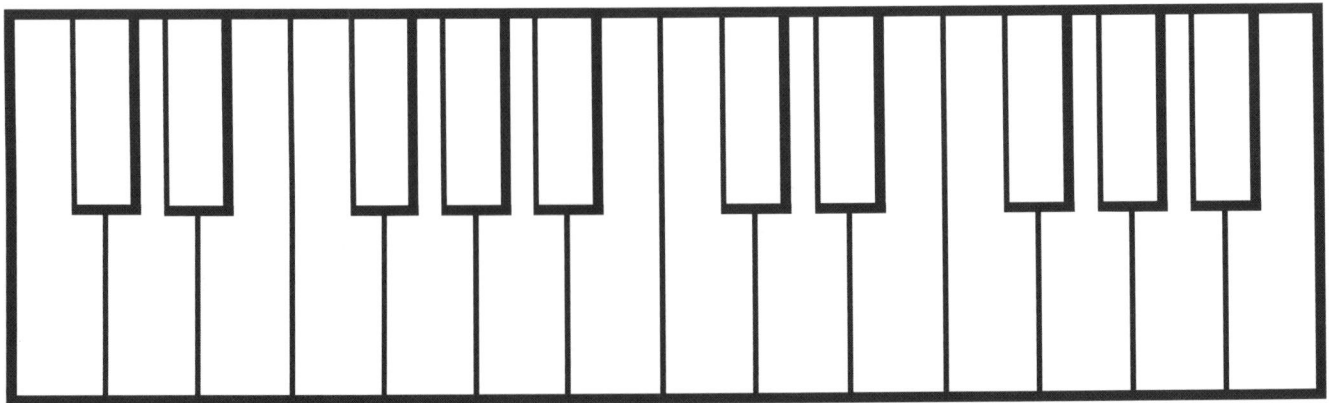

All notes are in Treble Clef

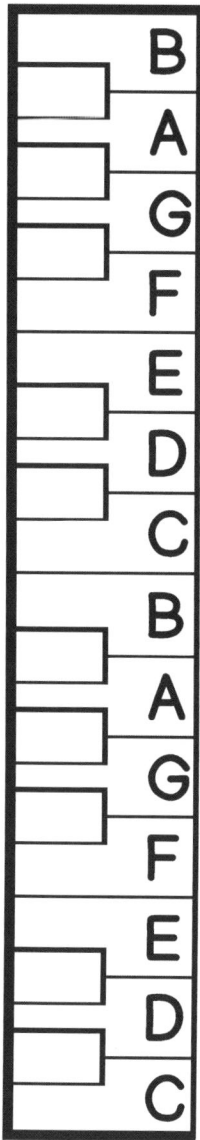

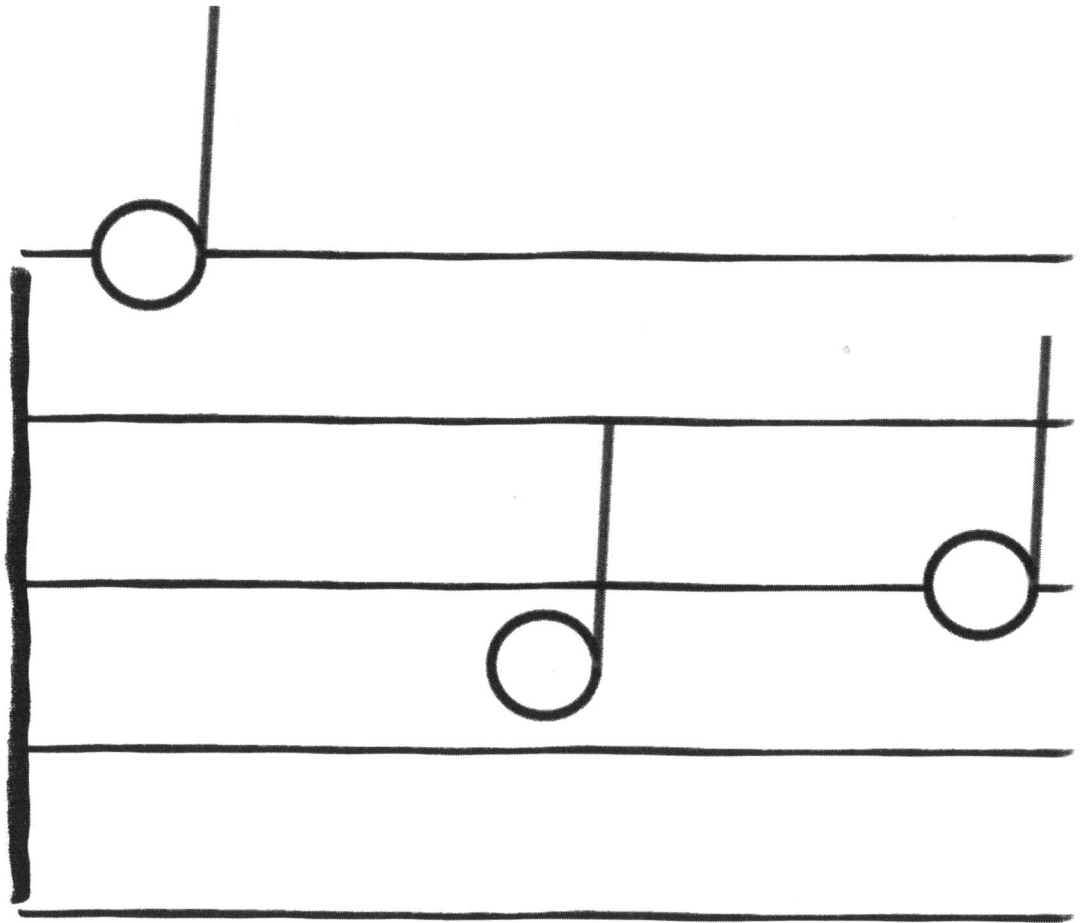

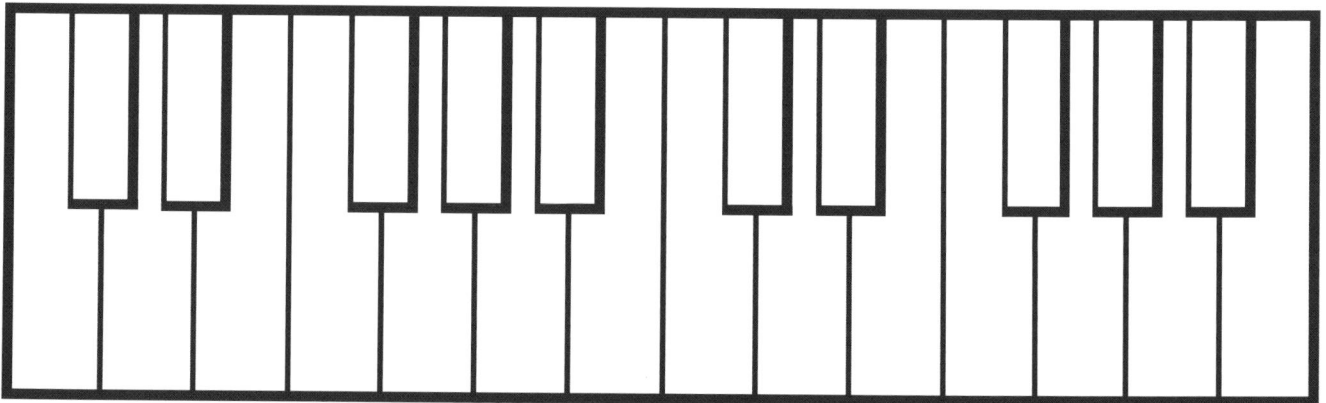

All notes are in Treble Clef

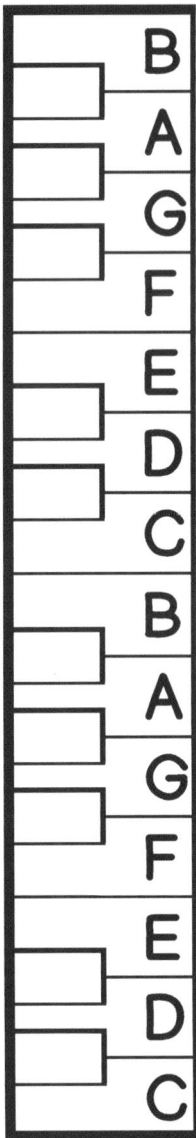

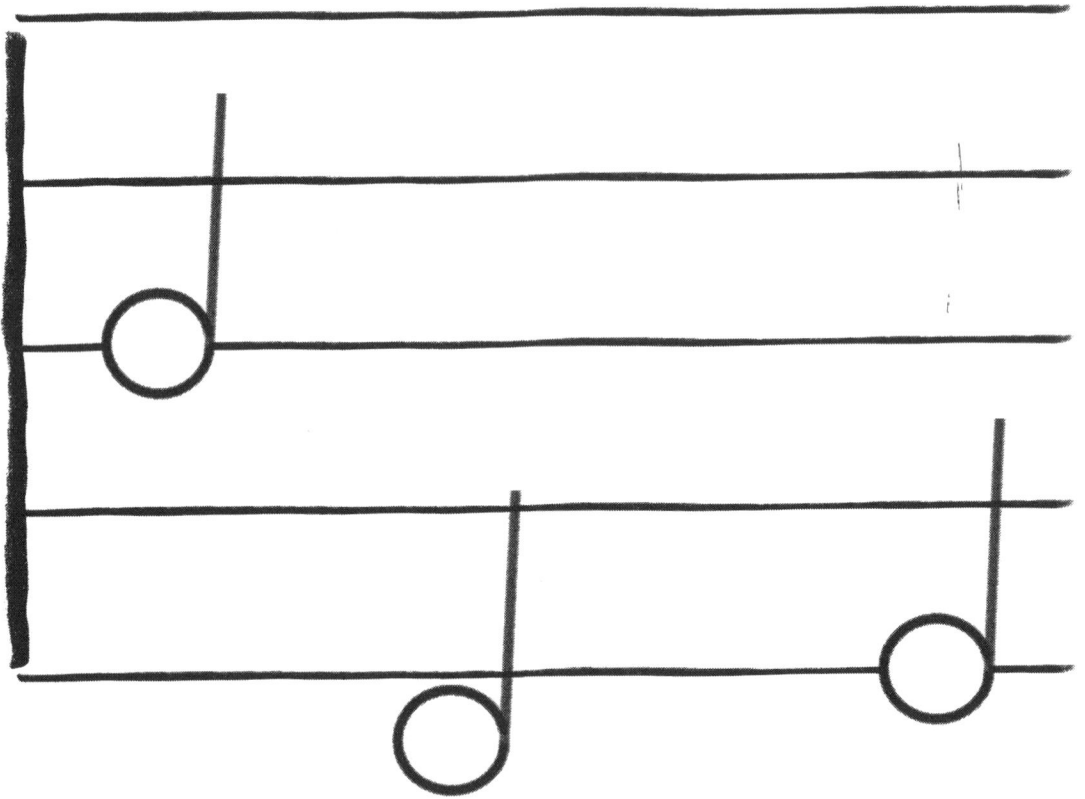

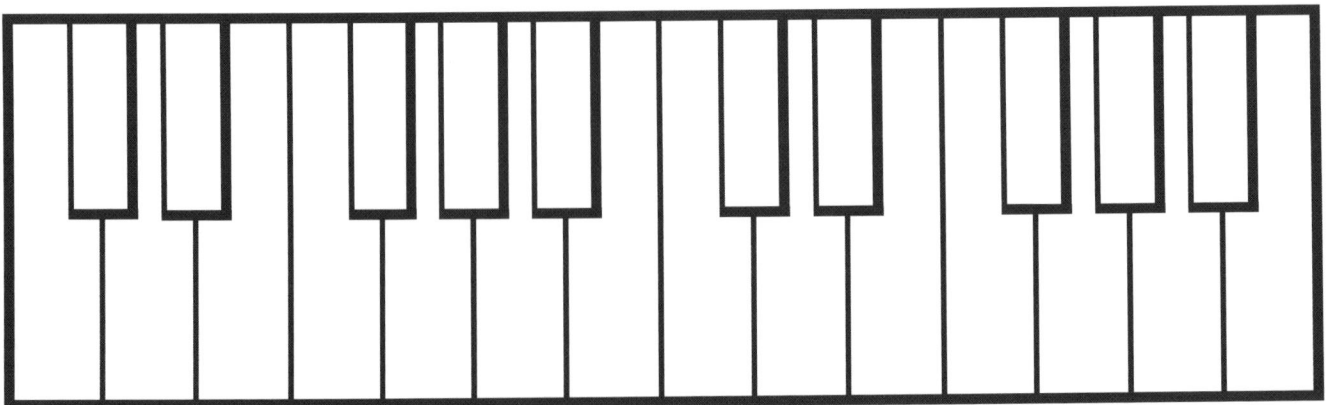

All notes are in Treble Clef

All notes are in Treble Clef

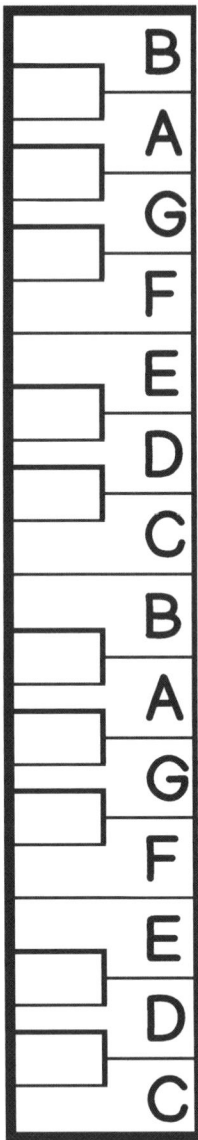

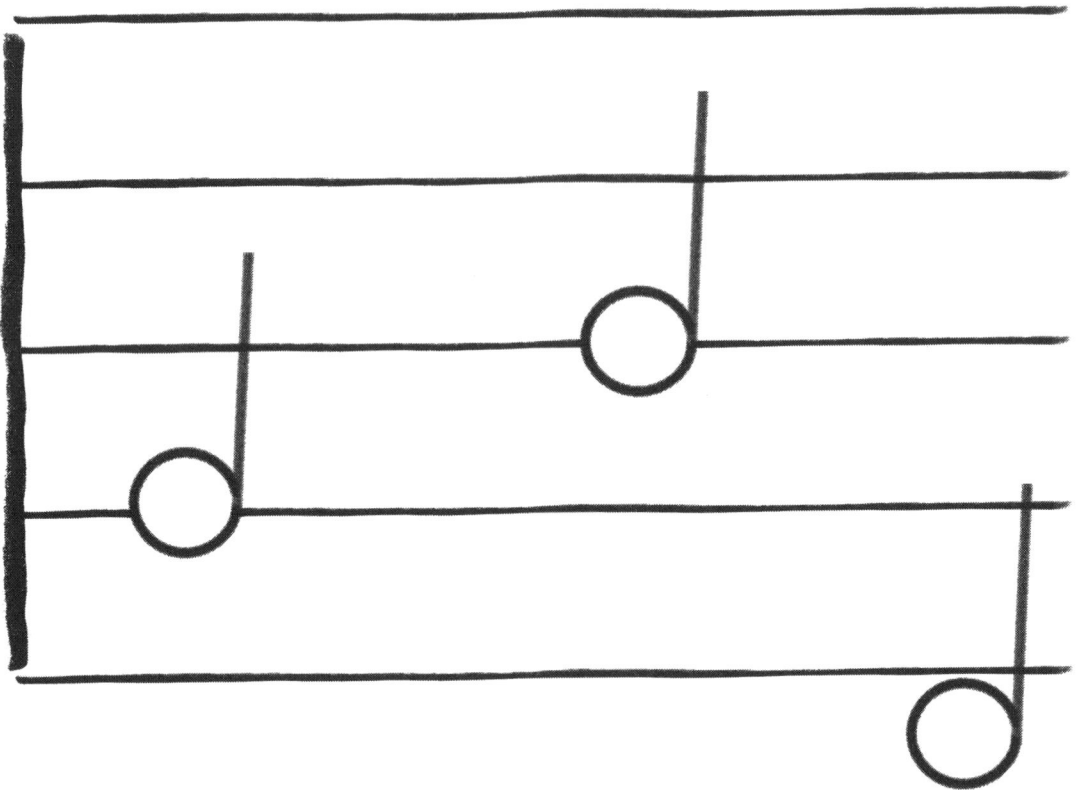

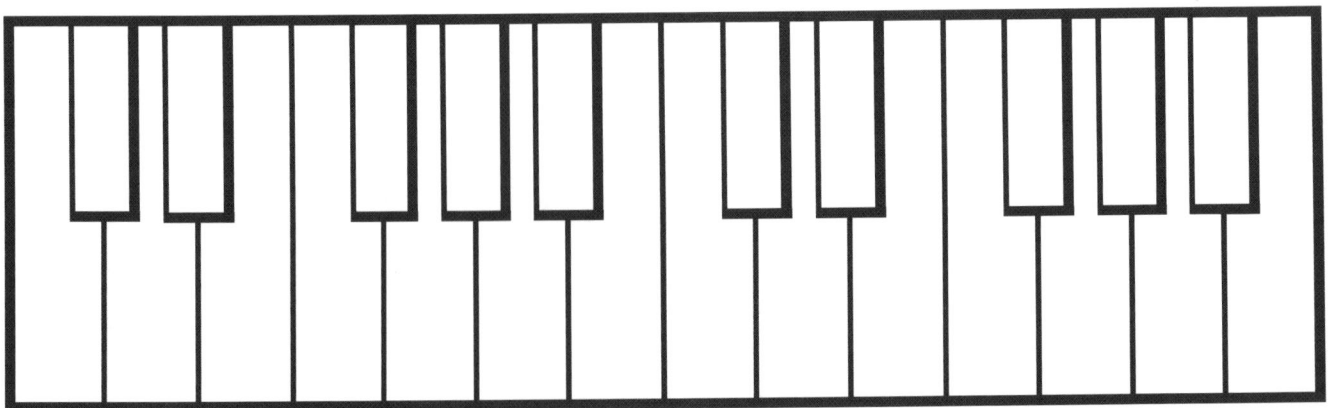

All notes are in Treble Clef

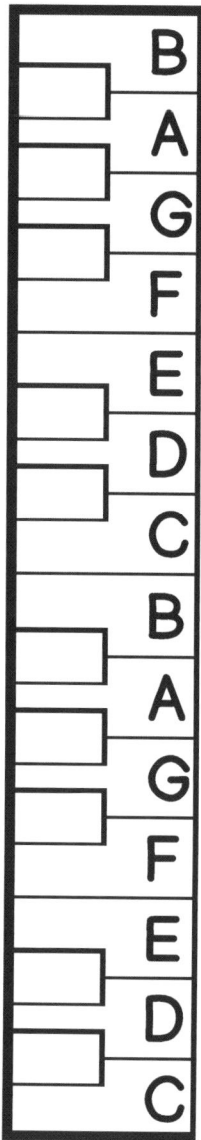

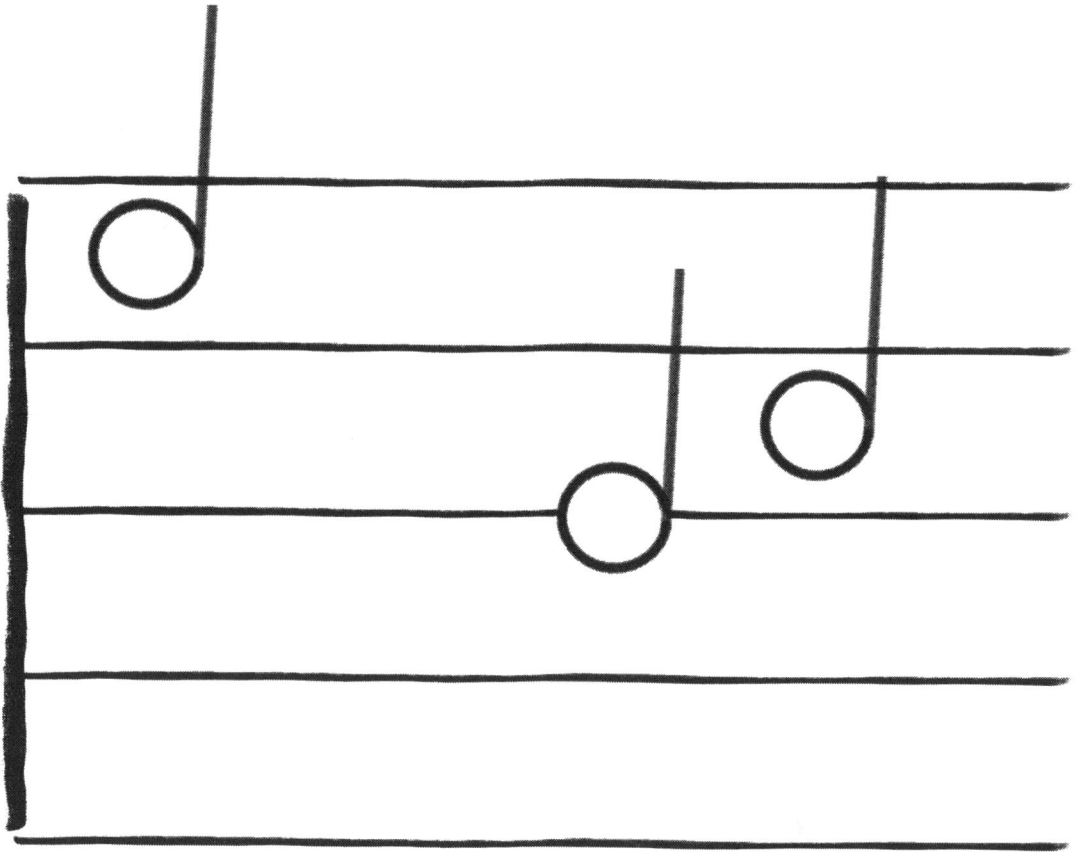

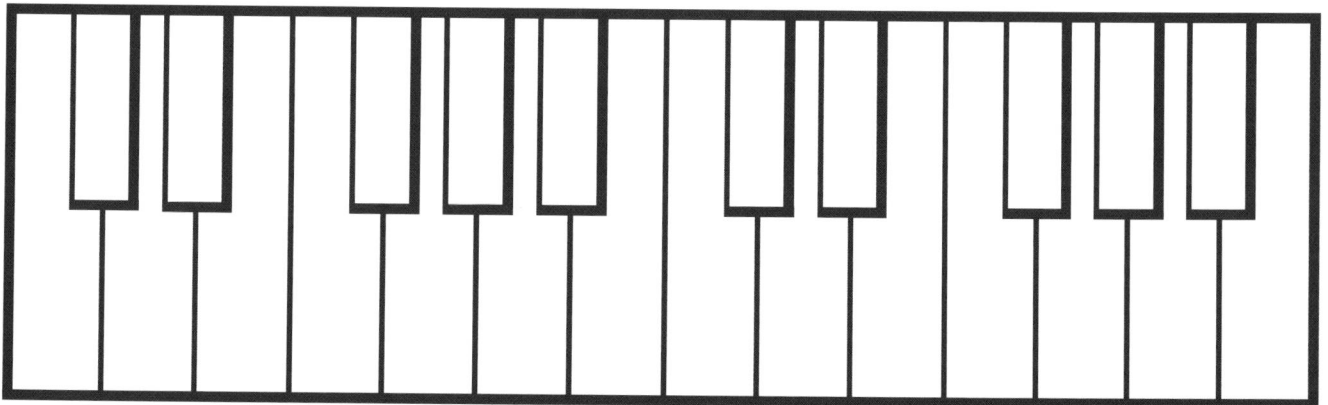

All notes are in Treble Clef

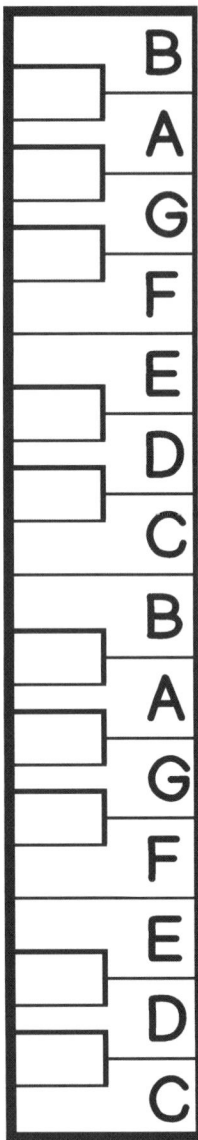

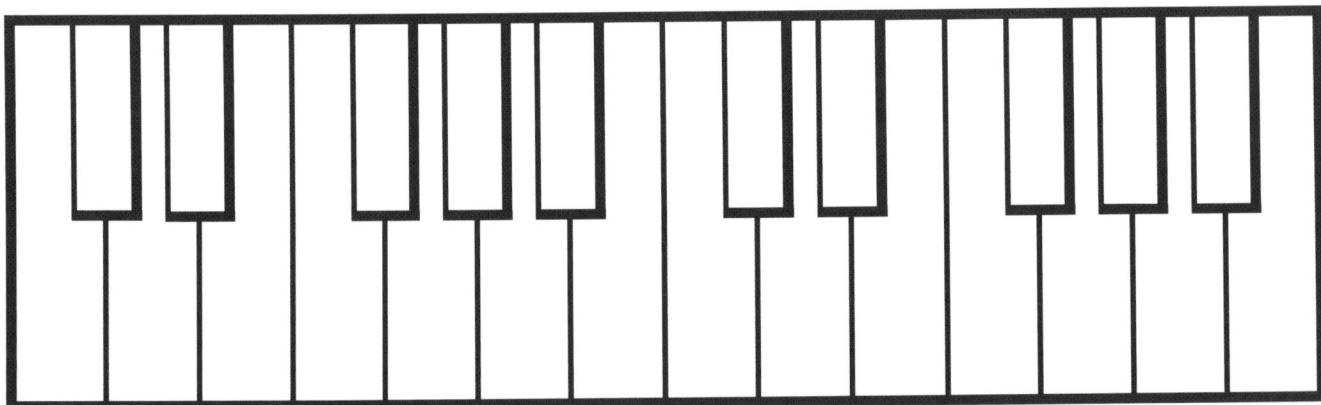

All notes are in Treble Clef

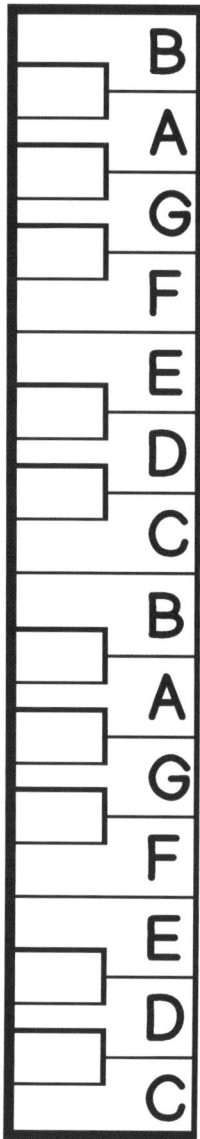

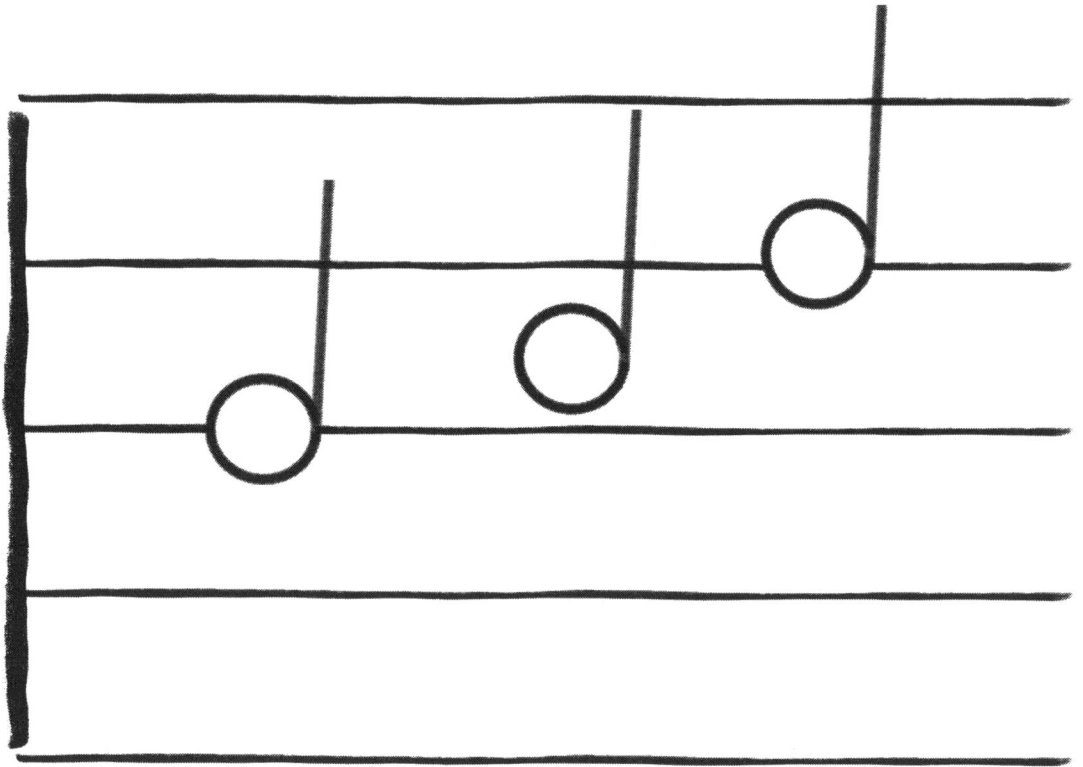

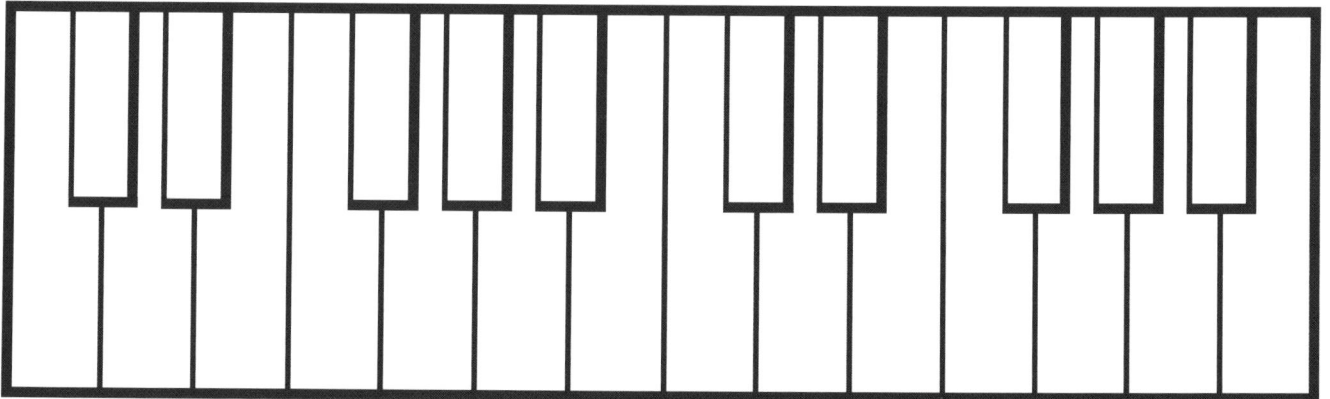

All notes are in Treble Clef

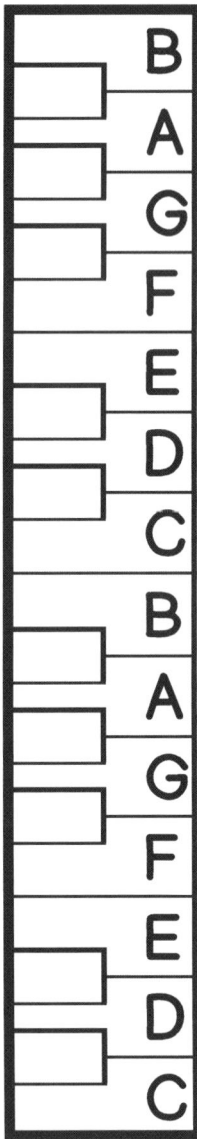

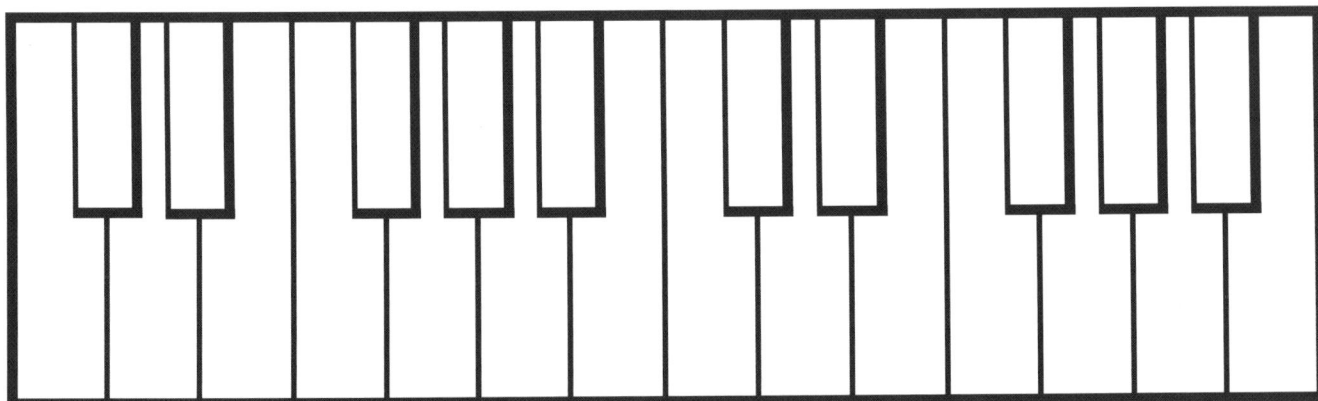

All notes are in Treble Clef

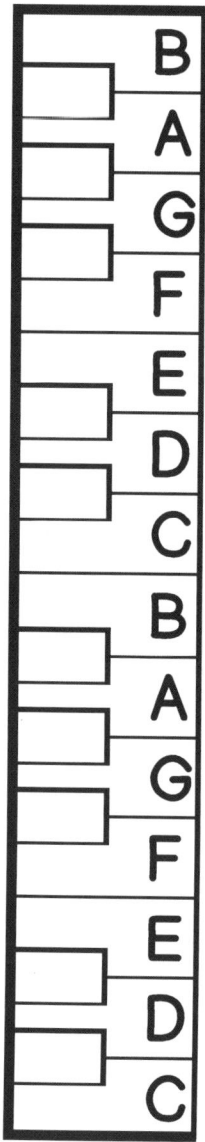

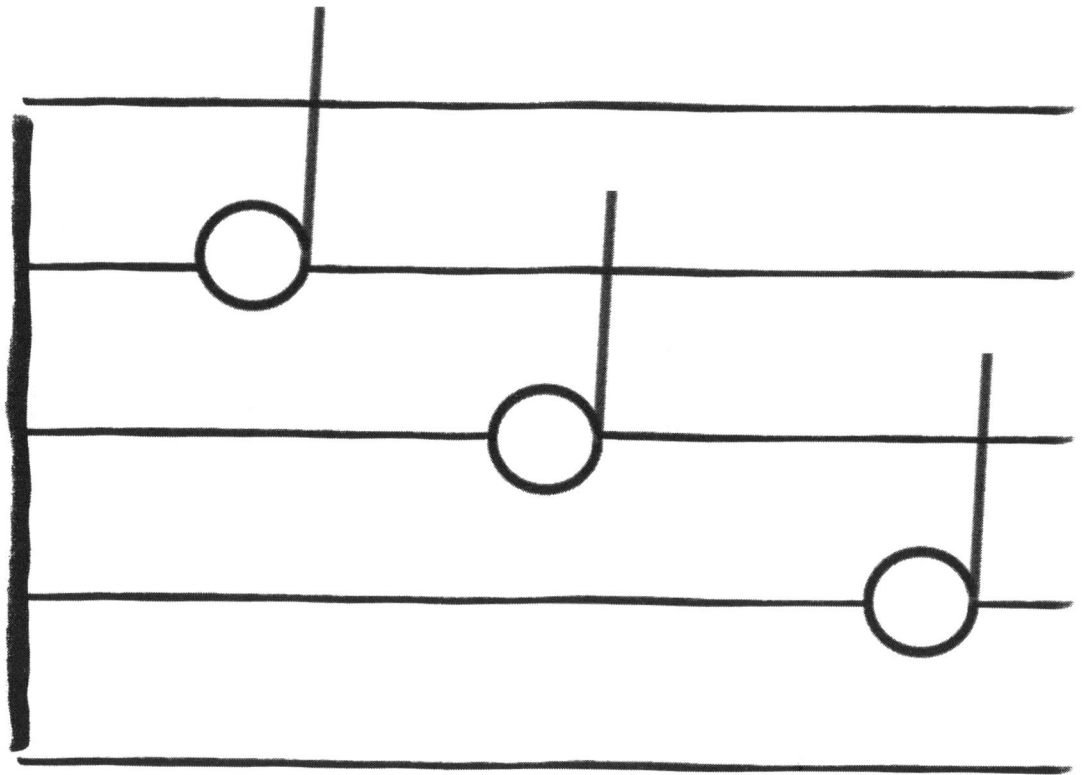

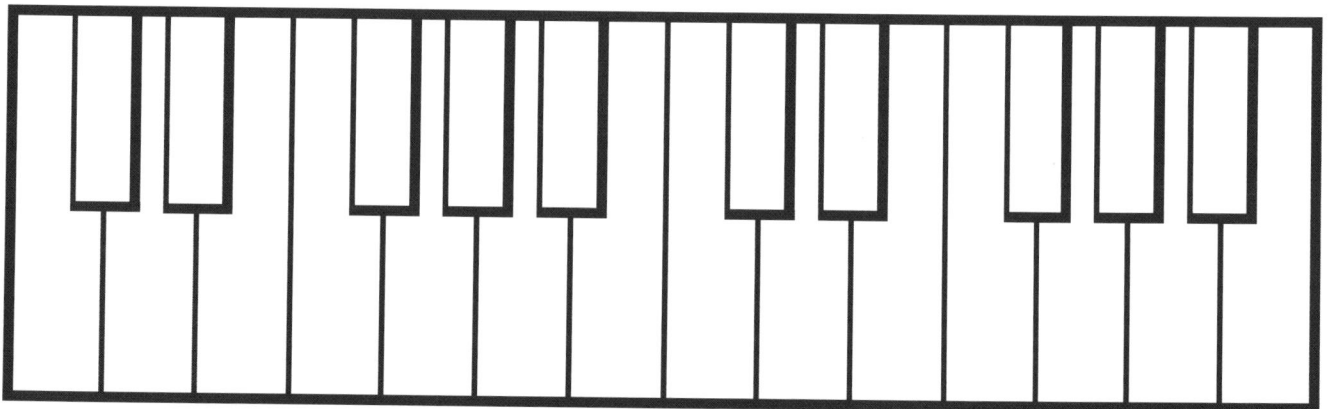

All notes are in Treble Clef

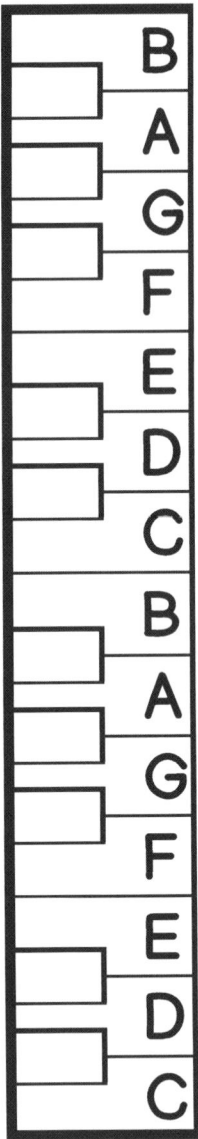

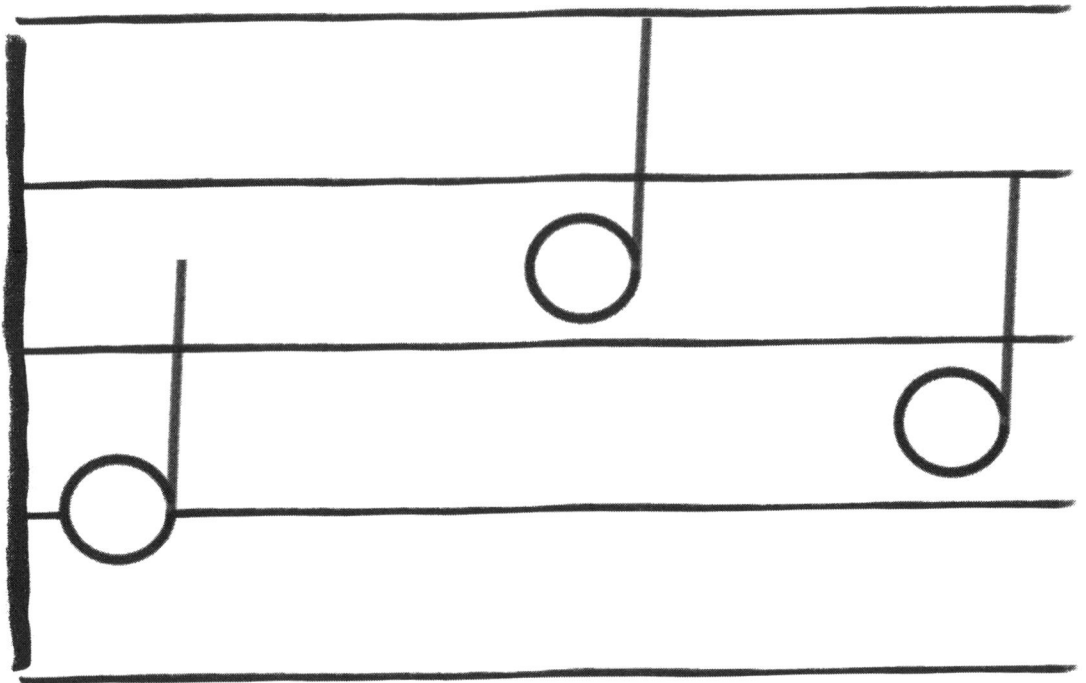

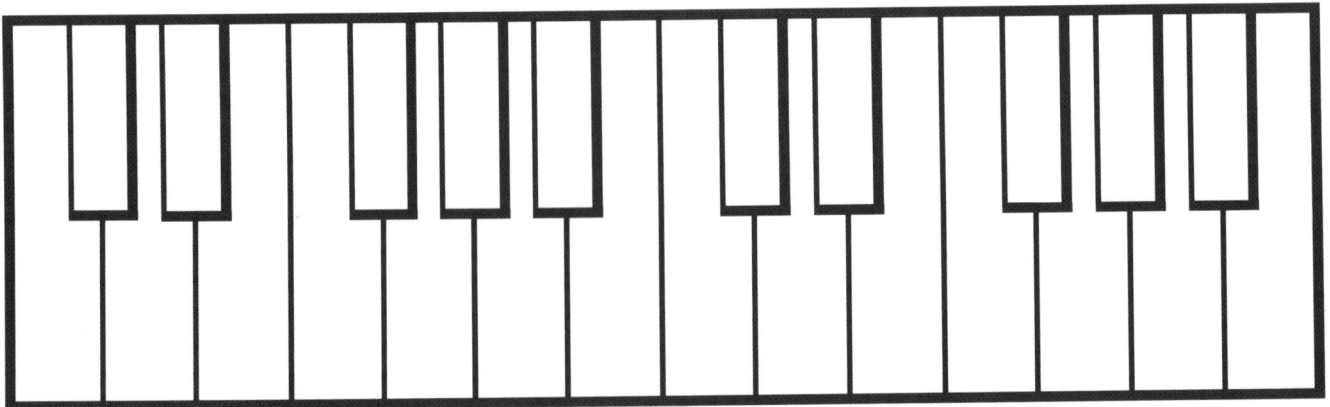

All notes are in Treble Clef

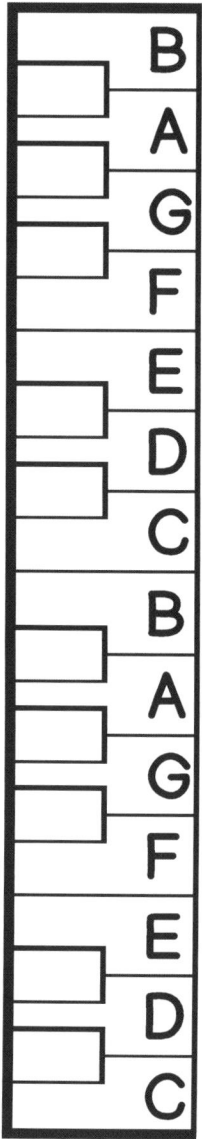

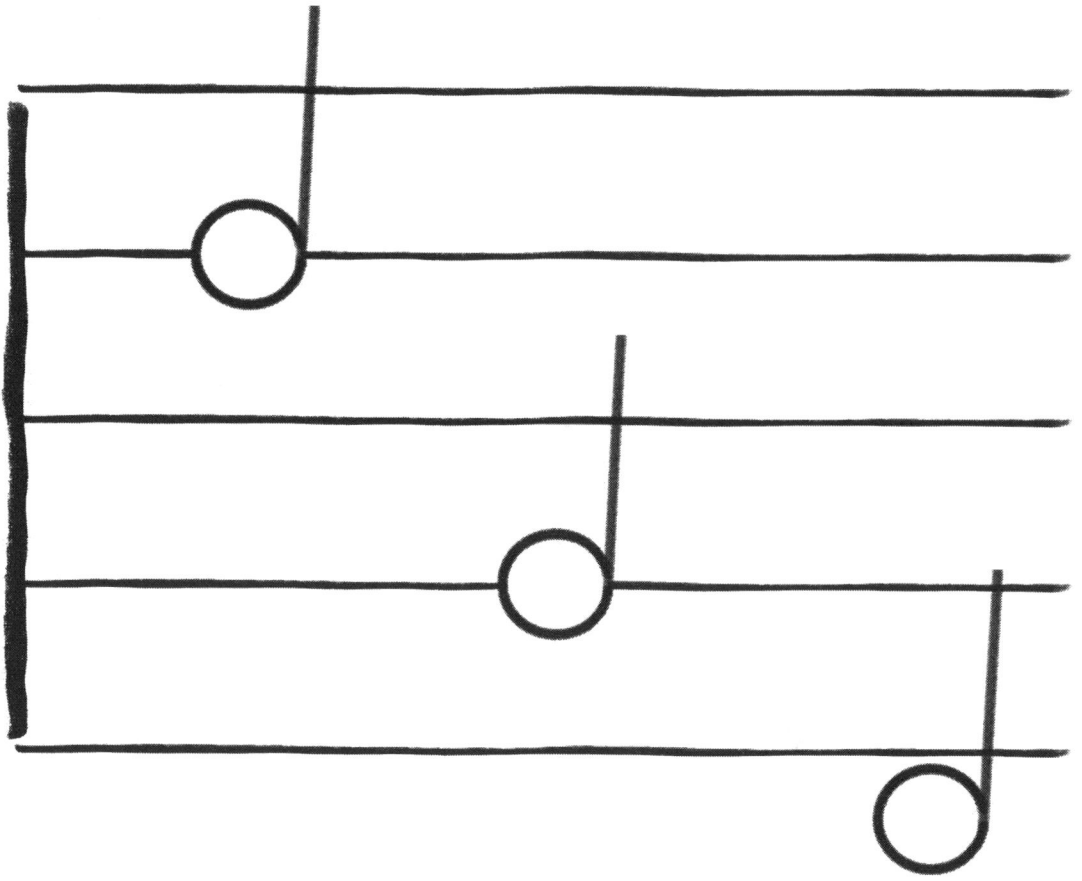

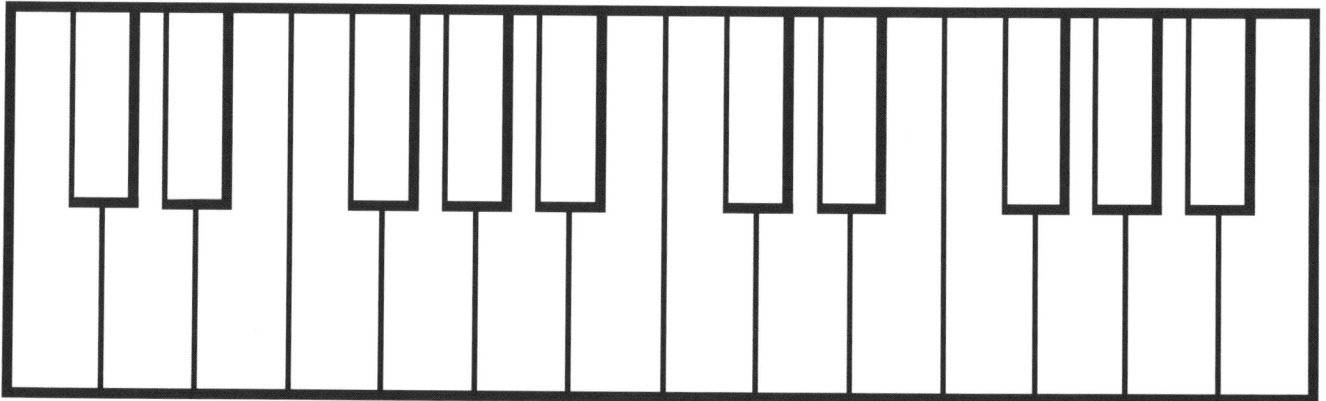

All notes are in Treble Clef

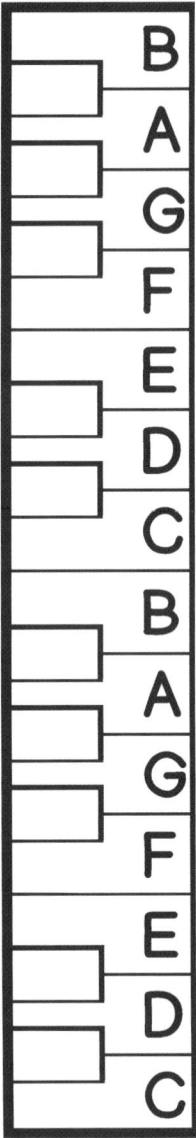

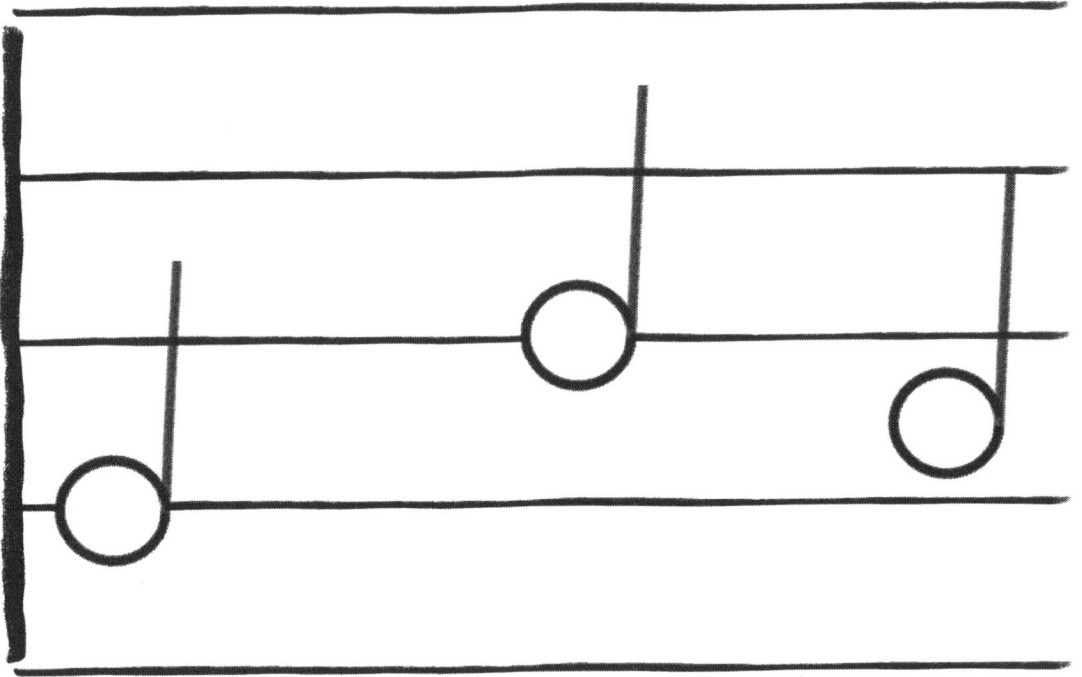

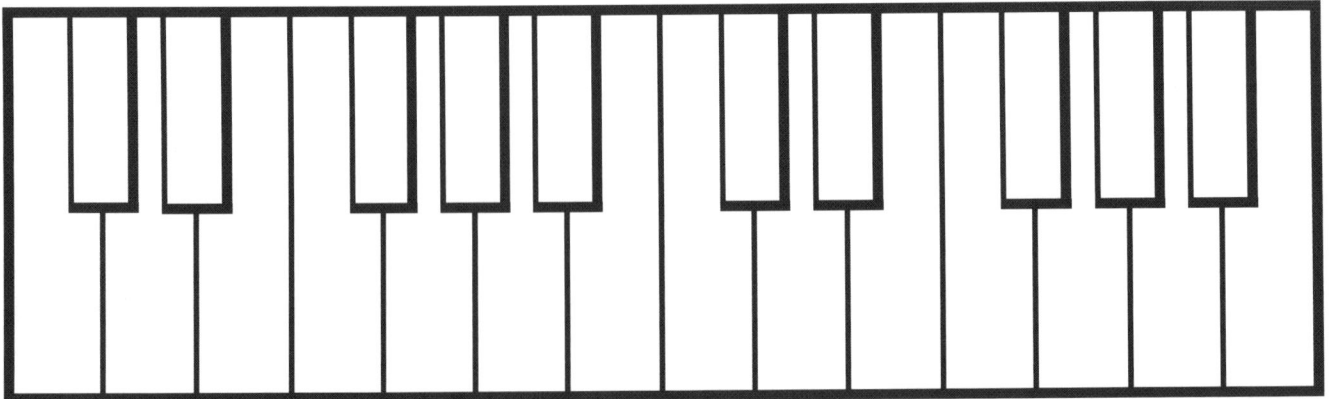

All notes are in Treble Clef

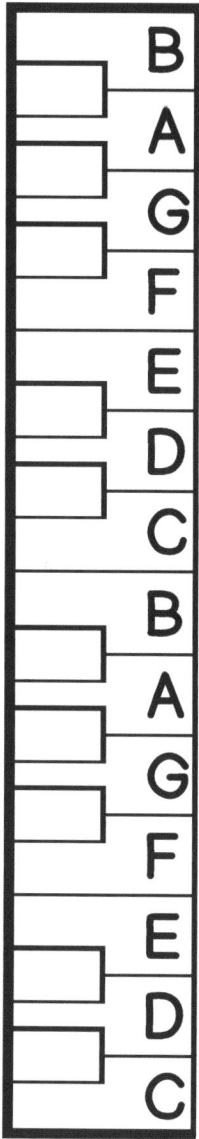

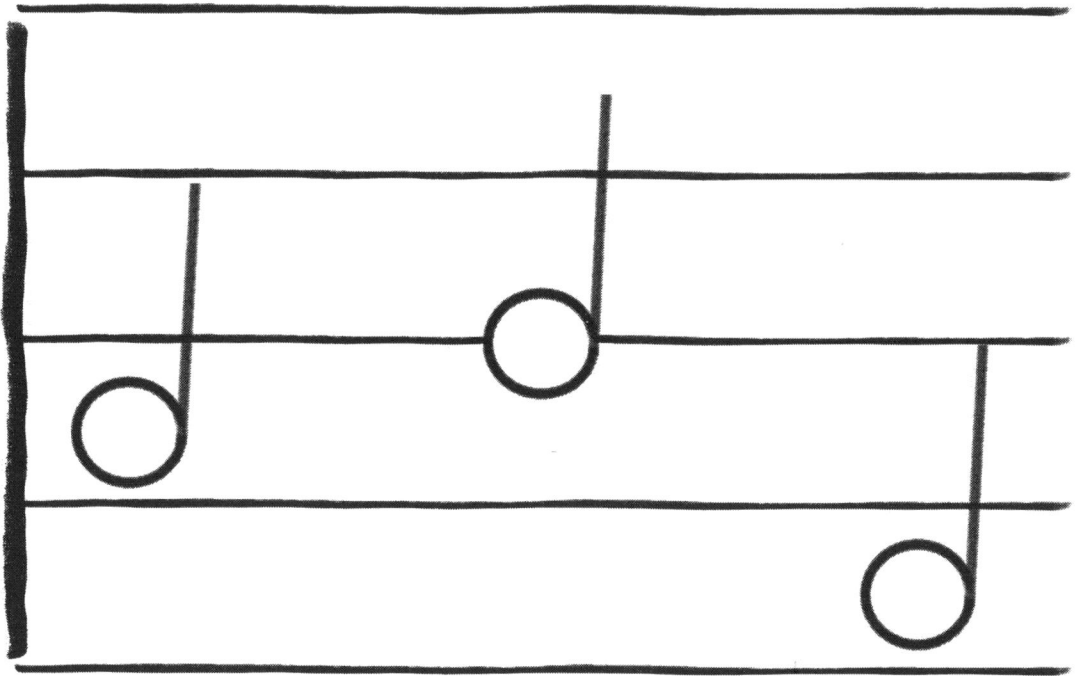

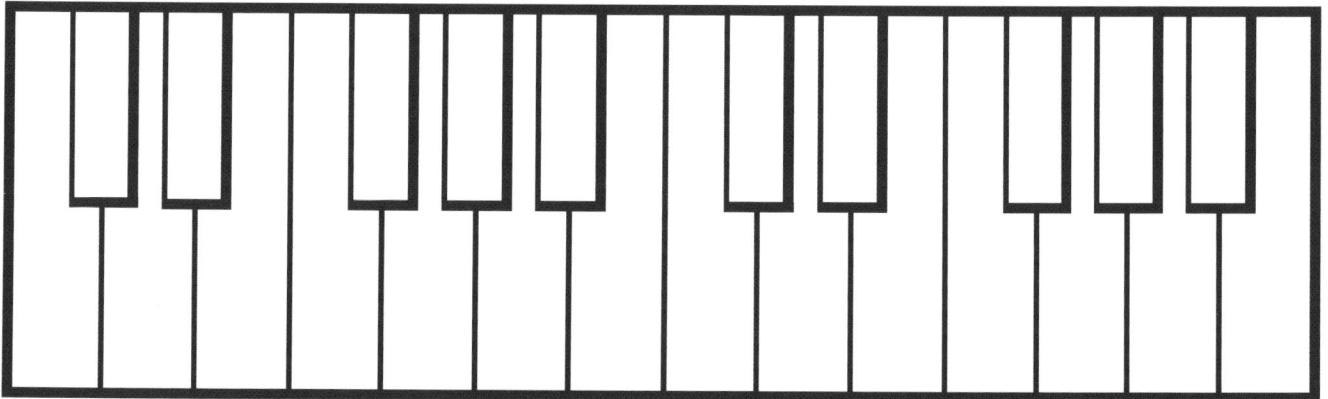

All notes are in Treble Clef

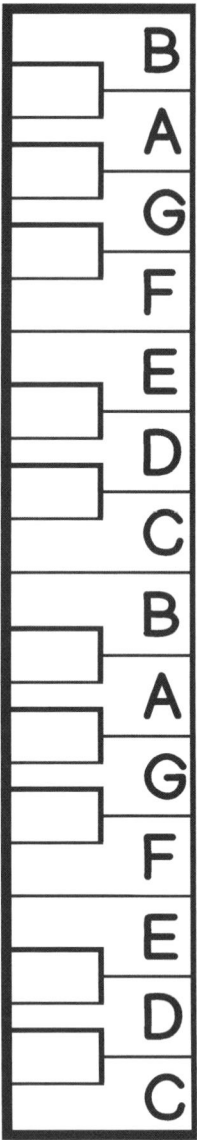

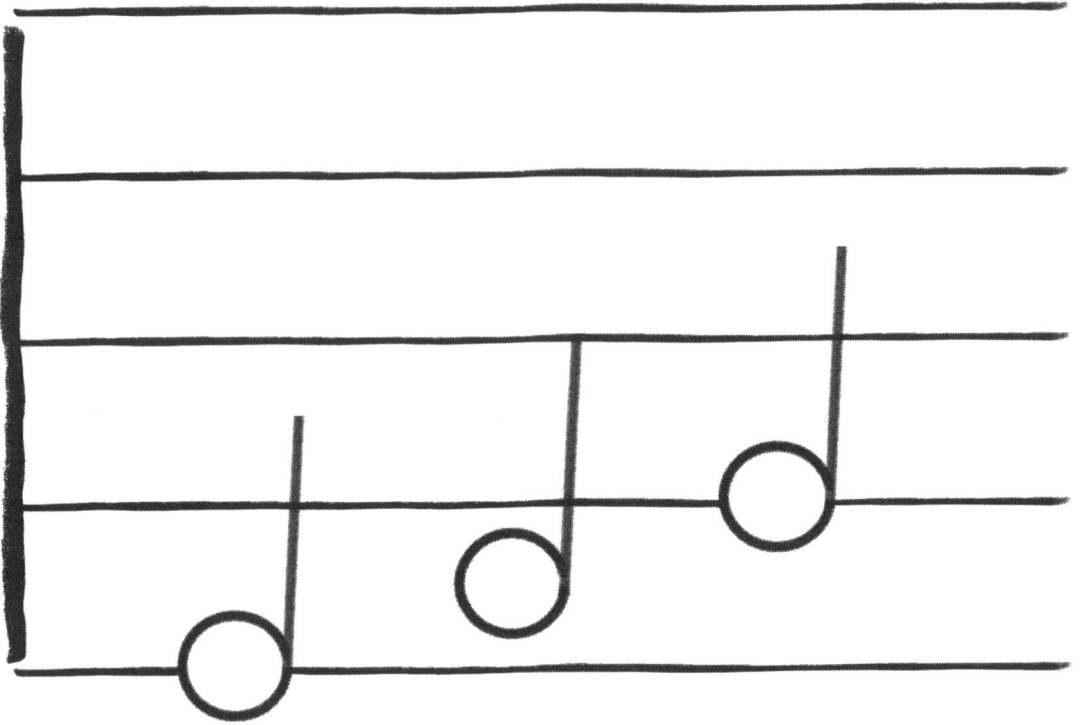

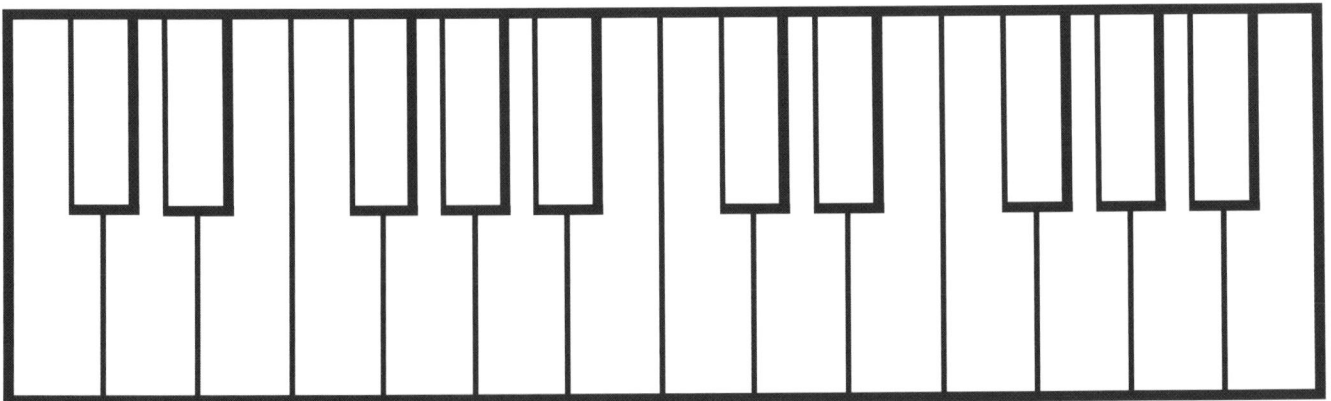

All notes are in Treble Clef

Made in the USA
Middletown, DE
16 July 2024